KB147857

왕으로 읽는

# 기막힌
# 한국사
## 43

고조선부터 일제 강점기까지
왕을 중심으로 풀어쓴 한국사
**왕으로 읽는 기막힌 한국사 43**

**지은이** 김선주·한정수
**발행처** 도서출판 평단
**발행인** 최석두

**표지 디자인** 김윤남
**본문 디자인** 신미연

**등록번호** 제2015-00132호
**등록연월일** 1988년 07월 06일

**초판 1쇄 발행** 2021년 09월 15일
**초판 2쇄 발행** 2021년 11월 20일

**우편번호** 10594
**주소** 경기도 고양시 덕양구 통일로 140(동산동 376) 삼송테크노밸리 A동 351호
**전화번호** (02) 325-8144(代)
**팩스번호** (02) 325-8143
**이메일** pyongdan@daum.net

ISBN 978-89-7343-538-8 03910

# 왕으로 읽는
# 기막힌
# 한국사

**고조선부터 일제 강점기까지
왕을 중심으로 풀어쓴 한국사**

# 43

김선주 · 한정수 지음

평단

# 한국인의 막강 DNA는
# 역사를 통해 어떻게 만들어졌는가?

우리 역사를 강의하고 연구하다 보면 종종 조심스러워진다. 지금 이야기하는 역사 내용이 정말 맞는 걸까? 또 다른 사실은 없을까? 현재까지의 해석은 적절한 것일까? 똑같은 역사라도 언제 어떤 관점에서 보느냐에 따라 보이는 게 달라지기에 그렇다. 지금 이 시점에서 우리가 한국사를 출간하게 된 배경도 그것이다.

원래 이 책은 2009년 초판 출간된 《청소년을 위한 한국사》 개정 작업에서 시작되었다. 달라진 시대의 관점으로 한국사를 바라보겠다는 소박한 생각에서 출발했으나, 집필 과정에서 전혀 다른 책을 탄생시키게 되었다. 김선주 교수의 도움이 컸다. 자료 조사와 집필을 포함해 1년 가까이 걸렸다.

최근 한국사 연구는 주제가 매우 다양해졌다. 사회경제사는 이제 연구에서 소외 분야가 되었고, 사회사도 그런 면이 있다. 정치, 경제, 종교, 사상, 외교, 전쟁 등에 관한 연구가 깊어졌고 다양한 직업, 여성, 문화 등의 이해는 넓어졌다. '한류'가 문화강국 대한민국의 상징이 되는 가운데 한국인의 정체성은 새롭게 정립되고 있다.

이 책은 그런 시대 변화를 반영하고자 했다. 지금 우리 한국인의 정체성을 토대로 과거를 보면 10여 년과는 다른 것들이 보이고 다른 이야기가 나오는 게 당연하다. 지금의 눈에서 바라본 과거 우리 민족은 그 어떤 민족보다 강인하고 당당하며 존엄했다. 그 힘으로 우리 민족은 꿋꿋하게 현재까지 역사를 이어오고 있고 앞으로도 무궁히 뻗어나갈 것이다. 책을 읽는 모든 독자분이 자랑스러운 막강 한국인의 DNA를 만끽하는 계기가 되길 바란다.

이 책은 또한, 고조선 건국부터 한반도 분단 순간까지의 역사 가운데 우리가 특별히 주목해야 할 이야기들을 왕 중심으로 43가지 다루었다. 좋은 의미로든 나쁜 의미로든 '기가 막히는' 이야기들이다. 국왕의 탐욕과 한순간의 어리석은 판단이 피바람을 불러오고 나라를 혼돈의 도가니로 바꾼 이야기. 신하의 아첨에 속아 나라를 위험에 빠트린 이야기. 100년간 왕실의 외척으로 권력을 휘두른 경원 이씨 가문, 왕을 꼭두각시로 만들고 100년간 정권을 장악한 고려 무신 정권 이야기는 드라마보다 더 드라마 같은 현실이었다.

자랑스러운 역사도 많다. 고려를 건국한 태조 왕건은 백성을 사랑하고 예의범절이 뛰어난 군주였다. 한때 원수였던 견훤에게도 인생 선배로서의 예의를 다했다. 세종대왕은 훈민정음 창제로 유명하지만, 실은 백성들을 진정으로 사랑한 왕이었다는 점에서 더 칭송받아야 할 것이다. 임진왜란으로 쑥대밭이 된 나라를 구한 자랑스러운 이순신 장군도 있었다. 고종은 조선의 마지막을 장식한 비운의 황제로 알려졌지만, 그의 개혁은 여전히 논란의 대상이 되고 있다. 왜란, 호란 등 나라가 외세에 침략을 당할 때면 어김없이 전국 곳곳에서 의병이 일어나 농기구라도 들고 나라를 구하고자 목숨을 걸었다.

이 모든 이야기들을 스토리텔링 방식으로 술술 읽히게 서술했다. 중학생 이상이면 누구나 이해하기 쉽도록 가급적 쉬운 말로 표현했다. 각 장마다 '현재와의 대화'라는 꼭지를 넣어 과거 역사의 현재진행형에 대해 서술했다. 역사는 좋건 나쁘건 여러 가지 형태로 그 흐름이 되풀이된다. 과거의 잘잘못은 다양한 해석을 거쳐 오늘과 미래를 위한 교훈이 된다. 반성하지도 않고 잘못을 고치지도 않으면 나라는 역사에서 낙오하게 된다. 이 책을 통해 그 의미를 찾았으면 한다.

우리에겐 수많은 역경 속에서 형성된 막강 생존력의 DNA가 있다. 우리가 지금 세계를 상대로 당당하게 소통하는 힘은 바로 거기서 나온다. 8·15 광복

전후까지의 우리 역사에서 부디 그런 힘을 느끼기를 바란다.

　끝으로, 각종 숙제와 강의로 집필을 뒤로 미루려 한 필자들에게 조근조근 예의를 다해 채근해준 최석두 사장님께 감사의 말을 올린다. 또한 책이 나오기까지 하나하나 원고를 읽으면서 좀 더 읽기 쉬운 좋은 글이 될 수 있도록 편집에 최선을 다해준 오경희 편집장에게도 감사를 전한다.

2021년 8월

김선주, 한정수

|차례|

## 3장
## 통일에서 분열로: 남북국 시대

## 4장
## 새로운 통일과 해동 천하: 고려 시대

# 5장
## 유교 정치와 선비의 나라: 조선 시대

# 6장
## 준비되지 않은 개항과 황제의 나라: 개항기와 대한제국

## 7장
## 식민지배 극복과 해방: 일제 강점기와 독립운동

# 1장

# 우리 역사의 첫 국가: 고조선

# 단군왕검,
# 신화와 역사 사이

## 반만년 역사의 의미

왜 우리 역사를 5천 년이라고 할까? 우리 역사의 무대인 한반도와 주변 지역에는 60~70만 년 전부터 사람들이 살았던 흔적이 남아 있다. 그 흔적을 담고 있는 구석기 유적으로 단양 금굴, 연천 전곡리, 상원 검은모루 동굴 등이 있다. 서울 암사동, 부산 동삼동, 양양 오산리 등에는 기원전 6~8천 년경 신석기인들이 살았던 유적들이 있다.

그런데도 우리 역사를 5천 년이라고 하는 것은 사람이 살았던 모든 시대를 역사라고 하지 않기 때문이다. 문자 사용을 기준으로 이후를 역사시대라고 하고, 그 이전을 역사 이전으로 선사시대라고 한다. 우리 역사가 5천 년이라는 것은 문자로 전해지고 있는 가장 오래된 기록이 5천 년 전이라는 의미이다.

문자로 기록된 가장 오래된 사건이자 우리 역사의 시작으로 여기고 있는 것은 고조선 건국이다. 《삼국유사三國遺事》 '기이편奇異篇' 첫머리에는 '고조선古

朝鮮'이라는 제목으로 우리 역사상 첫 국가를 언급하고 있다. 원래 명칭은 조선이지만 일연은 '위만조선衛滿朝鮮' 이전에 존재했던 '옛날 조선'이라는 뜻으로 '고조선'이라 표기했다. 오늘날에는 이성계가 세운 '조선'과 구별하기 위해 위만조선까지 포함해 '고조선'이라고 칭하고 있다.

고조선 건국을 전하고 있는 가장 오래된 기록은 고려 중기 일연이 편찬한 《삼국유사》인데, 그는 '위서魏書'와 '고기古記'를 인용하면서 고조선이 단군에 의해 중국 요임금과 비슷한 시기에 건국되었다고 이야기한다. 《삼국사기》에는 '조선'이라는 국호만이 한 차례 등장한다. 《삼국유사》 외에도 《제왕운기帝王韻紀》를 비롯해 《응제시주》 《세종실록지리지》 《동국여지승람》 《동국통감》 등에서 단군의 고조선 건국을 전하고 있으며 대체로 중국 요임금을 기준으로 무진년에 건국되었다고 이야기한다.

반만년 역사라는 표현은 바로 무진년, 즉 기원전 2,333년에 고조선이 건국되었다는 기록을 근거로 한 것이다. 서기西紀에 기원전 2,333년을 더하면 4천 몇백 년이 되므로 포괄적으로 5천 년, 혹은 반만년이라고 하는 것이다.


## 신화에 담긴 역사

────

오랜 역사를 지닌 국가에는 대부분 건국 시조 관련 신화가 있다. 그 내용은 신비한 존재가 "하늘에서 내려왔다." "천신과 동침해 임신했다." "빛을 받아 임신했다." "거인의 발자국을 밟고 임신했다." "용과 관계를 맺고 임신했다." "커다란 알을 삼킨 뒤 배가 불렀다." 등으로 과학 문명이 지배하는 요즘의 관점에서 보면 황당해 보이는 이야기다.

고조선의 건국을 전하고 있는 단군신화도 마찬가지이다. 단군신화가 실려 있는 가장 오래된 문헌인 《삼국유사》에는 하늘에서 내려온 환웅과 곰이었던 여성과의 사이에서 고조선 건국자인 단군이 태어났다고 한다. 그뿐만 아니라 단군은 1,500년 동안 나라를 다스렸으며 산신이 되어 1,900세까지 살았다고 한다.

이런 이야기를 역사적 사실로 믿기는 어려울 것이다. 고조선의 건국 연대 역시 마찬가지이다. 일반적으로 국가는 계급 분화 등이 이루어진 청동기 시대에야 성립되는 것으로 이해하고 있다. 현재까지 진행된 고고학적인 연구로 보면, 한반도와 주변국에서 청동기 문화의 상한선은 기원전 1,000~1500년경에 해당한다. 그렇다면 고조선이 건국되었다는 기원전 2,333년은 신석기 시대에 해당한다. 고조선의 건국 연대를 단군신화에 언급된 대로 믿기는 어렵다.

그렇다면 《삼국유사》 등의 문헌에 기록된 단군신화는 역사 자료로서 의미가 없을까? 신화가 역사적 사실을 그대로 전하는 것은 아니지만, 그렇다고 신화를 모두 꾸며낸 이야기로 치부할 수는 없다. 단군신화 자체는 비현실적이지만, 그것은 고조선이 건국될 무렵의 사회상이나 건국 배경 등을 함축한다.

단군신화에 따르면, 고조선 건국자 단군은 환인의 아들인 환웅과 웅녀 사이에서 태어났다. '환인'이라는 이름은 'Sakrodevendrah'라는 인도의 신 이름을 한자로 옮긴 '석제환인타라釋提桓因陀羅'에서 유래한 것으로, 하늘 신을 불교식으로 바꾼 칭호로 본다. 고조선을 지배하는 통치자가 신령스러운 하늘의 자손이라는 선민의식이 엿보이는 대목이다.

환웅은 천신족을, 웅녀는 곰을 토템으로 하는 집단을 상징한다. 여기서 우리는 고조선의 건국이 여러 세력 집단으로 이루어진 것임을 알 수 있다. 환웅을 하늘에서 내려온 존재로, 곰을 그 지역에 살던 존재로 표현한 것에서, 고조선이라는 국가는 유이민과 토착민의 결합으로 정복 및 통합 과정에서 건국되었음을 알 수 있다.

## 청동 문명과 국가로서의 고조선

단군왕검은 제사장을 뜻하는 단군과 정치 지배자를 의미하는 왕검을 합친 말이다. 고조선 사회가 제사와 정치가 따로 분리되지 않은 사회였음을 말해 준다. 《삼국유사》는 단군왕검이 1,500년간 나라를 다스렸다고 이야기하는데, 단군왕검을 특정 사람이 아닌 고조선의 지배자를 일컫는 호칭으로 이해하는 편이 좋다. 요컨대, 단군신화는 정복과 복속이 활발하게 진행되고 제사와 정치가 따로 분리되지 않았던 사회를 배경으로 만들어졌다고 볼 수 있다.

환웅은 '풍백(風伯, 바람의 신), 우사(雨師, 비의 신), 운사(雲師, 구름의 신)'를 거느리고 내려왔다고 하는데 바람, 구름, 비는 농경과 밀접한 관계가 있다. 환웅이 곰과 호랑이에게 쑥과 마늘을 주었다는 것이나, 인간의 360여 가지 일을 주관했다고 하면서 곡식을 열거한 것 등에서 고조선이 농경을 중시했음을 알 수 있다.

환웅이 하늘 신에게서 받고 가져왔다는 천부인 3개는 무슨 의미일까? 그것은 당시 지배자의 권위를 나타내는 3가지 상징물과 연관 지을 수 있다. 청동기 시대 지배자의 무덤을 보면, 주요 부장품으로 검, 거울, 옥 혹은 방울 3가지가 있는데, 이는 청동기 시대 지배층의 권위를 상징한다. 이를 통해 단군신화가 청동기 시대를 배경으로 건국되었던 나라의 건국 신화임을 알 수 있다.

만주와 한반도는 비파형 동검과 거친 무늬를 특징으로 하는 독자적인 청동기 문화를 가지고 있다. 고조선은 이들 청동기 문화를 배경으로 건국한 첫 국가였고, 단군신화는 청동기 문화를 배경으로 건국된 고조선의 건국 신화로 볼 수 있다.

'조선'이라는 이름은 《삼국유사》 이전에 편찬된 중국의 문헌에 이미 등장한다. 중국 춘추 시대의 사정을 전하고 있는 《관자》에 따르면 제나라와 8천 리 떨어진 곳에 조선이 있었으며 제나라와 짐승 가죽을 교역했다고 한다.

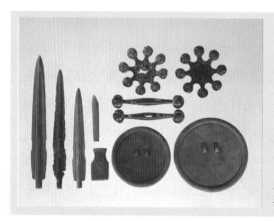

**전라남도 화순군 대곡리에서 출토된 청동기**
국립중앙박물관 소장

**진주시 대평면에서 출토된 민무늬 토기**
국립중앙박물관 소장

강화도 고인돌

《삼국지》에 인용된《위략<sub>魏略</sub>》에는 기원전 4세기 무렵의 사정을 전하면서 "조선이 왕을 칭하고 연나라를 공격하려 했다."라는 기록이 있다. 고조선은 기원전 4세기경에는 중국에까지 알려질 정도로 국가체로서의 모습을 갖추었고, 적어도 기원전 7세기 이전에 형성되었다는 이야기이다.

## 고조선의 중심지

《삼국유사》와《제왕운기》등에 실린 단군신화에 태백산 신시, 평양성, 백악산 아사달 등의 지명이 나온다. 이들 지명을 현재의 지명과 연결하기는 곤란하다. 단군신화가 문헌에 정착하기까지 시간적 간격이 있으므로, 그사이 지명이 바뀌었을 가능성이 크다. 평양이라는 지명만 해도 오늘날 북한의 수도 외에 다른 곳에서도 보이기 때문이다.

고조선의 위치와 강역에 대해서는 학자마다 의견을 달리하고 있다. 그중 가장 유력한 가설은 고조선이 한반도 서북부 대동강 유역인 평양에 있었다는

'고조선 평양설'이다. 훗날 한나라가 고조선을 멸망시키고 그 자리에 한사군을 설치했는데, 그중 낙랑군에 조선현이 소속되어 있었다. 따라서 고조선의 중심지가 낙랑군에 있었음을 짐작할 수 있다. 현재 평양 지역에서 낙랑 유물과 낙랑과 관련된 명문이 집중적으로 출토되었다는 점도 그런 가설을 뒷받침한다.

문제는 이 같은 평양설이 맞다면, 청동기 문화 출토가 평양 일대를 중심으로 확인되어야 하는데 실제는 그렇지 않다는 것이다. 고조선과 관련되었을 것으로 보는 비파형 동검과 거친 무늬 거울, 탁자식 고인돌은 평양 일대가 아닌, 중국의 랴오닝 지방부터 한반도의 서북부에 걸쳐 분포하고 있다. 그래서 중국의 다링강大凌河, 또는 롼허灤河 지역부터 한반도 서북부에 이르는 모든 지역을 고조선의 영역이었다고 보기도 한다.

그런데 이는 시기적인 변화상을 간과한 의견이다. 왜냐하면 청동기 초기의 대표적인 유물은 비파형 동검과 거친무늬거울이며, 청동기 후기의 대표적인 유물은 세형동검과 잔무늬 거울인데, 중국의 랴오닝 지방에서 발굴되는 유물은 청동기 초기인 비파형 동검과 거친무늬거울이고, 후기의 유물인 세형동검과 잔무늬 거울은 한반도 서북부에서 집중적으로 출토되었기 때문이다. 이에 고조선의 위치가 초기에는 랴오닝 지방 중심이었으나, 점차 한반도 서북부 지역으로 이동한 것으로 이해하기도 한다.

문헌에도 조선은 기원전 3세기경 연나라 장군 진개秦開가 이끄는 군대의 공격을 받아 2천 리의 땅을 빼앗겼다는 기록이 있다. 진개의 공격으로 2천 리 이상을 빼앗겼다면 조선은 이후 그만큼 동쪽으로 밀려날 수밖에 없었을 것이다. 고조선 중심지 문제는 여전히 해결되지 않았지만, 오늘날에는 고조선의 중심지가 처음 중국 랴오닝 지역이었으나 연나라와의 충돌로 2천여 리를 빼앗기고 한반도 서북 지역으로 이동했을 것이라는 이해가 차츰 설득력을 얻고 있다.

# 위만, 고조선을
# 계승하다

## 유이민들의 유입과 기자조선의 실재?

기원전 5~4세기 무렵 중국은 전국 시대로 혼란을 피해 많은 유이민이 동쪽으로 이주했다. 그 과정에서 고조선에 철기 문화가 유입되었다. 철기 사용은 고조선의 사회 변화에 큰 영향을 미쳤다. 무기와 농기구까지 철기가 사용되면서 발전된 경제력과 군사력을 바탕으로 고조선은 크게 성장했다. 왕이라는 호칭을 사용했고 상, 대부, 장군과 같은 관직이 등장했다.

《한서》〈지리지〉에는 고조선에 팔조범금八條法禁이 있었다고 하는데, 그중 세 가지 항목이 다음과 같이 전해지고 있다.

① 살인자는 사형에 처한다.
② 남의 몸을 다치게 한 자는 곡물로 보상한다.
③ 도둑질한 자는 노예로 삼는데, 만약 죄를 씻고자 할 때는 50만 전을 내

야 한다.

범금 8조의 내용은 고조선 사회에 대해 많은 이야기를 들려준다. 첫째, 고조선은 곡물 및 화폐 경제가 이루어진 사회였고 둘째, 사유 재산제를 바탕으로 계급 분화가 이루어졌으며 셋째, 형벌과 노예가 있었던 사회였음을 알 수 있다. "눈에는 눈, 이에는 이" 같은 인과응보 주의가 있으면서도, 돈으로 속죄할 수 있다는 단서를 달았다는 것은 고조선 사회가 비교적 발전된 사회임을 말해준다.

중국의 《한서》는 범금팔조를 만든 사람이 은殷나라의 기자라고 한다. 《서경》에 의하면 은나라 현자인 기자가 은이 망하자 조선으로 망명했으며 이 소식을 듣고 주周나라 무왕武王이 그를 왕으로 봉했다고 한다. 3세기의 《위략魏略》과 이를 저본으로 한 《삼국지》'동이전'에서는 기자 이후 자손이 40여 대에 걸쳐 조선을 다스렸다고 한다.

일본 식민사학자들은 이런 기자동래설을 조선이 중국의 식민지였음을 보여주는 근거라 하여 타율성론을 주장한 바 있다. 오늘날에는 은나라가 있었던 황허 지역과 고조선 사이가 거리적으로 멀고 주나라의 통치권이 황허 유역에 한정되어 있었다는 점 등에서 기자동래설은 부정되고 있다. 고고학적인 측면에서도 기자가 동쪽으로 왔다면 고조선 문화에 은나라와 주나라 문화의 유입 흔적이 보여야 하는데 교류의 흔적이 보이지 않는다는 점에서도 그 실재성이 의심받고 있다.

그렇다고 하더라도 기자동래설이 만들어진 배경이 있을 것이다. 춘추전국시대의 혼란기에 많은 중국인들이 고조선으로 이주했다. 그 과정에서 고조선은 중국에서 이주해 온 세력들을 수용했다. 기자동래설에는 그런 주민 이동과 변화상이 반영된 것으로 보기도 한다.


## 위만, 고조선의 왕이 되다

────────

고조선은 기원전 3~2세기 전후로 위기 국면을 맞았다. 중국에 진秦, 한漢이라는 거대한 통일 제국이 연이어 들어서자 고조선은 위협을 느낄 수밖에 없었다. 고조선으로서는 군사력을 강화하고 방어 시설을 구축해 중국과의 관계와 국방 문제를 깊이 생각하고 전략을 마련해야 했다.

진한 교체기에 많은 중국인이 고조선으로 넘어왔다. 그중에 위만도 있었다. 연왕燕王 노관盧綰이 흉노匈奴로 들어가자 위만 역시 무리 1천여 명을 이끌고 고조선으로 망명했다. 위만은 고조선으로 들어올 때 상투를 틀고 오랑캐 옷을 입었다고 하는데, 그래서 위만을 연나라에 살던 고조선인으로 보고, 모국으로 돌아오면서 원래의 복장으로 갈아입었다고 이야기하기도 한다. 고조선이 연나라에 2천여 리 땅을 빼앗겼을 때 그 지역에 살던 사람들도 연나라 백성이 되었을 가능성이 있다.

위만이 원래 고조선 사람이었는지, 연나라 사람이지만 고조선 사람의 환심을 사기 위해 일부러 다른 민족의 옷을 입은 것인지는 확실하지 않지만 준왕은 위만을 신임했다. 중국의 확장을 경계하고 있었던 준왕은 위만을 믿고 서쪽 변경 100리의 땅을 주어 수비하게 했다.

그런데 위만은 딴마음을 품었다. 위만은 점차 진번眞番과 조선 사람들, 연나라와 제나라에서 망명한 사람들을 규합해 나갔다. 세력을 키운 위만은 마침내 수도인 왕검성을 급습해 준왕을 내쫓고 왕위를 차지했다. 기원전 194년의 일이었다. 위만에게 왕위를 빼앗긴 준왕은 측근을 거느리고 뱃길로 남쪽으로 가서 한왕韓王이 되었다.

이제 위만은 고조선의 새로운 임금이 되었다. 위만은 조선이라는 국호를 계속 사용했다. 왕실은 바뀌었지만 왕조가 바뀐 것은 아니었다. 《삼국유사》는 위만조선과 그 이전을 '옛날의 조선'이라는 의미로 고조선으로 구분했지만, 오늘날 고조선은 후대 이성계에 의해 건국된 조선과 구분하는 명칭으로 사용되며, 위만조선까지 포함한다.


## 정복 국가 고조선과 한나라

준왕을 쫓아내고 왕이 된 위만은 한나라에서 외신外臣의 자격을 얻어 주변 나라들과 정치 집단을 관리하는 역할을 맡았다. 위만은 우수한 철기 문화를 바탕으로 군사력을 갖추고 중국의 문물 제도 등을 수용하면서 행정 및 관료 제도를 정비했다. 강력한 군사력과 경제력을 바탕으로 주변 소읍들을 정복해 나가기도 했다. 진번眞番과 임둔臨屯을 비롯한 주변의 나라들이 고조선에 복속되면서 고조선은 사방 수천 리 되는 큰 영토를 가진 나라로 발전했다.

한나라 장군 진무는 문제에게 고조선의 형세에 대해 다음과 같이 보고했다.

> "남월(지금의 중국 남부에서 베트남 북부)과 조선은 진나라의 전성기에 내속해 신하가 되었으나 그 후에 군대를 갖추고 험한 곳에 의지해 중국을 엿보고 있습니다."

고조선의 팽창과 성장은 한나라 입장에서 결코 달가운 일이 아니었다. 한나라는 애초에 고조선을 이용해 외부 세력을 통제하고자 했다. 그러나 그런 전략은 통하지 않았고, 오히려 강력한 정복 국가가 등장하고 있었다. 위만의 손자 우거왕 때 이르러 고조선은 더욱더 강력한 국가로 성장했다. 고조선은 남쪽의 진辰나라를 비롯한 여러 나라가 한과 직접 교역하는 것을 가로막고 중계무역의 이익마저 독점했다.

한나라는 고조선의 성장에 위협을 느꼈다. 무엇보다 고조선이 북방에 있는 흉노족과 손잡고 중국의 영향에서 벗어나 독자적인 세력을 형성하려는 움직임을 경계했다. 기원전 128년, 고조선에 복속되어 있던 예군 남려가 28만 명을 이끌고 한에 투항하자, 한은 그곳에 창해군滄海郡을 설치해 고조선을 압박했다. 그런 한편, 한 무제는 사신 섭하涉何를 고조선에 보내 회유하려 했다.

그러나 우거왕은 협상을 거부했다. 아무 성과 없이 돌아가기가 두려웠던 섭하는 귀국하던 길에 배웅 나온 고조선의 비왕裨王을 죽이고 돌아갔다. 그런 섭하에게 한 무제는 요동군 동부도위遼東郡東部都尉로 임명해 고조선을 자극했다. 격분한 우거왕은 부하를 보내 동부도위 섭하를 죽였다. 섭하 사건으로 한과 고조선의 관계는 극도로 악화되었다.

## 고조선 최후의 날

기원전 109년, 한나라와 위만조선의 전쟁이 시작되었다. 한 무제는 왕검성을 치기 위해 군사를 크게 둘로 나눠 해로와 육로로 공격하는 양면 전술을 택했다. 해로로는 누선장군 양복이 옛 제나라 땅에서 병사 7천 명을 거느리고 보하이해渤海를 건너 왕검성에 도착했다. 육로로는 한나라 좌장군 순체가 요동의 군사를 동원해 진격했다. 많은 군사력을 동원했기에 우거왕이 금방 항복할 것으로 생각했다.

그러나 전쟁은 한 무제의 의도대로 전개되지 않았다. 고조선은 한나라 침략군을 맞아 1년간 항전했다. 한 무제는 위만조선 원정이 쉽지 않음을 깨닫고 전략을 수정했다. 전면적인 공격과 더불어 고조선의 지배층을 분열시키는 방책도 동원했다. 고조선 내부는 화전 양파로 분열되었다.

고조선에는 오랜 전쟁에 지쳐 화친을 주장하는 세력들이 있었다. 그중 조선상朝鮮相 노인路人, 상相 한음韓陰, 장군將軍 왕협王唊 등 주화파의 일부가 왕검성에서 나와 적군에게 투항했다. 주화파였던 니계상尼谿相 참參은 자객을 보내 우거왕을 살해하고 항복했다.

그런데도 왕검성은 함락되지 않았다. 우거왕의 대신이었던 성기가 성안의 백성들을 독려하며 끝까지 항전한 덕분이었다. 한나라는 항복한 우거왕의 아들 장長과 노인의 아들 최最를 시켜 조선의 백성을 달래고 성기를 죽이게 했다. 결국 기원전 108년, 왕검성이 함락되면서 고조선은 멸망했다.

사마천은 《사기》에서 한나라가 위만조선을 무너뜨린 이 전쟁에 대해 다음과 같은 평가를 내렸다.

> "결국 양군(兩軍)이 함께 욕을 당하고, 장수로서 제후(諸侯)가 된 사람이 없었다."

고조선을 멸망시킨 후 한 무제는 조선의 옛 지역에 진번, 임둔, 낙랑, 현도라는 4개의 군郡을 설치하고 태수를 비롯한 관리를 보내 통치했다. 한 군현은 고조선 유민들의 저항으로 얼마 지나지 않아 없어지거나 세력이 현저히 약화되었다. 마지막까지 남아 있던 낙랑군도 고구려의 끈질긴 공격으로 서기 313년 멸망했다.

《삼국사기》 '신라본기'는 고조선의 유민들이 산골짜기 사이에 나누어 살면서 6촌六村을 이루었다고 한다. 경주 지역을 포함한 영남 지방 각지에서 기원전 1세기 무렵, 고조선 계통의 유적과 유물이 다수 확인되고 있는데, 고조선 멸망 이후 많은 유이민들이 남쪽으로 이주했음을 알 수 있다.

# 우리는 왜
# 개천절을 기념할까?

10월 3일 개천절은 하늘이 열렸다는 뜻으로 고조선 건국을 기념하는 날이다. 3·1 만세운동 이후 수립된 상하이 임시정부에서 민족의식 고취를 위해 개천절을 국경일로 지정한 바 있고, 해방 후 대한민국 정부 수립과 함께 국경일로 지정돼 지금까지 이어오고 있다.

왜 개천절을 국경일로 기념까지 하는 것일까? 단군신화는 국가가 위기에 처할 때마다 민족의 정체성을 유지해주는 자산이며, 외부 침략에 대항할 수 있는 이론적 근거였다. 고려 시기 몽골 침략에 저항하는 과정에서 단군신화가 부각되고, 일제의 침략을 앞두고 단군을 모신 대종교가 창설된 것 역시 단군이 민족의 정체성을 확인시켜 줄 수 있는 근거였기 때문이었다.

3·1 만세운동 이후 대한민국 임시정부가 창설되면서 개천절을 기념일로 삼았던 것도 같은 맥락이었다. 우리는 일본과 다른 뿌리와 역사를 가진 민족으로 마땅히 독립해야 한다는 독립의 당위성을 제공하는 이론적 기반이 단군의 고조선 건국이었기 때문이었다.

## 일본의 단군신화 부정

일제 강점기 민족정신을 말살하고 독립 의지를 없애고자 했던 일본인들은 학자들을 동원해 단군신화를 부정하는 작업에 착수했다. 그 첫 번째로 일본 학자들은 고조선의 건국 신화가 처음 나타난《삼국유사》가 고려 중기에 편찬된 것에 주목하고는 고조선과의 연대 차가 너무 크게 난다는 것을 문제 삼았다.

둘째, 고조선의 건국 신화를 다룬 일연의《위서魏書》와《고기古記》에 대해서도 의문을 제기했다.《위서》라는 책은 중국에서 여러 차례 만들어졌는데 그중 단군신화를 언급한 버전은 없고,《고기》는 어떤 책인지 알 수 없다는 것이었다.

셋째,《삼국유사》에서 언급된 환인은 불교 용어이고 풍백, 운사, 우사는 도교 용어이므로 단군신화는 불교와 도교가 도입된 이후에 만들어진 것이라고 주장했다.

결국, 일제 강점기의 일본 학자들은 단군신화가 고조선의 건국 신화가 아닌, 고려 중기 몽골 침략 때 민족의식을 고양하기 위해 만든 창작물로 보았다.

일본의 역사 왜곡 배경에는 동조동근설同祖同根說, 일선동조론日鮮同祖論이 있었다. 일본과 한국은 하나의 조상, 하나의 뿌리를 가지고 있다는 이야기다. 그 논리에 단군신화가 걸림돌이 되었다. 일제가 단군조선을 부정하고 기자조선만 인정하려 한 것도 같은 이유에서였다. 일본 학자들은 중국의 역사 기록에 은나라 출신 기자가 조선후로 책봉되었다는 점에 주목했다. 일제는 단군을 부정한 뒤 기자조선을 기원으로 보면서 한국의 역사는 중국의 책봉을 받은 제후국에서 시작되었다며 타율성론의 근거로 삼았다. 이런 사례는 현재의 필요에 따라 역사가 왜곡될 수 있음을 보여준다.

## 북한의 단군 인식

정치적인 목적으로 단군을 이용하는 것은 오늘날도 여전하다. 북한에서는 1960년대 이후 고조선의 중심지가 요령에 존재했다는 재요령설을 주장했다. 단군에 대해서는 신화적 인물로 간주했다. 그러다가 1990년대 북한은 단군은 역사적 인물이며 고조선의 중심지도 평양 중심설로 확고하게 선회했다. 그 계기가 된 것은 단군릉 발굴이었다.

북한은 1993년 9월 평양시 강동군 강동읍 대박산 기슭에서 단군릉을 발굴했다고 발표했다. 이때 발굴된 유적에서 2개의 유골이 출토되었는데 감정 결과 그 유골은 5천 년 전의 남자와 여자의 인골로 추정되었다. 그들은 이를 5천 년 전에 실존했던 단군 부부라 보았다.

그런데 단군릉의 무덤 양식이 고구려 후기에 사용했던 돌방무덤이라는 지적이 있었다. 이때 출토된 금동관과 토기 같은 유물도 고구려 양식이었다. 북한이 사용한 연대 추정 방법도 문제가 있었다.

그런데도 북한은 단군릉 발굴 이후 단군이 신화가 아닌 실존 인물이라는 주장을 계속해 나갔다. 단군과 단군조선 관련 유물·유적에 대한 대규모 조사 발굴 또한 전개해 나갔다. 그 결과, 평양 일대에 대형 고인돌 무덤군과 고인돌 무덤 뚜껑돌에 새겨진 40여 개의 별자리, 청동방울 및 단추, 비파형 창끝 등의 유물이 확인되었다. 밀집된 고대 부락터와 제단 시설이 드러났고, 토성을 비롯한 고대 성곽도 발굴되었다.

이를 근거로 북한은 기원전 30세기 초 평양에 고조선이 성립되었고, 고조선이 대동강 문화의 시작이라고 주장하고 있다. 나아가 북한은 이제 세계 문명 발생지에 대동강을 포함해야 한다며, 대동강 문명 혹은 대동강 문화까지 포함해 세계 5대 문명으로 정해야 한다고 주장하고 있다.

북한은 1994년에 단군릉을 고구려 장군총 형식의 무덤 양식으로 조성했다. 그리고 1997년부터는 공식적으로 개천절 행사를 진행하고 있다. 북한이 단군을 실존 인물로 내세우고 단군릉을 복원한 것은 고조선-고구려-발해-고려-조선-조선민주주의인민공화국으로 이어지는 한민족의 정통성을 확보하려는 정치적 속셈이다.

단군릉과 대동강 문화에 대한 북한 측 주장은 학술적으로 검증된 것은 아니다. 다만, 통일이라는 역사적 과제가 놓인 현재의 분단 상황에서 남북한 모두 개천절을 기념하고 있다는 것은, 양국 모두 고조선 건국을 역사의 출발로 삼으며 단군이라는 공통된 시조 의식을 가지고 있다는 점에서 의미가 있다. 단군과 고조선은 남과 북이 동질성을 공유할 수 있는 정신적 자산이자 통합의 구심이 될 수 있다는 이야기이다.

# 2장

# 중앙집권 국가를 이루다:
# 삼국 시대

# 고조선의 뒤를 이어 등장했던 여러 나라

## 부여, 옥저, 동예, 삼한 등 수많은 나라

기원전 5~4세기경 유입된 철기 문화는 한나라가 고조선의 옛 지역에 군현을 설치하면서 널리 전파되었다. 철은 구리보다 쉽게 구할 수 있는 데다가 단단하게 벼릴 수 있어서 다양한 도구 제작이 가능했다. 철제 생산도구는 생산력을 급격히 높였고, 철제 무기는 국가 형성과 통합을 더욱 촉진했다.

고조선 멸망 전 주변 지역에 철기 문화를 기반으로 여러 정치 세력이 출현했다. 고조선의 뒤를 이어 우리 역사에서 두 번째 국가인 부여가 등장했다. 부여는 기원전 1세기경 중국 문헌에 등장하는 것으로 보아, 기원전 2세기 이전부터 존재했음을 알 수 있다. 부여가 자리한 쑹화강 유역은 비교적 넓고 비옥한 평원으로 농경과 목축이 유리했다.

부여는 중국의 여러 왕조와 비교적 우호적인 관계를 맺은 반면, 고구려와 인근 종족과는 적대적인 관계 속에 갈등을 빚었다. 3세기경 선비족의 침략으로 수도가 함락되자 부여의 세력은 급격히 쇠퇴했다. 일부가 두만강 유역으로 가서 동부여를 세우기도 했지만, 부여는 5세기경 고구려에 합병되었다.

지금의 함경도와 강원도 동해안 지역에도 여러 정치 세력이 형성되었다. 함흥평야를 중심으로 한 북부에는 옥저, 그 아래 원산만 부근 동해안 지역에는 동예로 불리는 정치 세력이 형성되었다. 이 지역은 토지가 비옥하고 해산물이 풍부했다. 그러나 지리적 여건상 외부의 자극이 적고 철기 유입이 늦어서 국가 발전은 상대적으로 더뎠다. 옥저와 동예에는 왕이라 불릴 만한 정치적 구심점이 없이 읍군邑君, 삼로三老라는 군장이 각 읍락을 다스렸다. 옥저와 동예는 고조선, 한 군현, 고구려 같은 주변 세력의 영향 아래 귀속되었다가 최종적으로 고구려에 병합되었다.

한반도 중남부 지역에도 크고 작은 수많은 나라가 등장했다. 고조선 시기

1세기 무렵 한반도 지형

에 이름을 보인 것은 진국이었는데, 언제 소멸되었는지 자료가 남아 있지 않다. 대신 마한, 진한, 변한으로 이루어진 정치 세력이 나타났다. 마한에만 54개 국이 있었으며, 진한과 변한도 각각 12개국이 있었던 것으로 전해지고 있다. 이 삼한이 삼국과 가야로 이어진다.

마한에서는 처음 목지국이 주도권을 가졌으나 한강에서 일어난 백제에 의해 통합되었다. 진한은 경주 지역의 사로국에 통합되면서 훗날 신라로 성장했다. 변한은 낙동강 유역의 구야국을 중심으로 연맹체를 이루었는데 각 소국들은 통합되지 못한 채 독립 국가의 형태를 유지하다가 멸망한다.

## 흉년이 들면 왕을 죽였다

초기 국가 단계의 정치체제는 연맹체적 성격을 지녔으며 왕권은 안정적이지 않았다. 부여에서는 가뭄과 장마가 계속돼 오곡이 영글지 않으면 왕이 죽임을 당했다. 중앙에 왕이 있었지만, 가축의 이름을 붙인 마가馬加, 우가牛加, 저가猪加, 구가狗加가 독자적인 관인을 두고 사방의 읍락을 자치적으로 다스렸다.

삼한에는 신지臣智, 읍차邑借로 불리는 군장 세력이 있었으나 이들은 권력이 약해서 여러 읍락을 완전히 제어하지 못했다. 정치적 통치자인 주수主帥 외에도 제사를 주관하는 천군天君이 따로 있었다. 전문 사제였던 천군은 천신에게 제사 지내는 것을 주관하면서 소도蘇塗라는 특별 구역을 지배했다. 소도에 큰나무를 세우고 거기에 방울과 북을 매달아 놓았는데, 그곳은 죄인이 도망치더라도 잡지 못하는 신성불가침 지역이 되었다.

# 하늘에 제사를 지내다

부여와 고구려, 동예는 하늘 제사를 지내면서 공동체 간의 결속을 다졌다. 부여에서는 음력 12월에 '영고'라는 제천 행사가 열렸다. 이때 공동체 구성원들은 하늘에 제사를 지내고 노래하고 춤을 추며, 형벌과 옥사를 판결하고 죄수를 풀어주었다. 군사와 관련된 일이 있을 때도 하늘에 제사를 지내고 소를 잡아 발굽으로 길흉을 점쳤다.

고구려에서는 10월에 '동맹'이라는 제천 행사가 열렸다. 이때 온 나라 읍락의 남녀들이 밤에 모여 서로 노래와 놀이를 즐겼고, 도성 동쪽에 있는 큰 동굴에서는 강 위에서 수신隧神에게 제사를 올렸다. 동예에서도 해마다 10월에 공동으로 하늘에 제사를 지내고 춤과 노래로 즐기는 '무천'이라는 제천 행사가 있었다. 고구려의 동맹과 동예의 무천은 농사가 끝나는 10월에 개최했다는 점에서 농경 의례적인 성격으로 보고 있다. 삼한에도 농경 의례적인 제사가 있었다.

> "5월 씨뿌리기를 마치고 신에게 제사를 지낸다. 떼 지어 노래와 춤을 즐기며 술 마시고 노는데 밤낮을 가리지 않는다. 그들의 춤은 수십 명이 모두 일어나서 뒤를 따라가며 땅을 밟고 구부렸다 치켜들었다 하면서 서로 장단을 맞춘다. 그 가락과 율동은 중국의 탁무와 비슷하다. 10월에 농사를 마치고 나서도 이렇게 한다.
>
> – 《위지》 동이전

삼한 사람들은 파종 이후와 추수 이후, 제사를 지내면서 먹고 마시면서 춤추고 노래했다는 이야기이다. 삼한의 제사도 천군이 존재하고 농경 절기와 관련되어 있다는 점에서 제천 행사에 속한다.


## 투기하면 죽였다

---

부여에는 형이 죽으면 동생이 형수와 혼인을 하는 취수혼聚嫂婚이 있었다. 고구려에도 취수혼이 있어서, 산상왕은 고국천왕이 죽은 뒤 형수였던 우왕후를 다시 왕후로 맞이했다. 취수혼은 대체로 흉노 같은 유목 민족들에게서 나타났다. 취수혼으로 태어난 아이는 죽은 남편의 아이로 간주되었다. 취수혼은 남편이 없는 여성을 보호한다는 의미도 있지만, 여성 입장에서는 남편이 죽은 뒤에도 남편의 아이를 낳게 한다는 의미가 있었다.

한편 고구려에는 혼인을 약속하면 남자가 여자의 집에 와서 동침하는 서옥제婿屋制가 있었다. 동침 후 여자는 그대로 친정에서 살았고 아이가 태어나 장성하면 비로소 아이와 함께 남자의 집으로 갔다. 이때 아이가 없을 경우, 혼인 관계가 무효가 될 수도 있었다.

서옥제나 취수혼 같은 결혼 풍속은 혼인에서 무엇보다 중요한 것은 출산이었음을 말해준다. 노동력이 경제 기반이 되는 사회에서 노동력을 확보하는 최선의 방법이 바로 출산이었기 때문이다. 옥저에서는 신부가 될 여자아이를 신랑집에 미리 데려다 놓고 키우다가 성인이 되면 신부값을 치르고 아내로 삼았다. 노동력이 중요한 사회에서 혼인으로 발생하는 신부 측의 노동력 손실을 신랑 측에서 보상해준다는 의미였다. 동예에서는 같은 씨족끼리 혼인하지 않는 풍습이 늦게까지 남아 있었다.

**고구려 고분 벽화, 무용총 수렵도**
중국 지린성 고구려 고분 소재

　부여에서는 투기를 금기했다. 남녀가 간음을 하거나 여자가 남편의 다른 여자를 질투하면 모두 죽였다. 특히 질투한 아내에 대해서는 죽인 뒤 그 시신을 산 위에 두고 썩게 내버려 두었다. 여자의 집에서 그 시신을 거두어 가려면 소와 말을 남편의 집에 바쳐야 했다. 고구려 때도 여자의 투기는 엄격하게 다루었는데, 고구려 중천왕 때 관나부인이 왕후 연씨를 질투했다가 가죽 부대에 넣어 죽임을 당한 사례가 있었다.

　요컨대, 부여와 고구려는 일부다처제 사회였다. 남자 1명에 여자 여러 명이 함께 그려진 고구려 고분벽화도 고구려가 일부다처제였음을 말해준다.

# 알에서 태어난 사람들: 주몽에서 수로까지

## 주몽, 알을 깨고 나오다

《삼국사기》는 고구려가 기원전 37년 주몽에 의해 건국되었다며 다음과 같은 내용의 시조 탄생을 이야기한다.

> 여자가 말하기를, "저는 하백(河伯)의 딸이고 이름은 유화(柳花)입니다. 여러 동생들과 함께 밖에 나가 놀고 있었는데, 한 남자가 나타나 자신은 천제의 아들 해모수라 하고 저를 웅심산(熊心山) 아래 압록강 인근의 방 안으로 꾀어 사통하고 곧바로 가서는 돌아오지 않았습니다. 부모는 제가 중매도 없이 다른 사람을 따라갔다고 꾸짖어 마침내 우발수에서 귀양살이하게 되었습니다."라고 했다.
>
> 금와가 이를 이상하게 여겨 그녀를 방 안에 가두었는데, 해가 비추자 (유화가) 몸을 끌어당겨 해를 피했으나 햇빛이 또 따라와 그녀를 비추었다. 그로

인해 임신해 알을 하나 낳았는데 크기가 다섯 되 정도 되었다. 왕이 알을 버려 개와 돼지에게 주었으나 모두 먹지 않았다. (왕이) 다시 길 가운데 알을 버렸으나 이번에는 소도 말도 피했다. 나중에는 들판에 버렸더니 새가 날개로 덮어주었다. 왕이 알을 쪼개려고 했으나 쪼개지지 않아서 마침내 그 어미에게 돌려주었다.

그 어미가 물건으로 알을 싸서 따뜻한 곳에 두었더니, 한 남자아이가 껍질을 부수고 나왔는데 골격과 의표(儀表)가 영특하고 호걸다웠다. 아이는 겨우 7세 때도 영리함이 범상치 않아 스스로 활과 화살을 만들어 쏘았는데 백발백중이었다. 부여말로 활을 잘 쏘는 것을 '주몽(朱蒙)'이라 하는 까닭에 이름을 '주몽'이라 지었다.

고구려 건국 시조인 주몽은 하늘의 아들을 자처하는 해모수와 하백의 딸 유화 사이에서 태어났다는 이야기이다. 광개토대왕 비문에도 시조인 주몽이 '천제의 아들'에게서 태어났다는 기록이 있다. 5세기경 고구려 귀족의 무덤에서 나온 모두루묘지는 주몽을 '일월의 아들'이라고 표현한다. 단군신화가 말하는 그대로 고구려 건국 세력이 천손 의식을 가졌음을 알 수 있다.

주몽의 어머니는 유화인데 《삼국사기》와 '광개토대왕릉 비문'에는 유화가 하백의 딸이라고 한다. 하백은 원래 중국 신화에 등장하는 인물로 '황허강에 사는 물의 신'을 뜻하지만, 고구려 신화에서는 특정한 강보다 물의 신이라는 포괄적인 의미로 쓰이고 있다.

물은 농경과 밀접히 관련된다는 점에서 유화가 땅의 신이자 농업신의 성격을 띤다는 점을 알 수 있다. 유화는 남하하는 주몽에게 곡식을 챙겨주고, 주몽이 곡식을 잊고 가자 새를 통해 전달했는데, 이 역시 농경과의 밀접한 관련

성을 나타낸다. 고구려의 건국 시조인 주몽은 하늘신인 해모수와 땅의 신 유화의 결합으로 태어난 신성한 존재임을 거듭 확인할 수 있다.

한편, 주몽의 탄생 신화는 부여의 동명신화와 흡사하다. 《삼국사기》에서는 주몽을 동명성왕이라고 표현한다. 동명성왕에서 '성聖'을 제외하면 동명이 된다. 고구려가 부여와 같은 문화 배경에서 성장했으며, 고구려 건국 세력이 남하한 부여계 일파임을 말해주는 대목이다.

고구려가 자리 잡았던 중국 랴오닝성 환인과 집안 지역에는 고구려 지배층이 사용한 돌무지무덤이 많이 남아 있다. 그런 돌무지무덤은 기원전 3세기부터 나타나고, 고구려라는 이름은 기원전 2세기부터 나타난다는 점에서 기원전 3세기 무렵에는 고구려의 역사가 시작되었음을 알 수 있다. 이후 주몽으로 대표되는 부여계 세력이 남하하면서 왕실이 교체되었을 것으로 본다.

## 백제를 건국한 온조, 그리고 비류

──────

백제의 건국 설화에는 건국 시조가 알에서 태어났다거나 다른 신이한 기적의 모습이 전혀 나타나지 않는다. 이는 백제의 건국 설화가 채록된 시기가 다소 늦은 데다 중국화된 합리주의적 시각을 반영했기 때문으로 이해된다.

《삼국사기》는 온조와 비류 두 계통의 건국 설화를 전한다. 그중 온조를 주인공으로 건국 과정을 설명한 설화는 온조를 고구려의 건국 시조인 주몽의 아들로 서술한다. 그가 형 비류와 함께 남하해 위례에 정착해 나라를 세웠는데, 비류가 죽자 그를 따르던 무리를 통합했다고 한다. 초기 백제가 자리 잡은 서울 송파구 지역에는 고구려의 특징적인 돌무지무덤이 남아 있어서, 백제의 건국과 성장 과정에서 고구려계가 이주한 사실이 있었음을 말해준다.

한편, 온조 설화에 덧붙여진 비류 설화에도 비류는 온조와 형제 관계로 설명된다. 이에 따르면 주몽은 친아버지가 아닌 의붓아버지였다. 온조 형제의 친아버지는 북부여 출신 우태(優台)였다. 이 설화는 백제가 부여에서 파생했으며 백제의 혈통과 문화 기반이 고구려와 서로 통한다는 생각을 반영한 것이었다.

백제 건국 설화가 비류와 온조 형제를 주축으로 하는 형제 설화인 것은 두 집단이 연맹을 형성했음을 뜻한다. 비류가 형으로 나오는 것은 연맹 초기에 비류계가 주도권을 장악해서였다. 비류가 죽자 그를 따르던 무리들이 온조에게 귀부했다고 하는데, 이에 온조계로 세력이 넘어간 것을 알 수 있다.

한편, 중국의 사서에는 백제의 건국 시조로 구태(仇台), 도모(都慕)라는 인물을 소개하고 있다. 다시 말해, 백제 건국과 발전 과정에 다양한 참여 집단이 있었다는 이야기이다. 한강 유역에 남아 있는 백제 고분 또한 돌무지무덤 외에 흙무덤 계열의 다양한 무덤 양식이 있어서 백제 지배 세력의 다양성을 말해준다. 부여에서 고구려 방면, 한강 유역으로 여러 차례 주민 이동이 있었는데, 이때 한강 유역에 공존하던 본래의 토착 세력 등 여러 집단이 백제로 통합되어 간 것으로 보인다.


## 하늘에서 내려온 혁거세

신라의 건국 시조인 혁거세 역시 알에서 태어났다. 《삼국사기》에 전하는 내용을 보자. 고조선 유민이 산골짜기 사이에 나누어 살면서 6촌을 이루고 있었는데, 어느 날 양산 기슭에서 말이 무릎을 꿇고 울부짖고 있는 것을 6촌 중

하나인 고허촌 촌장 소벌공이 발견했다. 가서 살펴보니 홀연히 말은 떠났고 큰 알만 있었는데 알을 깨고 혁거세가 나왔다.

신라의 건국 시조인 혁거세가 알에서 태어난 것은 주몽과 같았지만, 혁거세의 부모가 등장하지 않고 혁거세 스스로 하늘에서 내려왔다는 것은 주몽과 다른 점이다. 혁거세의 경우 부모가 보이지 않는 대신 '알영'이라는 왕비가 나온다. 알영 역시 혁거세 못지않게 신성하게 태어났다.

알영은 우물에 나타난 용의 옆구리에서 태어났다. 우물이나 용은 모두 물과 관련된 것으로 알영이 땅의 신이자 농업신의 성격을 가졌음을 보여준다. 알영은 혁거세와 함께 순행하며 농업과 길쌈을 독려하고 토지 생산을 장려했는데, 여기서도 농경과의 관련성이 나타난다. 혁거세와 알영이 부부로 설정된 것은 신라 건국에 두 집단이 중심 역할을 했음을 말해준다. 하늘에서 내려왔다는 혁거세는 유이민 세력으로 이해할 수 있다. 혁거세 이전 고조선 유이민이 내려와 6촌을 형성한 이후에도 여러 차례 유이민 유입이 있었다고 볼 수 있다.

신라가 있었던 경주 지역에는 '움무덤'이라는 무덤 양식이 사용되다가 점차 '돌무지덧널무덤'으로 변화된다. 움무덤이란 구덩이를 파고 지하에 시신을 넣은 관이나 곽을 넣은 다음 흙을 덮는 무덤 양식을 말하며, 돌무지덧널무덤이란 지하나 지상에 나무덧널을 짜서 시체를 넣은 나무 널과 부장궤를 안치한 뒤 돌무지를 쌓고 다시 흙을 덮어 봉분을 만든 무덤 양식을 말한다. 오늘날 금관을 비롯한 화려한 유물이 발견되는 무덤은 돌무지덧널무덤이다. 돌무지덧널무덤은 움무덤을 사용하는 집단과 다른 새로운 세력이 경주에 유입되었음을 말해준다.

## 가야 연맹의 맹주, 수로왕

금관가야의 시조로 전해지고 있는 수로왕 역시 알에서 태어났다. 《삼국유사》에 수록된 〈가락국기〉를 보면, 아직 나라가 없던 시절 주민들은 가락 지역에서 촌락별로 나뉘어 생활했다. 3월 어느 날, 하늘의 명을 받아 9간 이하 수백 명이 구지봉龜旨峰에 올라가 하늘에 제사를 지내고 춤추고 노래했다. 그때 하늘에서 붉은 보자기에 싸인 금빛 그릇이 내려왔는데 그 속에 태양처럼 둥근 황금색 알이 6개 있었고, 며칠 뒤 이 알에서 남자아이가 차례로 태어났다. 그중 제일 먼저 나왔다는 뜻에서 '수로'라는 이름을 붙이고는 가락국의 왕으로 모셨다고 한다. 다른 남자아이들도 각각 5가야의 왕이 되었다.

수로왕은 혁거세처럼 부모가 등장하지 않고 하늘에서 내려온 알을 깨고 나왔다. 부모가 등장하지 않는 대신 수로왕에게도 기이한 왕비가 등장하는데, 아유타국에서 왔다는 허황옥이 바로 수로왕의 왕비였다. 배를 타고 온 허황옥은 육지에 도착하자마자 비단 바지를 벗어 산신령에게 제사를 지냈다.

한편, 가야에는 가야 산신 정견모주가 천신 이비가지에게 감응되어 대가야

**졸본성 또는 환인오녀산성**
중국 랴오닝성 소재

왕 뇌질주일과 금관국왕 뇌질청예를 낳았다는 전승도 전한다. 가야 산신이 천신에 감응되어 가야의 시조를 낳았다는 점에서 산신은 지모신의 성격을 지녔다고 볼 수 있다. 하늘에서 내려왔다는 수로왕 역시 유이민 세력으로 이해할 수 있다.

# 근초고왕, 해상 강국 백제를 만들다

## 삼국의 성립

고대국가는 왕권을 중심으로 중앙집권 체제가 정비되고 정복 국가로서의 특성을 가진다. 철기 문화를 기반으로 성장했던 여러 나라 중에 고구려, 백제, 신라가 고대국가가 되었다. 부여는 5세기까지, 가야는 6세기까지 존속되었지만 중앙집권 국가로 성장하지 못하고 부여는 고구려에, 가야는 백제와 신라에 흡수되었다.

《삼국사기》는 삼국 모두 기원전 1세기경에 건국된 것으로 기록하고 있다. 그중 신라가 가장 빠른 기원전 57년에 건국되었고 고구려는 기원전 38년에, 백제는 기원전 18년에 건국된 것으로 나타난다. 3세기 후반에 편찬된 《삼국지》 같은 중국의 역사서에는 부여전과 고구려전만 있고, 백제와 신라는 등장하지 않는다.

다만,《삼국지》 '한전'이라는 항목에서 마한 54개국 중 하나로 백제국(伯濟國),

진한 12개국 중 하나로 사로국이 소개된다. 백제국과 사로국이 훗날 백제와 신라의 모태가 되는 것을 고려할 때, 삼국 중 고구려의 건국이 가장 빨랐음을 알 수 있다. 《송서》 등의 중국 사서에는 백제만 나타나고 신라는 보이지 않다가, 훗날 편찬된 《양서》부터 신라가 등장한다. 구체적인 건국 연대는 알 수 없지만, 국가로 성장한 것은 신라가 백제에 비해 늦었던 것으로 이해할 수 있다.

## 백제 고이왕, 국가의 기틀을 마련하다

삼국 가운데 가장 먼저 두각을 드러낸 국가는 한강 유역에 자리 잡은 백제였다. 이는 한강 유역이 비옥해 백제의 농업 생산력이 높았을 뿐만 아니라, 내륙 지방은 물론 해상을 통해 중국 및 일본과도 잘 통할 수 있었던 이점 덕분이었다.

백제는 마한에 소속된 54개국 중의 하나였던 백제국에서 출발해 점차 주변 소국들을 통합하면서 지배 영역을 확대해 나갔다. 백제는 연맹 내의 세력에 대한 지배력을 강화하는 한편, 백제의 성장을 저지하려는 중국 군현 및 말갈ᵐ羯로 표현되는 예ᵉ濊 세력과 공방을 치르면서 세력을 넓혀갔다.

3세기 중반 고이왕 때 백제는 고대국가로서의 토대를 갖추게 되었다. 고이왕은 좌장左將을 설치하고 내외 병마권을 관장하게 함으로써 족장들의 독자적인 군사력을 약화시켰다. 중앙 관등제를 마련해 지배 체제를 정비했다. 《삼국사기》에는 '6좌평·16관등제'가 고이왕 때 완비된 것으로 나오는데, 좌평左平과 솔率 등의 관등이 설치되어 뒷날 16관등제의 토대가 마련되었다.

대외적으로도 목지국을 제압하면서 백제는 마한의 맹주국이 되었다. 낙랑군, 대방군과의 관계에서는 이전의 소극적이고 방어적이었던 자세에서 적극적이고 공격적인 자세로 전환했다. 경제력 강화를 위해 국토의 남쪽 평야 지대에 논을 개간해 농업 생산력을 높이기도 했다. 이로써 백제는 삼국 중 가장먼저 고대국가의 체제를 갖추게 되었다.

## 백제 근초고왕, 고구려를 제압하다

고이왕 때 다져진 중앙집권적 토대 위에 대외 정복사업을 벌인 사람은 근초고왕이었다. 근초고왕은 마한에 남아 있던 잔여 세력을 병합해 남으로 영산강유역까지 영역을 확대했다. 낙동강 유역까지 진출해 가야에도 영향력을 행사했다.

근초고왕은 남진해 내려오는 고구려 세력과 대결했다. 근초고왕은 371년(근초고왕 26년), 3만 명을 이끌고 고구려 평양성을 공격해 고국원왕을 전사하게했다. 근초고왕 때 백제는 오늘날 경기, 충청, 전라도 땅 전부와 강원도와 황해도의 일부를 차지하는 강력한 고대국가로 성장했다. 근초고왕은 서해와 남해의 해상권을 장악하고 요서 지역까지 진출했다. 일본에도 학술, 기술 등 선진문물을 제공했다. 아직기와 왕인을 통해 일본에 한자를 가르쳤고, 《천자문》과《논어》도 전했다. 일본 이소노카미 신궁石上神宮에 보관된 칠지도七支刀는 근초고왕이 왜왕에게 하사한 것이었다.

근초고왕의 국내 활동을 보면, 그는 진씨 출신의 여자를 왕비로 맞이해 진씨 왕비족 시대를 열었다. 관등제를 일원화해 귀족 세력들의 상하 서열을 분명히 했다. 담로제擔魯制를 실시해 지방관을 파견함으로써 지방에 대한 통제력

**칠지도**
일본 이소노카미 신궁 소장

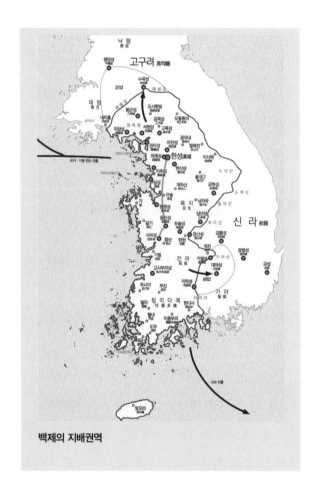

**백제의 지배권역**

을 강화했다. 박사 고흥高興에게 《서기書記》를 편찬하게 함으로써 왕실의 권위
를 신성화하고 정통성을 세웠다. 이를 토대로 백제는 4세기 후반 침류왕 때
동진으로부터 불교를 받아들이면서 사상을 통합하고 중앙집권 체제를 확고
히 했다.

# 고구려 광개토대왕, 위기를 딛고 동북아시아를 장악하다

## 정복 활동을 통해 성장한 고구려

고구려는 부여계 유이민이 토착 세력과 결합해 압록강 유역을 근거지로 성장한 나라다. 고구려의 첫 도읍지는 동가강 유역이었으나 유리왕 때 압록강 유역의 국내성으로 도읍을 옮겼다. 고구려는 평야가 적은 산악지대에 위치해 농경에 불리했고 식량이 부족했다.

고구려의 '고'는 '높고 크다'를 뜻하고, '구려'는 성읍을 뜻하는 '구루溝漊'에서 파생되었다. 즉 고구려란 높고 큰 성읍이라는 뜻이다. 이처럼 '고구려'라는 명칭은 나라의 지형적 특징을 드러내는 동시에, 발달한 산성 축조 기술을 상징적으로 보여주기도 한다.

고구려는 주변 국가를 정복하고 한의 군현과 전쟁을 벌이면서 성장했다. 1세기 후반 태조왕은 요동군과 낙랑군을 공격해 청천강 상류까지 진출했다. 그는 동해안으로도 진출해 옥저와 동예를 복속시켰다. 2세기 후반 고국천왕은 부자 상속의 왕위 계승을 확립했으며, 기존의 부족 연맹적인 성격을 지닌 5부를 행정적 성격을 지닌 5부로 개편함으로써 왕권을 강화했다.

## 소수림왕, 중앙집권 체제를 정비하다

승승장구하던 고구려는 3세기에 시련을 겪게 된다. 위나라 관구검의 공격으로 환도성이 함락되었고, 선비족인 전연 모용외의 침입을 두 차례 받기도 했다. 313년에는 미천왕이 서안평을 확보하고 낙랑군과 대방군을 정복해 한반도에서 한사군 세력을 완전히 몰아내는 성과가 있었지만, 4세기 고구려는 다시 시련을 맞았다.

고국원왕 12년인 342년 선비족이 세운 전연이 고구려를 침략했다. 이때 전연군은 고국원왕의 아버지인 미천왕의 무덤을 도굴해 시신을 가져가고 왕의 어머니인 주씨와 왕비를 포로로 잡아갔다. 371년(고국원왕 41년)에는 백제 근초고왕의 평양성 공격으로 고국원왕이 전사했다. 이를 계기로 고구려는 전열을 재정비했다.

고국원왕의 아들 소수림왕은 전진, 동진과의 관계를 두텁게 하면서 백제-북위의 동서 결합을 압박해 나갔다. 372년(소수림왕 2년), 소수림왕은 유학 교육 기관인 태학을 설립해 우수한 인재 양성에 힘썼고, 이듬해인 373년에는 율령을 반포해 통치 체제를 정비했다. 소수림왕은 전진으로부터 불교를 받아들여 사상을 통합하고 왕권을 강화했다. 초문사와 이불란사를 짓고는 각각 전진의 승려 순도와 동진의 승려 아도를 머물게 했다. 소수림왕의 노력으로 고구려는 위기를 극복하고 중앙집권 체제를 강화할 수 있었다.

## 광개토대왕, 고구려를 동북아 최강국으로 만들다

———

소수림왕이 이룬 정치적 안정을 기반으로 광개토왕은 대외 정복 활동을 활발하게 벌였다. 백제에 대해서는 즉위 초부터 적극적으로 공세를 취해 한강 이북과 예성강 이동의 땅을 차지했다. 세력 만회를 꾀하던 백제가 왜倭를 내세워 고구려와 연결된 신라를 공격하자, 고구려는 병력 5만을 파견해 왜구를 신라에서 몰아내고 가야까지 추격했다.

광개토왕은 고구려 서쪽 모용씨의 후연을 격파해 요동 지역을 확보했고, 북으로는 거란을 정벌했다. 당시 만주 동북부 지역에는 숙신이라는 종족이 살았는데 광개토왕이 숙신을 정벌해 숙신과 고구려는 조공 관계를 수립했다. 광개토왕은 그때까지 세력을 유지하고 있던 동부여도 친히 정벌했다. 광개토왕의 이 같은 정력적인 정복 활동 결과, 고구려는 남쪽으로 임진강 유역, 서쪽으로는 랴오허(요하), 북으로는 랴오둥(요동)을 포함한 만주 지역 대부분을 장악했다. 광개토왕의 업적이 구체적으로 확인된 것은 광개토대왕릉비의 발견 덕분이었다.

청나라 황실은 청국의 발상지인 만주에 한인漢人들이 이주하는 것을 금하는 봉금령을 내렸다. 1876년 봉금령이 해제되자 농민들의 이주가 시작되었다. 1880년 어느 날, 지안시 화이런현에서 땅을 일구던 한 농부가 거대한 돌을 발견하고는 현의 지사에게 이를 신고했다. 비석의 주인공은 고구려 제19대 광개토대왕으로, 비문에는 5세기 중국과 만주, 한반도, 일본을 아우르는 국제 관계가 고구려를 중심으로 형성되었음을 말해주는 중요한 내용이 있었다.

'광개토왕릉비'를 보면, 광개토왕이 '영락永樂'이라는 연호를 사용했음을 알 수 있다. 영락은 한국사에 보이는 최초의 연호이다. 연호란 국왕의 즉위 등 특

**광개토대왕릉비 탁본**
비석은 중국 지린성 지안시 소재

별한 일을 원년으로 삼는 연대적 칭호를 말하며, 오직 황제만 사용했다. 광개토왕이 연호를 사용한 것에서 광개토왕은 중국과 대등한 입장에서 고구려 중심의 천하관天下觀을 지녔음을 알 수 있다.

# 무령왕, 웅진에서
# 백제 중흥을 꿈꾸다

## 한성의 함락

개로왕 21년인 475년, 백제의 한성이 함락되었다. 개로왕은 재증걸루에게 붙
잡혀 아차산 아래에서 살해되었는데, 재증걸루는 백제 출신으로 고구려로 망
명해 한성 백제 공격에 적극적으로 참여한 장수였다. 백제의 도성인 한성은
본래 견고했으나 고구려 장수왕의 철저한 계략에 당했다는 점에서 이 전투는
백제로선 치욕적이었다. 어떻게 된 일이었을까?

광개토왕의 뒤를 이어 즉위한 장수왕은 중국의 분열된 정세를 이용해 남,
북조와 각각 외교 관계를 맺고 북방을 안정시킨 뒤 남하 정책을 추진했다. 그
일환으로 장수왕은 427년(장수왕 15년)에 평양 천도를 단행했다. 대동강 유역
에 위치한 평양은 고조선 이래 낙랑이 자리하면서 문화가 발달한 선진 문화
지역이 되었다.

고구려의 남진은 백제와 신라에 위협을 주었다. 백제 비유왕이 신라의 눌지

왕과 동맹을 맺음으로써 양국은 공동 전선을 형성했다. 비유왕의 뒤를 이어 즉위한 개로왕도 고구려의 장수왕에 대한 경계를 늦추지 않았다. 백제 개로왕은 고구려와 사이에 있는 요충지에 방어 시설을 설치하는 한편, 북위에 국서를 보내 고구려 정벌에 나설 것을 요청했다.

개로왕의 청병 외교는 고구려를 자극했다. 장수왕은 백제 공격을 치밀하게 준비했다. 당시 백제의 수도 한성은 매우 견고해서 전면 공격이 어려웠다. 이에 장수왕은 백제의 내부부터 무너뜨릴 계책을 세웠다. 내부가 무너지면 아무리 견고한 성도 쉽게 무너질 수 있다는 점에 착안한 것이었다. 장수왕은 바둑에 심취했던 개로왕을 이용하기로 했다.

장수왕은 바둑의 고수인 승려 도림道琳을 백제에 잠입시켰다. 도림은 개로왕에게 접근해 바둑으로 환심을 산 뒤 그를 부추겼다.

> "대왕의 나라는 사방이 산과 언덕, 강과 바다입니다. 하늘이 베푼 험한 요새로 사람의 힘으로 만들어진 것이 아니지요. 그러므로 사방의 이웃 나라가 감히 엿볼 마음을 먹지 못하고 그저 받들어 섬기고자 하는 겁니다. 그런즉 왕께서는 마땅히 존귀하고 고상한 위세와 부강한 업적으로 남의 이목을 두렵게 해야 할 것입니다.
>
> 그런데 보십시오. 성곽은 낡고 허름하며 궁실도 낡은 곳이 많습니다. 심지어 선왕의 유골은 땅에 임시로 매장돼 있고, 백성들의 집은 자주 강물에 잠깁니다. 신은 대왕을 위해 이 같은 일을 그냥 두고만 볼 수 없습니다."

도림의 충고는 왕실의 권위를 높여 왕권 강화를 추진하고 있던 개로왕의 뜻과도 잘 맞았다. 스님인 도림이 장수왕이 보낸 첩자일 것이라고는 꿈에도 생각하지 못했던 개로왕은 그의 충고를 받아들였다. 성을 쌓고 궁궐을 짓고 부왕의 묘를 성대하게 조성했다. 여기에 많은 물자와 인력이 동원되었다. 개로왕의 왕족 중심 왕권 강화 정책으로 귀족들의 불만이 커져 있던 상황에서 대규모 토목 공사는 민심을 왕에게서 멀어지게 했다.

때를 놓치지 않고 장수왕은 3만 군대를 직접 거느리고 한성을 침공했다. 한성은 함락되었고 개로왕은 비참한 최후를 맞이했다. 이로써 500년간의 한성 시대는 막을 내렸다.

## 웅진 시대와 사마왕

475년, 백제는 지금의 공주인 웅진으로 수도를 옮겼다. 웅진은 북쪽으로는 차령산맥과 금강이 있고, 동쪽으로는 계룡산이 막혀 있어서 지형적으로 방어에 유리했다. 금강은 대외 활동과 조세 운반에 유리했다. 다만, 웅진 천도는 계획된 것이 아니라 한성 함락으로 불가피하게 이루어진 일이었다. 수도 함락에 대한 일차적 책임이 백제 왕실에 있었던 데다, 개로왕이 고구려군에 의해 죽임을 당하면서 백제의 왕권은 매우 약해졌다. 게다가 한성에서 함께 남하한 구귀족들이 권력을 장악하면서 왕실을 둘러싸고 심각한 갈등이 지속되었다.

웅진 천도를 주도했던 문주왕은 귀족들의 견제를 받다가 재위 2년 만에 피살되었다. 문주왕 피살 세력에 의해 13세에 즉위한 삼근왕은 3년을 넘기지 못하고 세상을 떠났다. 이후 동성왕은 20여 년간 재위하면서 신라와 혼인 동맹을 맺고 군사를 보내 신라를 돕는 등 고구려 남하를 저지하려 했다. 그는 왕권 강화를 위해 진씨, 해씨, 목씨 등 구귀족에 대항할 새로운 세력을 등용하기도 했다. 그러나 이런 노력들이 오히려 갈등을 조장하면서 동성왕은 신귀족 세력의 대표적 인물인 백가苩加에게 암살되었다.

웅진 천도 후 백제의 정치적 안정은 무령왕 때 이루어졌다. 무령왕의 이름은 사마斯摩, 斯麻였다. 아버지에 대해서는 동성왕, 개로왕, 개로왕의 동생인 곤지昆支 등 다양한 설이 있다. 이는 무령왕 이전의 백제 왕실이 다사다난했다는 의미로 해석할 수 있다. 사마라는 무령왕의 이름에 얽힌 설화가《일본서기》에 다음과 같이 실려 있다.

> 고구려의 남침을 걱정하던 개로왕은 일본에 원군을 요청하기 위해 동생인 곤지를 일본에 보내기로 했다. 그런데 곤지가 "부인을 저에게 주신다면 떠나라는 명을 받들겠습니다."라고 했다. 개로왕은 부인을 곤지에게 보내면서, "임신한 내 아내가 해산할 달이 다 되었다. 만약 도중에 아이를 낳게 되면 배에 태워 돌려보내도록 하라."고 했다. 일본으로 향하던 도중 북규슈 츠쿠시(筑紫)의 한 섬에서 개로왕의 부인이 사내아이를 낳았다. 섬에서 태어났다고 하여 이름을 '시마(嶋)'라 했다.

일본 측 사료에만 나타나는 내용이라 사실이라고 단정하기는 어렵다. 그러나 섬의 일본어 '시마嶋'가 무령왕의 이름인 '사마'와 음이 비슷한 점, '무령왕릉' 지석을 통해 무령왕이 461년에 출생했을 것으로 추정되는데《일본서기》에서 곤지가 일본으로 파견되었다는 신축년이 461년이라는 점에서 이 설화는 신빙성을 더한다. 형의 아내를 부인으로 삼는 형사취수혼이 부여와 고구려에 있었던 만큼, 백제에도 비슷한 풍습이 있었을 가능성이 있다.

무령왕이 왕으로 즉위한 것은 40세 때였다. 즉위 후 무령왕은 먼저, 동성왕을 시해한 반란의 주모자 백가를 토벌했다. 다음으로, 고구려와 말갈의 공격에 대비해 북방을 튼튼하게 정비한 한편, 고구려를 공격했다. 이어서 무령왕은 금강 유역권을 개발하고 섬진강 유역으로 진출해, 한강 유역을 상실한 이후 축소되었던 경제 기반을 확대했다. 제방을 쌓아 수리 시설을 확충해 농업 생산력을 도모했다. 놀고먹는 자들이 다시 농사를 지을 수 있게 하고 도망한 유민들을 정착시켜 농업 노동력을 확보했다.

무령왕은 주변국과 외교를 통해 왕권과 국권을 안정시켜 나갔다. 신라와는 군사 동맹 관계를 더욱 굳건히 했고, 일본에 오경박사를 보내 양국의 우호 관계를 돈독히 했다. 중국 남조의 양나라와도 외교를 강화해, 양나라로부터 '사지절도독백제제군사영동대장군使持節都督百濟諸軍事寧東大將軍'이라는 작호를 받았다.

공주 송산리 고분군에서 발견된 무령왕릉은 벽돌로 된 무덤이다. 같은 벽돌무덤인 송산리 6호분에는 "양의 벽돌을 모방해 만들었다."라는 글귀가 있는 것으로 보아 무령왕릉의 벽돌무덤도 양나라의 영향을 받아 만든 것임을 알 수 있다. 이외에도 무령왕릉에서 청자와 중국 관영 공방에서 만든 청동거

**무령왕릉 현실 입구(좌), 왕과 왕비의 봉분(우)**
•1~5호분: 돌방무덤. •6호분, 7호분(무령왕릉): 벽돌무덤. 공주 송산리 고분군 소재

울 등이 출토된 것을 봐서는, 당시 백제가 중국과 교류하고 있었음을 알 수 있다.

무령왕과 왕비의 목관은 일본산 소나무인 금송으로 만들어진 것으로 알려져 있다. 무령왕의 금제 허리띠와 귀고리는 신라 돌무지무덤에서 출토된 허리띠 및 귀고리와 비슷한 특징을 지닌다. 이런 무덤 양식과 유물을 통해 무령왕은 신라와 양나라, 그리고 일본과 활발하게 교류함으로써 국제 관계망을 구축했음을 알 수 있다.


## 사비 시대, 고토 회복 노력이 좌절되다

————

무령왕이 이룬 성과는 그 아들 성왕에게 계승되었다. 성왕은 정치적 안정을 기반으로 재위 16년인 538년 사비 천도를 단행했다. 사비 지역을 기반으로 한 사씨 세력과 한성에서 남하한 목씨 세력 등의 지지가 있었기에 가능한 일이었다. 나라 이름도 남부여로 바꿔 '부여 계승 의식'을 표방하는 동시에 부여국을 계승한 나라라는 정체성을 확립하려 했다.

성왕은 행정조직을 개편하고 국가 체제를 정비했다. 중앙관서를 22부로 재조정하는 한편 수도를 5부, 지방을 5방제로 편제했다. 인도에 가서 불법을 구하고 온 겸익을 등용해 불교 진흥에도 힘썼다. 552년에는 일본에 노리사치계를 보내 불교를 전수했다. 성왕은 중국 양나라와 외교 관계를 강화했다. 양나라에 사신을 보내 특산물을 바쳤고, 《모시(또는 시경)》에 능통한 박사와 부처의 열반을 해석한 책, 그리고 기술자 및 화가 등을 보내주기를 요청해 이를 받기도 했다.

**양나라 '직공도', 양 원제 그림**
왼쪽부터 백제, 고구려, 신라 사신. 원본은 없고 모사
본임. 중국 북경 역사박물관 소장

　정치적으로 안정되자 성왕은 고구려에 빼앗긴 한강 유역 회복에 나섰다. 마침 고구려는 내분으로 정국이 불안했다. 성왕은 신라와 손을 잡고 고구려를 공격했다. 성왕이 이끄는 백제군은 고토인 한강 하류 지역을 탈환했고, 신라군은 한강 상류를 차지했다. 성왕의 꿈은 실현되는 듯했다.

　그러나 신라 진흥왕이 백제가 탈환한 한강 하류 지역을 기습해 그곳에 신주를 설치하고 말았다. 이에 분개한 성왕은 전열을 정비하고 신라 공격을 감행했다. 554년 관산성 전투에서 신라군의 역공을 받은 백제는 좌평 4명을 비롯해 3만 명에 이르는 사졸이 죽었고, 성왕도 전사했다. 백제의 고토 회복 꿈은 이렇게 좌절되었다.

# 진흥왕, 한강을 차지하고 신라의 비약적인 발전을 이끌다

## 국가 성장에 따라 달라진 왕의 호칭

진한 12개국 중의 하나였던 사로국은 주변 소국들을 하나둘 합쳐 나가면서 신라로 성장했다. 한반도 동남쪽, 즉 오늘날 경주 지역을 도읍으로 했던 신라는 태백산맥과 소백산맥이 가로막혀 있어서 중국이나 다른 지역과 문물을 교류할 기회가 적었다. 지리적 특성상 정치 발전은 늦은 반면, 토착적인 문화를 만들어 갈 수 있었다.

신라는 왕에 대한 호칭도 오랫동안 토착적인 고유어를 사용했다. 왕조 국가에서 최고 통치자를 일컫는 왕은 중국식 호칭으로, 신라에서는 제22대 지증왕 때 가서야 처음 사용되었다. 그 이전까지는 독자적인 호칭을 사용했는데 신라의 성장에 따라 여러 차례 변화되었다.

신라의 건국 시조인 혁거세는 '거서간' 혹은 '거슬한'이라고 했다. 간, 한은 고구려의 가加와 마찬가지로 족장, 군장, 대인을 뜻하며 귀한 사람이나 제사를 맡은 웃어른의 의미로 해석하고 있다. 거서간은 1대 혁거세에게만 사용되었고 2대 남해왕은 차차웅이라고 했다. 차차웅은 무당을 뜻하는 것으로, 왕에게 제사장의 특징도 있었음을 보여준다.

3대 유리왕부터 16대 흘해왕까지 오랫동안 이사금이라는 호칭이 사용되었다. 이사금에 대해 김대문은 '치리齒理'의 방언이라고 했는데, 치아가 많은 사람이 연장자라는 의미를 지닌다. 남해왕이 죽은 뒤 아들 유리와 사위 탈해가 왕위를 두고 경합하게 되자, 탈해가 "제가 듣기에 성스럽고 지혜로운 사람은 이빨이 많다고 하니 떡을 깨물어서 누가 이빨이 많은지를 알아봅시다."라고 했다. 떡을 깨문 결과 유리의 떡에 잇금齒理이 많은 것으로 나타나 유리가 3대 왕으로 즉위했다. 탈해는 유리의 뒤를 이어 신라 4대 왕이 되었다. 이사금은 '잇금'을 한자로 옮긴 것으로 오늘날 임금의 기원으로 이해하고 있다. 이사금 시대에는 박, 석, 김씨 가문이 교차로 왕위에 올랐는데, 이는 이사금이 연맹장의 성격을 지녔음을 짐작케 한다.

내물왕부터는 '마립간'이라는 호칭을 사용했다. '마립麻立'은 왕과 신하가 말뚝 놓는 위치가 다르다는 데서 비롯된 칭호로 볼 수 있다. '마립'은 우리말의 머리를 의미하는 '마루宗' '마리廳' 등과 어원이 같으며, 간干 중에 우두머리로 여러 간을 거느리며 군림하는 군왕을 가리킨다. 마립간 시기에는 김씨가 왕위를 독점하고 왕위의 부자 상속이 확립되었는데, 그만큼 왕권이 성장했음을 뜻한다.

## 신라의 국호를 정하고 불교를 수용하다

앞서 이야기했지만, 신라에서 '왕'이라는 호칭을 처음 사용한 것은 22대 지증왕 때였다. 지증왕은 국호를 신라로 확정했다. '신라'란 "덕이 날로 새로워진다德業日新"의 신新과 "그 덕이 사방을 모두 덮는다網羅四方"의 라羅를 조합한 말로, 신라라는 국호는 새로운 국가 선포의 의미를 내포한다. 지증왕은 순장을 금지하고, 농사에 소를 이용하고, 경작지를 개간해 경제적 기반을 확충했다. 우산국을 정복한 것도 이 시기였다.

지증왕을 이은 법흥왕은 중앙집권적 고대국가 체제를 정비했다. '법흥왕'이라는 명칭에는 불법佛法을 일으킨 왕의 의미가 담겨 있다. 법흥왕은 병권을 총괄하는 병부를 설치하고, 귀족회의 의장이라고 할 수 있는 상대등을 두었다. 법흥왕의 무엇보다 중요한 업적은 고대국가 성장에서 중요한 율령을 반포하고 백관의 공복을 제정한 것이었다. 그는 이차돈의 순교를 통해 불교를 공인했다. 순교 당시 이차돈의 머리가 날아가 금강산 꼭대기에 떨어지고 목에서는 흰 피가 흘렀으며, 하늘에서 꽃이 내리고 땅이 진동하는 등 기이한 사건들이 벌어졌다고 한다.

법흥왕은 외교와 국방에도 힘을 기울였다. 중국 양나라에 사신을 보내 교류하고, 가야국왕이 혼인을 청하자 이찬 비조부比助夫의 누이를 보냈다. 금관가야와 아라가야를 병합해 낙동강 유역까지 신라의 영토를 크게 확장했다. 법흥왕은 재위 23년인 536년에는 '건원建元'이라는 신라 최초의 연호를 제정했다. 연호 제정은 대내외적으로 강화된 왕권과 국력을 과시한 것이었다.

## 진흥왕, 정복 군주가 되다

지증왕, 법흥왕 때를 거쳐 중앙집권 체제가 마련되었다. 이를 기반으로 진흥왕 때 이르러 신라는 비약적으로 발전했다. 진흥왕은 법흥왕의 동생이자 사위인 입종 갈문왕의 아들이었다. 진흥왕이 7세의 어린 나이에 왕위에 오르자 어머니인 지소태후가 섭정을 시작했다. 진흥왕은 재위 12년인 551년에 친정親政을 시작하면서 연호를 개국開國으로 바꾸었다. 진흥왕을 가리키는 키워드는 정복과 화랑도 조직,《국사》편찬, 황룡사와 전륜성왕이 될 것이다. 왕권을 크게 신장시킨 그는 자신의 포부를 담아 여러 연호를 정했다.

친정 후 진흥왕은 정력적으로 대외 정복 활동을 벌여 영토를 확장해 나갔다. 그는 친정을 시작하던 해에 백제 성왕과 손잡고 한강 유역에 있던 고구려를 공격했다. 백제는 옛 도읍이 있었던 한강 하류 지역 탈환에 성공했고, 신라도 한강 상류 지역을 차지하게 되었다. 이어 진흥왕은 백제를 기습 공격해 한강 하류까지 점령하고 거기에 신주를 설치했다. 양국의 동맹은 이상적이기보다는 현실 이익을 추구한 면이 강했다.

이로써 나제동맹은 깨졌다. 배신감에 치를 떨던 백제 성왕은 국운을 걸고 신라를 공격했다. 그러나 관산성에서 성왕은 전사했고 백제군은 대패했다. 신라가 한강 유역을 장악한 사건은 신라 역사가 바뀌는 전환의 의미가 있었는데, 이로써 신라는 인적, 물적 자원을 획득한 것 외에도 서해를 통해 중국과의 교통로를 확보하게 된다.

진흥왕은 낙동강 유역까지 정복의 손길을 뻗었다. 그는 후반기에 이르러, 가야 연맹을 주도하며 남아 있던 대가야를 정복해 낙동강 유역을 차지했다. 동북 방면으로도 북상해 함경도 안변에 비열홀주를 설치하고, 그 뒤 함흥평야까지 진출했다.

진흥왕은 영토를 확장할 때마다 점령지에 비석을 세워 기념했는데 북한산, 창녕, 황초령, 마운령에 남아 있는 4개의 순수비巡狩碑와 단양의 적성비赤城碑가 당시 진흥왕의 정복 활동을 말해준다.

| 진흥왕이 세운 비 | 설립 연도 | 소재지 | 비고 |
|---|---|---|---|
| 북한산 순수비 | 555년경 | 서울 용산구 국립중앙박물관 | 대한민국 국보 |
| 창녕 척경비 | 561년 | 경남 창녕 교상리 | 대한민국 국보 |
| 황초령 순수비 | 568년 | 함경남도 함흥 함흥역사박물관 | 북한 국보 |
| 마운령 순수비 | | | 북한 국보 |
| 단양적성비 | 545~550년경 | 충북 단양군 단성면 적성산성 내 | 대한민국 국보 |

**진흥왕이 세운 순수비와 적성비**

## 신라 중심의 천하와 전륜성왕의 꿈

진흥왕은 재위 6년인 545년, 이찬 이사부의 간언을 받아들여 대아찬 거칠부에게 《국사》를 편찬하게 했다. 삼국통일에서 중요한 역할을 하게 될 화랑도를 창설하기도 했다. 화랑도는 원광법사가 마련한 세속오계를 중심으로 인재 양성과 수련을 위한 공동체 조직으로, 전시에는 목숨을 걸고 사군이충事君以忠 등을 실천하는 전사 집단 역할을 했다. 화랑도는 처음에는 여성 원화源花로 뽑힌 남모와 준정을 중심으로 운영해 가고자 했으나 실패했다. 그러자 말 그대로 꽃과 같은 남성을 화랑으로 삼아 조직을 확대해 나갔다.

진흥왕은 재위 29년인 568년, 나라가 크게 번창했다는 의미로 연호를 '개국'에서 '태창'으로 바꾸었다. 572년에는 다시 연호를 '홍제'로 바꾸었다. 홍제란 국정 운영이 원활하고 경제가 발전했다는 뜻이다. 진흥왕의 활발한 정복활동 덕분에 신라는 역사상 최대의 영토를 차지하고 경제적으로 풍요를 누리는 전성기를 맞이하게 되었다. 이는 진흥왕이 신라 중심 천하를 세우려 했음을 뜻한다.

진흥왕은 정복자였지만, 불교 진흥에도 힘썼다. 이차돈 순교의 빌미가 되었던 흥륜사를 완공하고 월성 동쪽에 왕궁을 지으려는데 황룡이 나타났다. 그러자 그는 왕궁터를 절로 바꾸어 황룡사를 창건했다. 진흥왕은 누구나 출가해 승려 또는 비구니가 될 수 있게 했다. 중국 양나라에서는 신라 유학승 각덕을 통해 신라에 불사리를 보냈고, 진나라에서도 신라에 불경을 보냈다. 신라의 안홍법사는 수나라에 들어가 불교를 배우고는 돌아와서 부처의 사리를 바쳤다. 팔관회를 개최해 전쟁에서 숨진 병사들을 위로하는 위령제를 드리기도 했다. '진흥'이라는 시호는 불교를 널리 퍼트린 그의 업적을 담고 있다.

진흥왕의 업적을 보면 그는 불교의 이상적 제왕인 전륜성왕轉輪聖王이 되고자 했던 듯하다. 전륜성왕은 인도 신화에서 통치의 수레바퀴를 굴려 세계를 통일하고 지배하는 이상적인 제왕이다. 전륜왕은 금륜, 은륜, 동륜, 철륜 네 종류가 있는데 무력에 의하지 않고 정법으로 천하를 다스렸다고 한다. 이런 이상에 가장 근접한 왕은 기원전 3세기경 인도 마우리아왕조의 아소카왕阿育王이었다.

진흥왕은 죽기 전 승복을 입고 자신의 법명을 '법운法雲'이라 칭했으며 왕비도 비구니가 되었다. 이는 아소카 왕이 말년에 승려로 출가했다는 전승과 연관되어 보인다. 진흥왕이 두 아들의 이름을 동륜, 금륜으로 지은 것 역시 전륜성왕을 의식한 것이었다. 이후 신라는 진흥왕이 꿈꾼 전륜성왕의 왕실을 중심으로 다양한 능력과 지도력을 갖춘 화랑을 배출하고 자장과 같은 고승을 통해 불교 중심의 신앙 체계를 정비하면서 신라가 천하의 중심이 되는 세상을 만들어 가게 된다.

# 선덕여왕, 황룡사 9층탑에 불국토의 꿈을 담다

## 신라의 고립과 대중국 외교

진흥왕 때 영토 확장은 신라의 고립을 가져왔다. 신라에 영토를 빼앗긴 고구려와 백제가 번갈아 가며 신라를 공격했다. 진흥왕의 뒤를 이은 진지왕이 3년만에 폐위되면서 왕이 된 진평왕에게 그 부담이 고스란히 돌아갔다. 진평왕때 신라는 2년에 한 번꼴로 전쟁을 했다.

진평왕 때 원래 군역의 의무는 3년이지만, 아버지를 대신해 6년 이상 군에 복무한 가실이라는 청년과 혼인 약속을 지킨 설씨녀 설화가 있다. 이 설화는 전쟁이 일상화되었던 당시 사정을 잘 대변해준다는 점에서 의미가 있다. 계속된 전쟁으로 나이가 들어서도 군역에 차출되었고 군역 기간도 잘 지켜지지 않았다. 6년 넘게 군역을 마치고 돌아온 가실을 설씨녀가 알아보지 못했다고하니 군역이 얼마나 고달프고 힘들었는지 짐작된다. 군 복무 중 목숨을 잃는 경우도 당연히 많았다.

고구려와 백제의 양면 공세에 시달리던 신라는 중국에 손을 내밀었다. 당시 중국은 남북조로 나뉘어 오랫동안 분열되어 있다가 589년 수나라에 의해 통일되었다. 수나라의 등장은 당장 고구려에 위협으로 다가왔다. 598년 고구려 영양왕은 말갈군을 이끌고 요서 지방을 먼저 공격해 견제했다. 수 문제는 30만 대군을 일으켜 고구려 정벌을 시도했으나 실패했다.

진평왕은 이런 국제 정세를 이용하기로 했다. 진평왕은 중국 유학에서 돌아온 스님 원광에게 중국에 군사를 청하는 글인 걸사표를 올리게 했다. 원광은 "자기가 살려고 다른 사람을 죽이는 것은 승려로서 할 일이 아니지만, 대왕의 백성으로 명령을 좇지 않을 수 없다."라고 하며 왕의 명령에 응했다. 611년 진평왕은 수나라에 사신을 파견하고 걸사표를 바쳤다.

고구려 침략의 구실을 찾고 있던 수나라에서 신라의 걸사표는 좋은 명분이 되었다. 걸사표를 받은 다음 해인 612년, 수나라 두 번째 황제 양제가 113만이라는 대군을 이끌고 고구려를 침략했다. 그러나 고구려군의 완강한 저항으로 수의 요동성 공격은 실패로 돌아갔다. 초조해진 수 양제가 별동부대를 보내 평양성을 직접 공격했으나, 이번에는 을지문덕의 유인책에 빠져 살수에서 대패하면서 실패했다. 그 뒤에도 수 양제는 두 차례나 더 고구려를 침략했으나 모두 실패했다.

수나라는 고구려와의 무리한 전쟁으로 국력을 소모하고 민심을 잃어 멸망했다. 628년 당나라가 중국을 재통일하고 등장하면서 동아시아 국제 관계는 새로운 국면으로 접어든다.

## 최초의 여왕 선덕여왕

고구려와 당나라 사이의 전운이 감도는 632년, 신라에서는 진평왕의 뒤를 이어 선덕여왕이 즉위했다. 선덕여왕은 신라를 비롯해 우리 역사상 최초의 여왕이었다.

선덕여왕의 아버지 진평왕의 이름은 백정이고 어머니의 이름은 마야부인인데, 이는 석가모니의 부모님 이름과 같다. 진평왕의 동생 이름은 백반伯飯과 국반國飯으로 석가모니 삼촌의 이름과 같다. 인도의 석가족이 신라 왕실에 재현된 것이다. 아들이 없었던 진평왕이 딸의 왕위 계승을 의식해 석가족을 칭했을 가능성이 없지 않다. 특별한 석가족 가운데 부처님의 부모 사이에서 태어난 자식은 신성한 존재가 될 수밖에 없기 때문이다.

《삼국유사》는 선덕여왕의 즉위에 대해 '성골남진'이라 했다. 성골남진이란 "성골 남성이 다 없어졌다."는 뜻으로, 선덕여왕이 성골이라는 혈통의 수혜를 받아 즉위했음을 의미한다. 선덕여왕은 성품이 어질고 두뇌가 명석했다. 당나라에서 모란 그림과 씨앗을 보냈는데, 다른 사람들이 모란 그림을 보면서 그 아름다움에 감탄하고 있을 때 선덕여왕은, "이 꽃은 향기가 없을 것입니다."라고 했다. 씨앗을 심고 꽃이 피니 과연 그랬다. 꽃에 향기가 없을 것을 어떻게 알았냐는 물음에 선덕여왕은 꽃 그림에 나비가 없는 것을 보고 알았다고 답했다고 한다.

선덕여왕 때 신라는 종교 문화적으로 발전했다. 분황사, 영묘사 등 수많은 사찰이 건립되었다. 통일 이전 신라에 세워진 사찰이 40여 개인데 절반 이상이 선덕여왕 때 세워졌다. 선덕여왕 때 천문을 살피고 제사를 올리는 첨성대도 만들어졌다. 신라를 끊임없이 공격하던 백제 무왕은 후반기 들어 공격을

**경주 첨성대**
경북 경주시 인왕동 소재

**황룡사지, 황룡사는 불타 터만 남음**
경북 경주시 구황동 소재

멈추었고, 고구려는 당나라를 상대하느라 신라와의 전쟁은 소강 상태였다. 선덕여왕이 만든 연호는 "어진 정치를 펴서 화평을 실천한다."라는 뜻의 '인평'이었는데, 당시 신라는 그 뜻에 부합되는 시대였다.

## 대야성 함락의 충격

어진 정치로 평화로웠던 시대는 선덕여왕 11년인 642년에 끝이 났다. 신라와 백제 사이에 있던 40여 개의 성이 백제로 넘어가고 요충지인 대야성마저 함락되었다. 이 전쟁을 주도한 것은 백제의 마지막 왕인 의자왕이었다.

관산성 전투에서 성왕이 전사한 뒤 백제는 왕권이 크게 흔들렸다. 그 뒤를 이은 위덕왕은 일부 귀족들의 반대에도 불구하고 신라 정벌을 추진했다. 하지만 관산성 전투의 패전 책임도 있던 터라 왕권에는 한계가 있었다. 위덕왕의 뒤를 이은 혜왕, 법왕은 재위 기간을 모두 합해도 3년이 되지 못했다. 무왕이 즉위해서야 미륵사 같은 대규모 사찰을 건립하고, 신라와 고구려와의 전쟁에서 승리하면서 백제의 왕권은 안정될 수 있었다.

의자왕은 무왕의 뒤를 이어 즉위한 후 왕권을 위협하는 세력을 숙청하고 왕자들을 좌평에 임명하는 등 왕권을 강화했다. 민심을 수습하면서 내부가 안정되자 의자왕은 즉위한 다음 해, 신라의 40여 개 성을 빼앗고 대야성을 함락시키면서 자신의 역량을 과시했다.

대야성 함락은 신라에 큰 충격이었다. 무엇보다 대야성 함락의 원인이 내분에 있었기 때문이었다. 당시 대야성 성주는 김춘추의 사위 김품석이었다. 대야성 도독에 임명된 김품석은 부인인 고타소랑과 함께 대야성에 부임했다. 그런데 품석이 부하인 사지舍知 검일黔日의 아내를 빼앗는 일이 벌어졌다. 복수심에 불타오르던 검일은 백제군이 대야성을 공격해 오자 백제군과 내통해 식량 창고에 불을 질렀다.

혼란에 빠진 신라군은 전의를 잃고 당황했다. 항복하면 살려준다는 백제 장군 윤충의 말에 김품석은 싸우지도 않고 항복했다가 가족과 함께 죽임을 당했다.


## 황룡사 9층탑에 통일 의지를 담다

의자왕의 공격으로 신라는 서쪽 변경 지역을 대부분 상실했다. 그러나 신라는 위기를 기회로 바꾸었다. 선덕여왕은 소모전보다는 백제 병합을 계획했다. 외교적으로 고구려와 당나라에 사신을 보내 군사동맹을 요청하는 한편, 오늘날 경산에 해당하는 지역에 압량주를 설치하고 김유신을 군주로 임명해 전열을 재정비했다.

당나라 유학에서 돌아온 자장 스님은 선덕여왕에게 신라의 운명을 뒤바꿀 제안을 했다. 황룡사에 9층탑을 세우라는 것이었다. 자장이 중국에서 만난 신인이 "황룡사에 9층탑을 세우면 이웃 나라가 항복하고 9한(韓)이 와서 조공해 왕업의 길이 편안하고 외적이 침입하지 못할 것"이라고 말했다고 한다.

그러나 신라에는 9층탑을 세울 만한 기술이 없었다. 선덕여왕은 백제 의자왕에게 사신을 보내 기술자를 요청했다. 백제는 미륵사에 목탑과 석탑을 세운 경험이 있었고, 일본에서도 사찰이나 탑을 만드는 데 백제의 장인들이 활약한 바 있었다.

백제 병합의 의미를 아는지 모르는지 백제 의자왕은 장인 아비지를 신라에 보내주었다. 이찬 용춘이 총책임을 맡고 기술자 200명이 동원된 황룡사 탑 공사는 선덕여왕 12년인 643년에 시작돼 선덕여왕 14년인 645년에 완공된 대공사였다. 탑 완공을 앞두고 찰주(刹柱)를 세우는 날, 아비지는 본국 백제가 멸망하는 꿈을 꾸었다.

뭔가 이상한 낌새를 알아차린 아비지가 일손을 멈추자 갑자기 큰 지진이 났다. 이때 어두컴컴한 곳에서 한 노승과 장사가 나타나 기둥을 세우고 사라졌다. 꿈에서 깨어난 아비지는 마음을 다잡고 탑을 완공했다. 과연 탑이 완공된 지 11년 뒤 백제는 멸망했다. 경문왕 때 황룡사 9층탑을 중건하면서 쓴 〈찰주본기〉가 오늘날까지 남아 있는데 거기엔 다음과 같은 문장이 있다.

"삼한(三韓)을 합쳐 하나로 하고 임금과 신하가 안락해 지금에 이르렀으니 이에 힘입은 것이다."

황룡사 9층탑은 황룡사 장육존상 및 진평왕이 받았다는 천사옥대와 더불어 신라 삼보가 되었다. 신라 삼보의 위엄이 얼마나 대단했는지 다음의 대화에 잘 나타나 있다.

고려왕이 신라 정벌을 도모하면서 신하에게 "신라에는 세 가지 보물이 있어 범할 수 없다고 하는데, 무엇을 말하는 것인가?"라고 묻자, "황룡사의 장육존상이 그 첫째요, 그 절의 9층탑이 둘째이며, 진평왕의 천사옥대가 그 셋째입니다."라고 답했다. 고려왕은 이 말을 듣고 신라 정벌 계획을 멈추었다.

황룡사 건립에서 장육존불 조성, 금당 안치, 그리고 황룡사 9층탑 완성까지 근 100년이 걸렸다. 그 과정에서 신라는 국왕부터 귀족, 병사, 일반 백성들까지 모두 불심으로 하나가 되었다. 삼국 중 어느 나라도 이 같은 신앙을 통한 결속을 이루지 못했다. 신라가 국가로서의 출발은 비록 늦었지만, 앞선 두 나라를 뛰어넘을 수 있었던 힘은 바로 거기서 나왔다고 해도 과언이 아니다.

신라 입장에서 고구려를 치려 한 당나라의 등장 또한 그야말로 좋은 기회였다. 이를 백제 공격에 활용하는 전략이 구상되어 실현을 앞두고 있었다. 천운을 신라의 것으로 만든 것이었다. 이처럼 불국토 건설과 전쟁 없는 평화를 이루기 위한 신라의 꿈은 한 단계씩 성취되어 갔다.

# 왜 신라에만
# 여왕이 있었을까?

## 신라의 세 여왕

한국사에는 세 명의 여왕이 있었다. 선덕여왕, 진덕여왕, 진성여왕인데, 《삼국사기》에서는 이들에 대해 여왕이라는 칭호를 쓰지 않고 선덕왕, 진덕왕, 진성왕이라 했다. 여왕이라는 존재는 우리 역사에서 유일하게 신라에만 등장했다. 어린 왕을 대신해 섭정 혹은 수렴청정을 한 태후 혹은 왕대비는 있었지만, 여성이 공적 관료 질서의 정점이라고 할 수 있는 왕이 된 적은 뒷시대인 고려나 조선 시대뿐만 아니라 동시대인 고구려와 백제에도 없었다.

　신라에만 여왕이 존재했던 이유는 무엇일까? 《삼국유사》에서는 선덕여왕의 즉위를 설명하면서 "성골 남성이 없었다聖骨男盡."라고 하여 '골품'의 문제를 들고 있다. 신라의 신분 제도인 골품제는 크게 골骨과 두품頭品으로 나뉘고, 골은 다시 성골聖骨과 진골眞骨로, 두품은 6두품에서 1두품까지 크게 여덟 등급으로 나뉜다.

그중 성골만이 왕이 될 수 있었는데, 폐쇄적인 골품제 사회에서는 성골 남성이 없는 경우에 진골인 남성보다 성골인 여성이 왕위 계승에서 우위를 가지고 있었다. 태종무열왕 이후는 진골이 왕이 되었는데 골품 내에서도 가家로 분화되는 변화가 일어났다.

진성여왕의 아버지 경문왕은 헌안왕의 사위로 왕위를 계승했는데 진성여왕이 즉위할 당시 경문왕 가계 내에 적자嫡子가 없었다. 이런 상황에서 다른 가계의 남성에게로 왕위를 넘기기보다는 딸이지만 경문왕의 직계가 왕위를 계승하게 했던 것이다. 신라에만 있었던 여왕 즉위에는 폐쇄적인 혈통 의식이 배경이 되었음을 알 수 있다.

## 선덕·진덕·진성이 여왕이 된 사연

선덕여왕의 아버지 진평왕은 진흥왕의 손자였다. 진흥왕에게는 두 아들 동륜과 사륜이 있었는데, 맏이인 동륜이 일찍 사망하면서(진흥왕 37년, 576년) 둘째 아들 사륜이 진흥왕의 뒤를 이어 왕위에 올랐다. 그가 바로 진지왕이었다. 《삼국유사》에 따르면, 진지왕은 음란하고 사치를 일삼아 백성들에게 쫓겨나고 동륜 태자의 아들 진평왕이 왕으로 추대되었다. 《삼국사기》의 기록은 조금 달라서, 진지왕이 재위 4년 만에 죽자 진평왕이 왕위를 이었다고 한다.

진평왕은 복승갈문왕의 딸 마야부인과 결혼했는데 두 사람 사이에서 아들을 얻지 못했고 딸만 두었다. 숙부인 진지왕은 폐위되었기 때문에 그 자손이 왕이 되기는 어려움이 있었고, 진평왕에게는 남동생이 2명 있었지만, 진평왕이 워낙 장수한 탓에 진평왕보다 먼저 세상을 떠났을 가능성이 크다. 게다가 두 동생 역시 아들이 없었다. 진흥왕에서 동륜으로 이어지는 혈통에 남자가 없는 상황에서 진평왕은 왕위를 자신의 맏딸 덕만에게 물려주었다.

덕만이 바로 선덕여왕이다. 진평왕은 관제 정비로도 유명한 왕인데, 즉위한 뒤 10년 무렵과 죽기 10년 전쯤에 크게 두 차례 관제 정비가 있었다. 그중 죽기 10년 전에 이루어진 관제 정비의 핵심은 시위부와 군부로 오늘날 비서실과 국방부에 해당하는 것이다. 관제 정비는 딸의 왕위 계승을 염두에 두고 무력적 기반과 측근 세력을 포진시키기 위한 진평왕의 사전 작업이었다.

신라의 첫 여왕인 선덕여왕의 즉위에는 골품제의 원리, 선덕여왕의 뛰어난 자질, 이웃 나라 일본에서의 여왕 즉위 사례 등이 복합적으로 작용했지만 무엇보다 아버지 진평왕의 지지와 후원이 있었다.

선덕여왕에서 시작된 여왕의 전례는 다음 진덕여왕의 즉위로 이어졌다. 진덕여왕은 진평왕의 친동생 국반 갈문왕의 딸로 선덕여왕의 사촌 동생이었다. 진덕여왕은 즉위 과정에서 "여왕은 안 된다."라는 상대등 비담의 난을 겪었다. 10여 일간에 걸친 공방전 끝에 김유신에 의해 반란은 진압되었지만, 신라 귀족의 대부분이 비담의 난에 관련될 정도로 당시 비담의 명분은 설득력을 얻고 있었다.

진덕여왕 이후 신라의 왕위 계승은 한동안 남성으로만 이어지다가 250년이 경과된 시점에 진성여왕이 세 번째 여왕으로 즉위했다. 진성여왕의 즉위는 전격적으로 오빠 정강왕의 지목에 의해서였다. 진성여왕의 아버지 경문왕은 2남 1녀를 두었다. 두 아들 헌강왕과 정강왕이 차례로 왕위를 계승했는데 정강왕은 재위 1년 만에 후사를 두지 못하고 병으로 사망하면서 '총명하고 민첩한 천성'과 '남성과 같은 골상'을 내세워 여동생 만을 왕위 계승자로 지목했다. 외모가 "남성과 같다."라고 한 발언의 이면에는 진성여왕 즉위 당시에 여성이라는 조건이 왕위 계승에 장애가 되었음을 알 수 있다. 진성여왕을 마지막으로 우리 역사에서는 여왕이 다시 등장하지 않았다.

## 동북아를 주름잡던 여성 파워

신라뿐만 아니라 일본과 중국에도 여성이 황제와 천황으로 즉위했다. 한, 중, 일 동양 삼국 가운데 일본에서 가장 먼저 여성 천황이 탄생했다. 592년 33대 천황으로 스이코推古 천황이 즉위했는데, 진평왕 13년 무렵이었다.

이후에도 35대 고교쿠皇極 천황, 37대 사이메이齊明 천황(고교쿠 천황과 동일인), 41대 지토持統 천황, 43대 겐메이元明 천황, 44대 겐쇼元正 천황, 46대 고켄孝謙 천황, 48대 쇼토쿠稱德 천황(고켄 천황과 동일인)이 즉위했다.

그 뒤 한동안 여성 천황이 없었는데 17세기에 들어 109대 메이쇼明正 천황이 즉위했으며, 18세기에 117대 고사쿠라마치後桜町 천황이 일본에서 마지막 여성 천황으로 즉위했다. 중국에서는 동양 삼국 가운데 가장 늦은 690년에 중국 역사상 최초이자 마지막 여황제인 측천무후가 즉위했다.

3장

통일에서 분열로:
남북국 시대

# 문무왕, 당을 몰아내고 통일의 대업을 이루다

## 후발국 신라의 이유 있는 삼국통일

7세기 삼국의 쟁패 과정을 보면, 우선 신라의 부국강병과 정복 국가로서의 성장이 눈에 띈다. 신라의 군사력과 영토가 고구려에 비해 강하고 넓었다고는 할 수 없다. 게다가 고구려는 수 및 당나라와 여러 차례 전쟁을 치르면서도 결코 패하지 않을 만큼 강한 전력을 가지고 있었다. 외교적으로도 고구려는 수와 당의 일방적 요구를 거절할 정도로 자주적이었고, 왕실 혈통에 대해 이른바 '천손'이라는 신성 의식이 강했다.

신라는 백제에 비해 선진 문물 수용과 문화 발전에서 결코 수준이 높다 할 수 없었다. 대표적으로 유교 문화, 불교 문화가 그랬다. 백제는 비록 한강 유역을 상실하면서 웅진, 사비로 천도해 영토가 줄었지만, 중국과의 외교와 교역에서 신라보다 유리했다. 백제는 일본과도 인연이 깊어서 양국이 협공한다면 신라를 위험에 빠트릴 수 있었다. 왕실 혈통도 백제는 부여계라는 인식이 있어서 국호를 한때 남부여라고 했다. 이는 백제가 같은 부여계인 고구려와도 통할 수 있었다는 의미다.

신라는 이들 막강한 경쟁자들을 어떻게 이겨냈을까? 국방 면에서, 화랑 조직을 정비해 정복 및 방어를 위한 군사력을 강화했다. 종교와 신앙 면에서, 불교를 비록 늦게 수용했지만, 왕실 및 호국불교로 체계화했다. 전륜성왕轉輪聖王을 표방하고 이를 구현하는 황룡사와 황룡사 9층 목탑, 황룡사 장육존상을 만들어 신라의 불교 정체성을 확고히 했다. 골품제를 확립해 나가면서 성골과 진골이라는 특별한 지배 혈통을 만든 것은 신라 왕실의 혈통을 신성화하는 작업으로 볼 수 있다. 이로써 신라의 지배 체제가 확고히 구축되었다.

외교적으로 신라는 고구려나 백제와 달리, 자신들의 목적을 위해 중국을 철저하게 활용하고자 했다. 여기엔 국가의 생존 차원이라는 절박함도 작용했지만, 다수의 큰 이익을 위해 그보다 작은 이익은 포기한다는 실행 원리가 신라 사회에 있었던 것이다.

이와는 별개로, 삼국통일의 과정과 통일 직후 당 및 고구려, 백제 세력을 어떻게 처리할 것인지는 또 다른 문제였다. 그래도 가장 큰 목표인 통일을 일단 이루고 보자였다.

## 백제와의 쟁패와 김춘추의 복수심

신라는 진흥왕의 팽창 정책 아래 한강 유역을 차지하고 고구려의 동쪽 영토를 점령했다. 고구려와 백제는 잃어버린 영토를 찾기 위해 계속해서 신라와 충돌했다.

선덕여왕 11년인 642년, 백제 장군 윤충이 신라의 대야성(지금의 합천)을 공격해 함락시켰다. 이에 대야성 성주인 김품석은 처자를 죽인 뒤 자신도 목숨을 끊었다. 이때 죽은 김품석의 아내는 김춘추의 딸 고타소랑이었다. 김춘추는 이 소식을 듣고 그만 넋이 나갔다. 백제에 대한 복수를 다짐한 김춘추는 선덕여왕을 만나 다음과 같이 청했다.

"신이 고구려에 사신으로 가서 군사를 청해 백제에 원수를 갚고자 합니다."

고구려와 동맹을 맺으려는 김춘추의 노력은 연개소문 정권에 의해 좌절되었다. 그러자 김춘추는 당나라로 시선을 돌렸다. 진덕여왕 2년인 648년, 김춘추는 셋째 아들과 함께 당에 조공해 당 태종을 만났다.

마침 고구려와 전쟁 중이던 태종에게 김춘추는 천군만마 같았다. 당으로선 신라의 적극적인 협력으로 고구려뿐만 아니라 백제를 칠 전력을 갖추게 되었다. 당 태종은 고구려와 백제 정벌 이후 평양 이남의 백제 땅을 신라에 줄 것을 약속하며 양국 동맹에 서명했다.

이듬해인 649년 당 태종이 죽으면서 그 약속은 한때 무산될 뻔했다. 당과의 연합 가능성을 본 신라가 적극적으로 당에 다가섰다. 그 일환으로 진덕여왕은 당 고종에게 '태평송'을 올렸다. 내용은 당 고조에 대한 최고의 찬사 일색이었다.

이때 백제에서는 의자왕의 실정이 이어졌다. 백제의 전략가 좌평 흥수와 성충은 신라와 당의 연합군에 대비해야 한다고 충언을 올렸지만 이는 묵살되었다. 이들 두 충신은 신라와 당의 군사가 협공할 가능성이 큰 것을 우려했고, 그 우려는 현실이 되었다. 660년 3월 당은 소정방과 김인문 등 수군과 육군을 보내 백제를 치도록 했고, 신라에서는 문무왕이 김유신 등과 함께 백제 공략에 나섰다. 백제의 두 충신은 백강과 탄현을 결사적으로 막고 나당 연합군을 쳐야 한다고 주장했지만, 이들을 싫어한 대신들이 반대 의견을 올렸다.

그런 탁상공론이 벌어지는 사이에 나당 연합군은 이미 백강과 탄현을 지났다. 황산벌에서 최후의 저항을 펼치며 4전 4승을 거두던 계백 장군도 전사했다. 의자왕은 웅진 어귀에서 소정방의 군대와 최후의 일전을 벌였으나 백제는 패하고 660년 멸망하고 말았다.


## 뜻밖의 사건으로 멸망한 고구려

백제 점령에 성공한 나당 연합군은 660년 11월에 길을 나눠 고구려를 공격했다. 총공세를 시작한 지 5년이 지나도록 고구려의 수도 평양성은 함락되지 않았다. 연개소문과 그 아들 연남생 등의 저항으로 일진일퇴만 반복될 뿐이었다. 그런데 평양성 전투는 의외의 사태로 싱겁게 승패가 갈렸다. 어떻게 된 일인지 살펴보자.

보장왕 24년인 665년 연개소문은 대막리지의 지위를 장남인 연남생에게 물려준 뒤 사망했다. 대막리지란 행정 및 군사권을 장악한 최고 관직으로, 연개소문이 집권하면서 만든 자리였다. 연개소문은 왕을 뛰어넘는 권세가였는데, 권력을 향한 그 자식들의 다툼이 문제였다.

연개소문에겐 남생 외에도 남건과 남산 두 아들이 더 있었다. 연남생이 여러 성을 순행하러 떠난 사이 남건과 남산은 형을 제거하려고 시도했다. 극적으로 살아남은 남생은 국내성에 머물면서 아들 헌성을 당군에 보내 항복했다. 남생의 투항으로 승기를 잡은 당은 668년 압록강 서쪽을 점령했다.

이에 신라도 고구려 공격에 힘을 더했다. 668년(문무왕 8년) 6월 21일, 신라 문무왕은 군대를 재편성해 대각간 김유신을 고구려 침공군 총사령관직으로 임명하고 당군과 힘을 합쳤다. 평양성에 도달한 신라와 당군은 고구려에 총공세를 퍼부었다. 고구려는 대막리지 연남건의 수하였던 승려 신성 등이 성문을 열어주면서 파국을 맞이했다.

## 나당 전쟁의 서막

668년 9월을 끝으로 삼국 간의 전쟁은 막을 내렸다. 그러나 신라는 이후 훨씬 규모가 큰 전쟁이 기다리고 있었는데, 바로 당과의 전쟁이었다. 당은 백제와 고구려를 치는 가운데, 연합국인 신라에 대해서도 견제와 압박의 끈을 놓지 않았다. 당은 삼국에 도호부와 도독부를 설치해 통치하려 했다.

당은 우선, 백제 땅에 백제도호부(660~661년)를 두고는 지방 거점인 웅진 등에 5도독부와 함께 37주 250현을 두었다. 실제 백제도호부는 백제 부흥 운동으로 인해 폐지되었고, 웅진도독부만이 660~676년 17년간 유지되었다.

고구려 옛 땅에 대해서도 당은 통치의 기반을 닦았다. 668년, 고구려의 전 영토를 9도독부, 42주, 100현으로 나누어 다스렸다. 평양에 군정 기관으로 안동도호부를 설치해 668~758년까지 통치했고, 당나라 장수 설인귀를 초대 검교안동도호로 임명해 통치하게 했다. 고구려 검모잠의 부흥 운동과 이에 대한 신라의 지원이 있자 676년, 마침내 안동도호부는 한반도를 떠나 지금의 랴오닝성 푸순 부근으로 옮겨 갔다.

당은 연합국인 신라에도 지배의 손길을 뻗었다. 문무왕 3년인 663년 4월, 당은 신라에 계림대도독부를 설치해 이를 통치의 거점으로 삼고는 초대 계림주 대도독으로 문무왕을 임명했다.

이후 신라 문무왕은 고구려 유민을 받아들이고 백제 땅을 점령하면서 당과의 항쟁을 준비했다. 이를 알아챈 당은 문무왕의 관직을 박탈하고 당에 있던 왕의 친동생 김인문을 신라 왕으로 삼았다. 674년, 당의 장수 유인궤가 계림도대총관으로 임명돼 신라 공격에 나섰다. 나당 전쟁이 시작되었다.


## 당 축출과 삼국통일

신라도 백제와 전쟁을 치르면서 이미 당의 의도를 간파해 대비하고 있었다. 신라의 입장은 처음 당 태종과 태종무열왕이 합의한 대로 평양 이남을 신라가 차지하는 것이었다. 그러나 양자의 입장은 대척점에 섰고 충돌이 불가피했다. 신라는 당군을 축출하기 위해 전쟁을 일으켰다.

당을 축출하기 위한 나당 전쟁은 670년부터 676년까지 무려 7년여 동안 전개되었다. 그동안 신라는 고구려 및 백제 부흥군과 결탁해 지배력을 확대하려 했다. 문무왕 16년인 676년, 나당 전쟁은 매소성과 기벌포 등지에서의 싸움으로 일단락되었다. 당시 당은 서역 토번(티베트족)의 침공으로 신라와의 전쟁에 집중할 수 없었다. 신라는 이 같은 절호의 기회를 놓치지 않고 전쟁을 승리로 이끌었다. 드디어 삼국통일을 이룬 것이다.

## 고구려, 백제 멸망의 의미

신라와 고구려의 전쟁은 668년 9월을 끝으로 막을 내렸다. 신라 문무왕은 같은 해 11월 6일 문무 신료를 거느리고 선조묘先祖廟에 이를 고했다.

> "선조의 뜻을 공경히 받들어 대당(大唐)과 함께 의로운 병사를 일으켜서 백제와 고구려에 죄를 물으니, 원흉이 죄를 받고 나라가 태평하고 평안하게 되었습니다. 감히 이에 고하오니 신이시여, 들어주소서!"

이때만 하더라도 신라는 일차적으로 의병을 일으켜 백제에 대한 복수, 오만한 고구려에 대한 정벌이라는 목적을 우선시했다. 그리고 이를 당나라와 함께 수행했음을 밝혔다. 고구려와 백제를 멸한 후 어떻게 할 것인가와 관련한 이해는 보이지 않는다. 신라는 당의 약속을 믿었던 것일까?

신라가 맞닥뜨린 현실은 그 약속과는 전혀 달랐다. 당은 고구려와 백제는 물론이고 신라를 통치하는 체제를 수립해 가고 있었다. 이에 신라는 단지 고구려와 백제를 쳐서 복수하고 평화를 찾았다는 데서 그치지 않고, 좀 더 원대한 목적과 계획을 수립해야 했다. 신라는 통일 후 어떤 달라질 모습을 예상했을까?

우선, 영토 확장은 당연했으나 당과 약속한 대로 영토가 대동강 이남에 국한되리라 짐작했을 것이다. 말하자면, 고구려 영토를 잃어버리는 것이었다. 둘째, 전쟁 수행에 따른 논공행상과 지배층의 재편이 이루어질 것이었다. 이는 전쟁 포로 및 전리품이 배분되고 중앙관제 및 지방행정 체제가 확대된다는 뜻이었다. 귀족과 관료가 확대된다는 뜻이기도 했다.

셋째, 종교와 신앙이 확대될 것이었다. 전륜성왕 신앙을 바탕으로 한 호국 불교로 신라 왕실의 존엄이 높아져야 하는 한편, 불교가 전쟁에 지친 민심을 어루만질 수단이 되어야 했다. 이에 불교 사원이 확대되는 동시에 불교 대중화가 이루어졌다. 넷째, 잦은 전쟁으로 불안하고 피폐했던 신라 사회에 평화가 찾아올 것이었다. 이를 위해 농민이 안정되고 농업 생산력이 증대해야 했다. 더불어, 고구려와 백제 및 당 등 다양한 문화의 융합을 꾀해야 했다.

## 나당 전쟁 후 삼국통일 의미 찾기

나당 전쟁을 거치면서 신라는 통일 과정의 한계와 통일의 의미를 재확인했다. 삼국통일은 신라의 독자적 군사력에 의한 것이 아닌, 당과의 외교 및 군사 협력에 의한 불완전한 것이었다. 신라는 이를 인정했다. 통일 과정에서 어쩔 수 없이 고구려 땅을 포기하면서 한반도의 영토는 대동강에서 용흥강 이남 지역으로 좁혀졌다. 도독부와 도호부 체제를 통해 당이 한반도를 지배하려는 시도를 신라는 실감했다. 신라로선 당 중심의 국제적 지배 전략에 대한 이해가 필요했다.

이에 신라는 고구려 및 백제 유민을 적극 수용해 당에 대항할 이른바 '원팀'을 만들고자 했다. 이 계획은 대당 위기의식이 만들어낸 산물이었다. 그 대표적인 행보로, 신라는 고구려 부흥 운동을 전개했던 보덕국을 끌어안았다. 고구려 보장왕의 아들 고안승을 보덕국 초대 군주로 임명하고 신라 왕녀를 그 아내로 삼게 했다. 이를 통해 신라, 고구려, 백제는 하나라는 인식, 즉 삼한일통이라는 이념을 끌어낼 수 있었다. 이는 삼한일통을 이룬 신라 천하의 구축이라는 의미이기도 했다. 드디어 신라는 당과 경쟁할 만한 문물을 만들 수 있다는 자신감을 얻게 되었다.

신라는 그런 자신감을 토대로 통일신라 사회의 재편을 꾀했다. 다시 말해, 고구려 및 백제 영토를 하나의 신라라는 관점으로 정리한 것인데, 그런 관점은 신문왕 5년 685년에 마련된 9주 5소경 제도로 나타난다. 9주란 신라 및 옛 가야 지역에 세워진 3주, 고구려 지역에 세워진 3주, 백제 지역에 세워진 3주를 말한다. 5소경이란 수도인 금성을 중심으로 세운 북원경(원주), 중원경(충주), 서원경(청주), 남원경(남원), 금관경(김해)을 말한다. 수도 방어군 체제도 그런 관점에 따라 9서당이라는 중앙군을 두었는데 신라인 3서당, 고구려인 3서당, 백제인 2서당, 말갈인 1서당으로 배치했다. 여기서 서당은 군부대를 뜻한다. 이는 물리적 통일을 넘어 화학적 통합을 꾀하려는 시도였다.

이어서 신라는 당과도 적극적인 화해를 시도했다. 당과는 한때 연합군으로서 공동의 적을 치는 데 협력했지만, 이해관계의 차이로 멀어져 군사, 외교적으로 대립 관계에 있었다. 그러나 이제 통일을 이루었다는 자신감 속에서 당과 적극적인 화해를 시도할 수 있었다. 이로써 신라는 당의 문물을 수용하고 당과 인적 교류 및 교역 등을 통해 한층 더 성장할 수 있게 된다.

다음으로, 왕조 사회에서 중요한 통치 영역인 제사 체계를 정비했다. 이는 통합의 의미와 함께 독자적 신라 천하의 구축이라는 시각과도 연결된다. 삼산 오악 명산 대천을 구분해 제사를 대, 중, 소로 나누었고 각각의 산천신을 섬기는 제사를 올림으로써 신라 왕실이 천하의 주인임을 밝혔다.

통일 및 나당 전쟁 후 이뤄진 이 같은 노력은, 신라 중심의 일방적 통합이 아닌 삼국을 골고루 안배한 것이었다. 진정한 의미의 민족 통합이라는 화합적 결합까지는 이루지 못했지만, 신라 천하를 구축함으로써 국제 관계에서 당의 존중을 받아냈다. 이 같은 '삼한일통'은 훗날 고려에도 전쟁의 명분을 제공해 흩어졌던 민족을 다시금 하나로 만드는 밑거름이 된다.

# 대조영의 발해, 동북아 패권을 장악하다

## 당의 기미정책 속 저항의 시작

고구려가 멸망하자 당은 고구려 지배층을 수도인 장안(현재의 시안)에 포로로 끌고 갔다. 고구려의 28,300가구를 중국 강회(지금의 안후이성과 장쑤성) 남쪽 등 지에 이주시켰고, 소수 고구려계 친당 세력을 주의 장관격인 도독으로 삼았다. 677년, 당은 고구려 보장왕을 요동주 도독으로 삼고 조선왕으로 책봉했다. 강 제 이주시켰던 고구려 유민들을 다시 고구려로 돌아가게 했다. 요동주 도독에 임명된 보장왕은 말갈과 내통해 나라를 되찾고자 했다가 실패하고는, 681년 유배되고 그다음 해에 죽었다.

　당은 소수 고구려계 친당 세력을 이용해 고삐를 느슨하게 잡는 이른바 '기 미정책'을 실시했다. 하지만 그 정책은 잘 통하지 않았고 오히려 곳곳에서 고 구려 부흥 운동을 일으켰다. 그러자 당은 직접 지방관을 파견해 다스리는 정 책으로 전환했다. 하지만 이들의 폭정이 문제가 되었다. 695년, 요서 영주 도독의 가혹한 통치에 반발해 거란족 이진충이 반란을 일으켰다. 여기에 고구려 유민과 말갈인도 참여해 함께 싸웠다.

## 고구려 후예 대조영의 건국

영주로 강제 이주해 살던 고구려의 후예 대조영은 이때를 틈타 무리를 이끌고 천문령을 넘어 동쪽으로 이동했다. 그를 뒤쫓던 진압군 장수 이해고와 천문령에서 일전을 벌이는데, 대조영이 이끈 군대가 큰 승리를 거두었다. 이 승리를 기반으로 대조영은 698년 길림성 돈화현 동모산을 중심으로 성을 쌓고 진국振國이라는 나라를 세웠다.

713년, 대조영은 나라 이름을 진국에서 발해渤海로 변경했다. 대조영 재위 기간은 당 현종 때와 겹치는데, 현종은 대조영의 위세를 인정해 '좌효위대장군 발해군왕 홀한주 도독'에 임명했다. 태자였던 대무예는 계루군왕으로 책봉되었다. 대조영의 뒤를 이어 발해 제2대 왕에 오른 대무예, 즉 무왕은 대조영의 시호를 고왕이라고 했다.

당나라 역사책인 《구당서》와 《신당서》에는 대조영이 세운 나라 이름을 각각 '振國(진국)' '震國(진국)'이라 표기한다. 대조영의 공식 직함은 발해군왕 혹은 발해국왕이었는데, 이는 당에서 내린 것이었다. 대조영이 국호를 고구려라 하지 않은 것은 안승 등 고구려 보장왕의 혈통이 존재할 가능성이 있어서였을 것이다. 국호를 발해로 변경한 것은 대조영의 직함인 발해군왕을 염두에 둔 것으로 본다.

## 2대 왕 무왕과 영토 확장

————

대조영의 장남 무왕 대무예는 즉위 후 흑수말갈과 당의 연합을 우려했다. 무왕은 친동생 문예에게 흑수말갈을 공격하도록 명했다. 문예는 고왕 시절 당에 볼모로 잡혀간 적이 있었는데, 사실상 친당파에 가까웠다. 문예는 무왕에게 고구려의 실패 사례를 들면서, 흑수말갈이 당의 명에 따라 발해를 협공하면 곤경에 처할 수 있다고 우려하고 원정의 어려움을 토로하며 흑수말갈 공격을 반대했다.

대문예는 결국 살해당할 지경에 처하자, 목숨을 부지하기 위해 당에 망명한다. 무왕은 계속해서 영토 정복에 나서서 만주의 대부분과 연해주 지역을 정복하며 신라와 국경을 접하게 되었다. 발해는 신라와 당을 견제하기 위해 일본과 국교를 맺었다. 무왕 시절에는 대문예 문제로 당과의 관계가 좋지 않았다.

## 동북아 패권을 쥔 발해

————

고왕과 무왕은 40여 년의 재위 기간을 이어갔다. 그동안 발해는 주변을 평정하면서 고구려 후예들과 말갈인들을 중심으로 국가의 위상을 갖추었다. 발해가 일본에 보낸 국서에 "고구려의 옛 땅에서 일어나 부여의 풍속을 이어간다."라고 적은 대목은 고구려의 정통성을 계승하려는 발해의 의지를 말해준다.

일본은 발해국왕을 '고려국왕'이라 칭하고 발해 사신을 '고려사'라고 했다. 무왕은 나라의 연호를 '인안仁安'으로 정했다. 국호를 고구려로 고치지 않았을 뿐, 발해가 고구려를 계승한 나라임을 대내외에 알렸고, 주변 국가에서도 이를 인정한 것이었다.

제3대 문왕은 737~793년까지 50년 넘게 왕좌에 앉았다. 그는 선왕인 무왕의 대외 정책을 바꾸어 당나라와 평화 기조를 유지했다. 즉위 초, 당의 예법을 정리한 《대당개원례大唐開元禮》를 받았고, 사신을 보내 조공을 바쳤다. 유학생을 통해 당의 문물을 수입하기도 했다.

문왕은 당의 정치 제도를 참고해 정당성, 선조성, 중대성 등 3성 6부제를 두었다. 나라의 연호를 인안에서 대흥大興으로 바꾸었고, 고인이 된 왕에게 시호를 올렸다. 수도인 상경은 당의 장안을 모방한 계획도시로 정비했다. 그러는 동안 문왕은 강력한 왕권 구축에 성공했다.

문왕 26년인 762년에 당은 문왕을 발해국왕으로 책봉했다. 고왕과 무왕을 발해군왕으로 부른 것으로 볼 때, 문왕 때 이르러 발해의 높아진 위상을 당도 인정했음을 알 수 있다. 문왕의 지위는 더욱 굳건해졌고, 발해는 동북아 지역의 패자로 자리매김했다.

신라는 발해와 친선 관계를 유지하기가 어려웠다. 발해가 고구려 계승을 내세운 데다 국경을 접하고 있어서였다. 신라 성덕왕 32년인 733년에는 발해와 말갈이 연합해 등주登州를 건너 당을 공격한 일도 있었다. 이때 당은 말갈의 남쪽을 공격해 이를 제지하려 했으나 큰 성과가 없었다. 다만, 당 현종은 이 일로 공식적으로 대동강 이남을 신라에 내주었다.

발해와 신라의 긴장 관계는 발해와 당이 우호 관계를 맺은 이후 바뀌었다. '탄항(지금의 원산 부근)'에 설치했던 관문은 양국의 교류 창구가 되었다. 발해에서 신라로 가는 교통로인 신라도가 개설되기도 했다. 신라는 원성왕 6년인 790년, 최초로 발해에 '백어'라는 사신을 파견했다.

발해의 수도 상경 용천부 위치(좌), 중국이 세운 발해 상경 용천부 소개비(우)
중국 헤이룽장성 닝안시 소재

## 발해의 활발한 국제 교류

발해는 제10대 왕 선왕 때 영토를 크게 확장했고, 국가의 입지를 더욱 확고히 했다. 선왕은 대조영의 동생 대야발의 4대손이다. 선왕은 즉위하면서 연호를 건흥建興이라고 선포했다. 이는 왕조 체제의 재정비를 상징하는 구호가 되었다. 그는 12년간 재위하면서 흑수말갈이 주로 살던 지역을 토벌해 국토를 확장했고, 당에도 자주 사신을 파견해 관계를 돈독히 했다. 행정 구역을 재편해 국토를 5경, 15부, 62주로 나누어 다스렸다. 5경은 5방위를 뜻하는 것으로 상경 용천부, 중경 현덕부, 동경 용원부, 남경 남해부, 서경 압록부 등이었다. 부에는 도독, 주에는 자사, 현에는 현승을 파견했다.

　이처럼 문왕과 선왕의 치세로 발해는 문물이 발달하고 국토가 넓어지는 한편, 국제 교류도 활발해졌다. 국제 교류를 위한 교통로로 당과의 교류를 위한

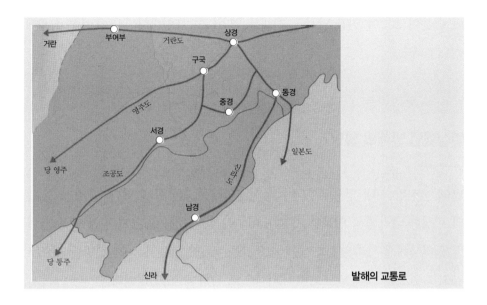

발해의 교통로

조공도, 신라와의 교류를 위한 신라도, 일본과의 교류를 위한 일본도 등을 개설했다. 서쪽과의 교류를 위한 영주도, 거란과의 통교를 위한 거란도도 두었다.

## 신라와 발해가 이룬 남북국 시대

고구려의 옛 땅에 세워진 발해와 통일신라는 서로 안정을 찾으면서 교류했다. 이른바 남북국의 형세가 갖추어졌다. 신라는 발해를 북국으로 칭했는데, 원성왕 때 백어라는 사신을 '북국'에 파견했다는 기록에서 처음 나타난다. 신라 최치원도 발해를 '북국'으로 일컬으며 경쟁국으로 인식한 바 있다.

조선 후기 유득공이 정리한《발해고》는 신라와 발해를 정확히 '남북국'이라 칭한다. 김정호의《대동지지》에서도 발해가 고구려 옛 땅을 이어받아 신라와 더불어 200여 년간 남북국 시대를 열었다고 표현한다(《대동지지》 권31, 방여 총지3 발해국).


## 번성했던 발해의 멸망?

———

발해는 선왕 시대 당으로부터 해동성국이라는 칭호를 얻었다. 발해가 '동쪽의 번성한 나라'임을 인정한 것이다. 이처럼 한때 이름을 크게 떨친 발해가 어떻게 역사에서 사라졌을까? 공식적으로는 926년, 거란에 의해 멸망한 것으로 알려져 있으나, 그것 말고도 대내외적으로 위험 요소가 많았다.

첫째는 주민 구성 문제였다. 대씨 왕실이 고구려 후예들의 지지로 왕권을 유지했다고는 하나, 기본적으로는 말갈인이 다수였다. 그런데 지배 귀족은 고구려 후예가 대부분 차지했기에 말갈인들의 불만을 살 수밖에 없었다. 말갈인들이 지배 체제에서 이탈하는 일이 많았다.

둘째는 국제 정세였다. 발해는 가장 강력한 군사력을 보유한 당나라와 거란, 흑수말갈, 신라에 둘러싸여 있었다. 문왕과 선왕은 당 및 신라와 교류를 꾀해 그 불안을 약화시켰으나 9세기 후반에서 10세기로 들어서면서 당은 내부 혼란이 가속화되고 신라 역시 왕위 계승 다툼이 끊이질 않았다.

당 말기에 황소가 일으킨 농민 반란(875~884년)은 당 멸망을 앞당겼다. 황소는 대제라는 나라를 세워 왕위에 올랐다. 한편, 황소군의 간부였다가 당에 투항한 주온은 당의 장군이 돼 반란군 토벌에 앞장섰고 '전충'이라는 이름을 하사받았다. 주전충은 이후 조정의 권력을 차지해 스스로 황제의 자리에 오르고, 이름을 '황'이라 개명했다. 주황은 국호를 양梁으로 정하고 새로운 왕조를 열었다. 이때부터 당나라는 5개의 왕조와 여러 지방 정권이 흥망을 거듭하는 5대 10국의 분열 시대를 맞는다.

그런 가운데 발해와 국경을 접하던 거란족은 하나로 통합되었다. 일통을 이룬 야율아보기는 거란 질라부 출신으로 당나라 말기에 화베이 지방에 침입해 전공을 세우기 시작했다. 그는 재능 있는 자들을 다수 등용하고 군사 체제를 정비해 돌궐, 탕구트, 위구르 등을 정복했다. 925년 12월, 요는 가장 위협적인 요소로 여겼던 동북 지역의 발해를 공격했다.

귀족들의 권력 갈등으로 혼란에 빠졌던 발해는 거란의 침략을 막기에 역부족이었다. 이미 이때를 전후로 발해의 지배층은 신생국 고려로 귀화하거나 일본으로 망명하는 등 분열되기 시작했다. 결국 926년 1월 14일 발해의 마지막 왕 대인선은 항복을 선언했다.


## 발해의 계속된 부활 운동

거란 태조는 멸망한 발해 지역을 '동쪽의 거란'이라는 뜻의 동단국이라 칭하고 지배했다. 발해 유민들은 거란에 통합되기를 거부하고 끈질기게 발해 부흥 운동을 벌였다. 929년경 상경성에서 발해의 왕족에 의해 후발해가 건국되었고, 938년경에는 압록강 유역에서 열씨 중심의 정안국이 세워져 986년까지 지속되었다. 1029년에는 발해의 후예 대연림이 동경요양부를 중심으로 흥요국을 건국해 고려와 연합을 꾀했으나 실패했고, 이듬해 대연림이 사로잡혀 죽으면서 발해 부흥은 수포로 돌아갔다. 1116년에는 고영창이 금에 맞서 대발해국을 세워 황제에 올랐으나, 금에 잡혀 죽었다.

# 경덕왕의 번영,
# 혜공왕의 혼란

## 5대 백여 년간의 체제 정비

통일을 이룬 문무왕 이후 신라는 우연히도 신문왕(재위 681~692년)과 효소왕(재위 692년~702년)이 각 10년간 통치했다. 10년씩 이뤄진 이들 통치로 통일 후 신라 사회는 안정을 찾아갔다. 효소왕을 이은 그의 동생 성덕왕은 묘호만큼이나 오래도록 702~737년까지 36년간 재위했다. 성덕왕을 계승한 효성왕은 737~742년으로 짧게 재위했다. 그를 이어 그의 동생 경덕왕이 즉위해 742~765년까지 재위했다. 부자와 형제 계승으로 이루어진 신문왕~경덕왕까지 신라 왕실은 1백 년이 채 안 되었지만, 신라 사회는 통일 이전과는 확연히 달랐다. 이 같은 왕의 재위 기간은 신라 사회가 안정되었음을 뜻한다. 구체적으로 무엇이 달라졌는지 보자.

신문왕은 국학을 설립해 인재 양성에 나섰고 9주 5소경 및 9서당 제도를 시행했다. 녹읍을 폐지하고 관료전을 지급해 귀족 세력을 약화시키려 했다. '달

구벌'로 천도를 꾀함으로써 새로운 신라를 만들려고도 했다. 감은사를 세워 문무왕을 기리는 절로 삼았다. 효소왕은 의학을 설치하고 박사 2인을 두어 의료 제도를 구축하려 한 한편, 금성에 서시와 남시를 두어 시장을 활성화하고자 했다. 성덕왕은 신료들에게 〈백관잠〉을 내려 행실을 경계토록 했으며, 정확한 시각 계산을 위해 물시계인 '누각漏刻'과 이를 관할하는 '누각전'을 설치했다. 백성에게 정전丁田을 지급해 수취와 관련한 국가 지배 강화를 모색한 사실도 확인된다.

경덕왕은 녹읍제를 부활시키는 한편, 내사정전內司正典을 두어 궁궐 내 관료를 감찰하고 풍기를 단속토록 했다. 국학을 태학감으로 바꾸는 등 중앙 행정 체계 정비에도 나섰다. 지방 통치의 효율성과 지방 지배력을 높이기 위해 주, 군, 현의 명칭을 대폭 바꾸는 개혁을 추진하기도 했다. 하지만 불국사 및 석굴 암 창건과 성덕대왕의 공덕을 기리기 위한 신종을 주조하기 시작한 것은 국가 재정에 부담이 되었다.

이후 신라 왕조가 번영을 구가했음을 짐작케 하는 기록이 있다. 《삼국사 기》는 제49대 헌강왕이 다스리던 875~886년을 최고의 태평성대로 기록한다. 헌강왕 6년인 880년 9월 9일, 왕과 신하가 바라보면서 이야기하는 경주의 모 습은 천국이 따로 없다. 기와로 지붕을 덮고 숯으로 밥을 지어 먹었다. 매년 풍년이었다. 이렇게 먹고살 만하니 노래와 풍악이 끊이질 않아 태평가를 부르 는 것 같았다고 묘사한다.

## 신라의 혼란은 어디서부터?

신라는 번영만 지속할 것 같았다. 그러나 36대 혜공왕 때부터 이미 혼란의 조짐이 있었다. 8세 때 즉위한 혜공왕은 태종무열왕(김춘추) 계열로 중대 신라의 마지막 왕이었다. 모후인 만월부인(경수태후)이 어린 혜공왕을 대신해 섭정했다. 혜공왕 4년인 768년에는 일길찬이던 김대공과 그의 친동생 아찬 김대렴이 함께 난을 일으켰다. 반란군이 33일간 왕궁을 포위하는 동안, 금성 및 지방 5도 주군에서 96각간(진골만 오를 수 있는 최고 관등 중 첫째 등급)이 서로 싸움을 벌였다.

혜공왕도 이후 나름 왕으로서의 면모를 보이며, 혼란을 바로잡으려 했다. 770년(혜공왕 6년) 혜공왕은 직접 서원경에 행차해 죄수들을 사면하는 덕을 베풀었고, 재위 12년인 776년에는 호국 사찰인 감은사에 행차해 제사를 올리며 친정의 의지를 보였다.

하지만 재정적인 문제가 나라의 혼란을 가중시켰다. 혜공왕의 선왕이던 경덕왕 때부터 단행한 대규모 불교 사업으로 재정적 타격이 컸는데, 성덕대왕신종 제작이 대표적이었다. 경덕왕이 아버지 성덕왕을 기리기 위해 신종을 제작하기 시작했으나 완성하지 못하고, 혜공왕 때 비로소 마무리되었다. 742년에 시작한 작업이 771년까지 무려 30년이 걸렸다. 이로 인해 왕실 재정에 출혈이 컸을 것이다.

불국사 보수 작업도 국가 재정에 타격을 주었다. 불국사는 528년 법흥왕 때 지어졌으나, 석가탑과 다보탑 등 불국사를 상징하는 주요 구조물들은 경덕왕 때부터 혜공왕에 이르러 대부분 건축되었다. 건축가는 재상 김대성으로 알려진다. 이 역시 대규모 재정이 들어가는 작업으로 국가 재정에 무리가 있었을 것이다.

혜공왕 시절 신라에는 많은 반란이 있었다. 심지어 한때 혜공왕을 보좌했던 김은거와 정문 같은 인물도 반란을 일으켰다. 당시 나라의 기강이 얼마나 흔들렸는지 짐작할 수 있는 대목이다. 780년 4번째 반란인 김지정의 난을 진압한 김양상은 혜공왕에 이어 37대 선덕왕에 오른다.


## 신라의 분열 원인들

———

혜공왕은 780년 이찬 김지정의 반란 때 죽임을 당했다. 다음 왕인 선덕왕 때부터가 통일신라 하대에 해당한다. 선덕왕 다음의 원성왕은 선덕왕과 함께 김지정의 반란을 진압했던 김경신이다.

통일신라 하대는 150년간 이어졌는데, 왕이 20회나 교체될 정도로 매우 혼란한 정국이었다. 반란이 많았고 정부가 이를 진압하는 데 집중하다 보니, 지방에 대한 중앙의 지배력이 약해졌다. 진성여왕 3년인 889년에는 지방에서 공물과 조세가 올라오지 않기도 했다. 가뭄과 전염병으로 백성들의 삶은 피폐해졌고 도적들이 활보했다. 도적들이 해인사를 습격하자 승려들이 겨우 막아낸 일도 있었다.

중앙의 왕위 쟁탈전에서 밀려난 귀족들이 지방에 정착하고, 지방에서 나름대로 성장한 세력은 중앙과 연결 고리를 갖고자 모색했다. 장보고가 그 대표적인 인물이었다. 각자 세력을 키워 독자 세력화를 도모한 이들도 있었다. 내륙의 지주층에서 성장한 계층, 바다를 지키는 군진軍鎭의 고위 장교 및 장군 출신, 국제무역에 종사했던 무역상인 가문 출신, 초적의 우두머리들, 중앙에서 몰락해 지방으로 내려간 진골 귀족 및 그 후예, 6두품 출신 등이 거기에 속했다. 독자 세력화한 이들은 자위권을 갖춰 자칭 성주 또는 장군이라 했다. 이들의 성장은 신라의 지방 지배력이 무력했음을 말해준다.

사정이 이런데 헌강왕 시절(875~886년) 태평성대의 모습은 이해하기 어려운

**성덕대왕신종, 일명 에밀레종**
국립경주박물관 소장

**동궁과 월지. 예전 명칭은 안압지**
신라 왕성의 별궁 터. 경주시 인왕동 소재

광경이다. 신라 금성은 전성기의 가구 수가 178,936호였는데, 가구당 인구를 5~6인으로 치면 실제와는 다를 터이지만 100만 명에 가깝다. 사회적 혼란이 가중된 가운데 100만 인구의 금성은 어떻게 태평성대를 누릴 수 있었을까?

수도 금성의 호화로운 모습과 지배 귀족층의 사치스러운 생활, 그리고 잦은 반란. 그 이면에는 신라가 오랫동안 금성 중심으로 정치 및 경제 제도를 시행한 배경이 있었다. 지방의 세금 부담은 과중했고, 지방의 토지와 인력은 철저히 중앙이 지배했다. 수도 금성의 화려함 뒤에는 그런 배경이 있지 않았을까?

한편 당에서 18세의 나이로 빈공과에 급제한 뒤 문장을 뽐내다가 화려하게 귀국했던 최치원 이야기를 잠시 들여다보자. 당시 신라는 중세사회의 전환기에 접어들면서 새로운 시대적 도전과 맞닥뜨리고 있었다. 이미 삼국통일을 이루었고 당과 활발하게 교류하고 있던 신라에 필요한 것은 혈통이 아닌, 학문 성취와 문무 능력이었다. 핵심은 골품제에 기초한 신분제 혁파와 그 대안 마련이었다.

구태의연한 신라 골품제로는 인재를 제대로 활용할 수 없었고, 개혁 세력을 양성할 수도 없었다. 개혁을 추진하다 진골 귀족에 의해 좌절한 최치원은, 결국 가야산으로 들어가 신선이 되었다고 한다. 이 이야기는 중세사회에서 고대 신분제를 고집한 신라의 당시 모습을 상징적으로 보여주고 있다.

# 견훤과 궁예,
# 후삼국 시대를 열다

## 농민 반란이 일어나다

헌강왕 이후 등극한 정강왕은 1년 만에 사망하고 이후 헌강왕과 정강왕의 여동생 진성여왕이 왕위에 올랐다. 진성여왕은 즉위 후 지방의 조세를 1년 동안 면제해주고, 각간 위홍으로 하여금 대구화상大矩和尚과 함께 향가를 수집해 《삼대목三代目》을 편찬하게 했다. 또한 최치원을 등용해 시무 10조를 받아들여 개혁도 추진했다.

그러나 혜공왕 이후 시작된 내분으로 신라는 지방에 대한 통제력이 약화되었다. 게다가 자연재해로 흉년이 들면서 농민의 생활은 더욱 어려워졌고, 그런 상황에 강압적인 수취가 잇따르자 각지에서 반란이 일어나 큰 정치적 혼란에 휩싸였다. 원종·애노의 난을 시작으로 전국 곳곳에서 농민 봉기가 발생했고, '적고적'이라 불리던 세력이 신라 왕경 인근까지 출몰해 노략질을 했다.

사회 혼란을 배경으로 지방에서는 이른바 호족이라는 세력가들이 성장했다. 호족은 그 지역에 오랫동안 살고 있었던 촌주 출신도 있었지만, 중앙 권력 싸움에서 밀려나 지방으로 내려간 귀족 세력, 해상 무역으로 부를 형성한 세력, 새롭게 성장한 군진 세력 등 다양했다.

그들은 자신의 근거지에 성을 쌓고 군대를 보유해 자칭 성주나 장군이라 칭하면서 행정권과 군사권을 장악하고 경제적 지배력을 행사했다. 골품제 사회에서 한계를 느꼈던 6두품 세력 중에 일부는 지방의 호족 세력과 연계해 사회 변화를 추구했다.

그런 가운데 지방에서 세력을 키우던 견훤과 궁예가 독자적인 정권을 수립했다. 견훤은 전라도 일대를 장악해 후백제를 세웠고, 궁예는 중부 지역을 장악해 고려(일반적으로 후고구려라 칭함)를 세웠다. 삼국을 통일했던 신라의 지배권은 금성 일대로 축소되면서, 신라와 후백제, 고려(후고구려)가 정립하는 후삼국 시대가 성립되었다.


## 새 나라를 연 견훤과 궁예

———

백제의 옛 지역에서 후백제를 열었던 견훤은 상주 출신으로 호족 아자개의 아들이다. 그래서 상주에는 견훤의 지렁이 관련 설화가 얽힌 금하굴과 견훤산성, 견훤사당 등이 있다. 견훤은 군인이 되어 서남 해안을 지키던 중 농민 봉기가 일어나자 전라도 지역에서 세력을 키웠다. 이후 반신라 정서를 이용해 892년(진성여왕 6년)에 완산주를 기반으로 왕을 자처하다가, 900년(효공왕 4년) 후백제를 세웠다.

나라 이름을 후백제라 한 것은 백제를 계승하고 의자왕의 숙원을 풀기 위해서였다. 견훤은 완산주를 도읍으로 정하고 백제 계승을 표방함으로써 민심

**915년 후삼국 시대 한반도**

을 모았다. 중국 오월과 후당에 사신을 보내 외교적으로도 국가의 위신을 세우고자 했다.

궁예는 신라 왕실의 후예였다. 아버지는 헌안왕 아니면 경문왕이었고 어머니는 후궁이라고만 알려져 있다. 궁예는 장차 국가에 이롭지 못할 것이라는 예언 때문에, 태어나자마자 죽임을 당할 뻔했다. 다행히 유모의 도움으로 목숨은 구했지만, 한쪽 눈을 잃었다. 어린 시절 궁예는 영월 세달사에서 승려로 숨어 살았다.

진성여왕 5년인 891년에 궁예는 절을 떠나 도적 떼에 합류해 군사들을 이끌었다. 진성여왕 8년인 894년에는 지금의 강원도 영월 일대인 명주를 장악해 자칭 장군이 되었다. 그 시절 부하 병사들과 고락을 함께하며 일을 공정하게 처리해 부하들의 인심을 크게 샀다. 진성여왕 9년인 895년, 궁예는 강원도를 장악해 철원을 도읍으로 삼고 나라를 세워 왕이 되었다. 효공왕 5년인 901년, 궁예는 송악(지금의 개성)으로 도읍을 옮기고 나라 이름을 고려라 했다.

# 파국을 불러온 궁예 관심법

궁예는 효공왕 7년인 904년, 관청을 설치하고 관직을 세우는 등 국가 체제를 정비했다. 나라 이름을 마진摩震으로 바꾸고 연호를 무태武泰라 했다. 마진은 산스크리트어 마하진단 혹은 마니진단의 약자로, '동방의 대제국'을 뜻한다. 아마도 궁예는 미륵신앙을 통치 철학으로 삼고자 했던 것으로 보인다.

궁예는 나라의 연호를 905년에는 무태에서 성책聖冊으로, 911년에는 수덕만세水德萬歲로 바꾸었다. 이때 국호도 태봉泰封으로 바꾸었다. 914년에는 연호를 다시 정개政開로 바꾸었다.

궁예는 신라 왕실 혈통이면서도, 자신을 버린 신라 왕실에 대한 복수심이 컸다. 옛 고구려 세력들의 지원을 받아 고구려 계승을 전면에 내세웠고, 신라의 경주를 '멸망시켜야 할 서울'이라고 규정했다. 이는 신라 정부에 대한 반감이 극에 달한 지방 호족 세력들의 호응을 얻었다.

궁예는 미륵불을 자처하면서 민심을 다독이고 신하들과 화합을 이루고자 팔관회도 부활시켰다. 문제는 관심법이었다. 관심법이란 사람 마음을 읽어내는 일종의 초능력을 말한다. 궁예는 자신이 미륵관심법을 체득했다면서 걸핏하면 주변 사람들을 의심해 잔인하게 죽였다. 수많은 신하들을 역모죄로 죽였고 심지어 왕비와 자신의 아들들도 죽였다.

민심은 이미 궁예에게서 멀어지고 있었다. 공교롭게도 '왕창근 경문참'도 태봉의 몰락과 고려 왕건의 비상을 예언한 터였다. 왕창근 경문참이란 당나라 상인 왕창근이 예언했다는 내용을 뜻한다. 이에 따라 민심은 왕건에게로 완전히 돌아섰고 왕좌 교체가 예고되었다.

# 동북공정,
# 발해가 중국이었다?

## 우리 역사를 뒤흔드는 주장

"한국은 사실 중국의 일부였다(Korea actually used to be a part of China)."

2017년 4월, 미중 정상회담에서 시진핑 주석이 했다는 말이다. 트럼프 대통령이 〈월스트리트 저널〉 인터뷰에서 시 주석의 말이었다며 인용해 크게 논란이 됐었다. 정말 시 주석이 그렇게 말했는지, 트럼프 대통령의 착오였는지는 알 수 없지만, 이는 대한민국의 역사와 자주성을 흔드는 매우 위험한 발언이다. 엄연히 오랜 역사를 가진 주권 국가에 대해 다른 나라 정상이 이렇게 말해도 되는 걸까? 근거는 있는 말일까?

발해를 사례로 그 주장의 진위에 대해 하나하나 따져보자. 우리는 당연히 발해가 고구려를 계승했고, 통일신라와 더불어 남북국 시대를 열었던 해동성국의 나라로 보고 있다. 그러나 중국은 발해를 중국 역사에 귀속시키려고 한다. 그 배경에는 중국의 동북공정<sub>東北工程</sub>이 있다.

## 동북공정의 숨은 뜻

우선, 동북공정이 무엇인지 이해할 필요가 있다. 동북공정은 '동북변강역사여현상계열연구공정<sub>東北邊疆歷史與現狀系列研究工程</sub>'을 줄인 말로, 동북 변경 지역의 역사와 현상 등에 관한 연구를 말한다. 이 연구는 중국 국무원 직속 최대 싱크탱크라 할 수 있는 중국사회과학원 산하 '변강사지연구중심<sub>邊疆史地研究中心</sub>'과 동북 3성 사회과학원에서 2002년 2월 이래 5년간 진행되었다. 동북 변경 지역의 민족과 역사 및 영토 주권을 중국에 편입시키려는 국가적인 프로젝트라는 게 그 핵심이다.

이 프로젝트를 통해 중국이 주장하는 바는, 비록 55개의 다민족으로 구성되었지만 중국은 통일된 하나의 국가라는 것이다. 그 주장의 근거는 영토주권론이다. 즉, 현재 중국 땅에 있는 모든 민족은 넓은 의미로 중국인이라는 논리를 따른다. 이 논리대로 말하면, 한족에 의해 중원 지역에 건립된 국가뿐만 아니라, 현재 중국 국경 내에서 발생한 모든 소수 민족의 역사 또한 중국의 역사에 포함된다. 나아가 과거 중국과 책봉-조공 관계에 있던 나라는 중국에 예속된 지방 정권이다.

1993년 이래 북한 사학자들과 중국 학자들 사이에서 불거졌던 고구려사를 둘러싼 논쟁도 같은 범주로 볼 수 있다. 당시 북한의 박시형 등은 현대 영토를 기준으로 역사 귀속을 확정하는 것은 역사적 사실과 다르다고 주장한 반면, 중국 측은 역사상 고구려는 오랫동안 중국 정부에 예속돼 있었다고 강조했다.

그 후 중국은 동북공정 프로젝트를 통해 고구려 및 발해를 중국사의 일부로 편입시키려는 노력을 적극적으로 추진했다.

## 발해와 조선족을 둘러싼 중국의 큰 그림

본문에서 보았듯이 발해는 대조영이 698년에 건국해 926년까지 228년간 존속한 나라였다. 발해 부흥 세력이 건국한 후발해 등은 1116년까지 존속했다. 그 영토는 오늘날 한반도 북부와 중국 동북 및 러시아 연해주 지역에 걸쳐 있었다. 그래서일까? 중국은 발해를 자국의 역사에 귀속시키려고 한다.

그렇다면 중국은 발해를 어떻게 규정하고 있을까? "발해는 말갈족이 세운, 중국 왕조에 예속된 지방 정권"이라는 게 중국 측 주장의 핵심이다. 대조영은 애초에 나라 이름을 '진국'이라 했는데, 당과 외교 관계를 맺는 과정에서 발해 군왕으로 책봉을 받은 뒤 나라 이름이 오직 발해로만 불렸다는 것을 그 근거로 들고 있다.

발해를 말갈족이 세웠다고 주장하는 근거는 무엇일까? 중국은 당의 역사서인 《구당서》와 《신당서》에서 그 근거를 찾는다. 《구당서》에는 대조영을 '고려의 별종'으로 기록하고, 《신당서》에는 그를 "속말말갈로 고구려에 복속되어 있었다."라고 기록한다. 중국은 대조영이 속말말갈이라는 사실을 크게 부각하면서, 고구려와의 연관성을 축소하고 있다.

중국은 왜 이토록 발해사를 자국의 역사에 편입시키려는 걸까?

우선, 중국은 앞서도 보았지만 한족漢族 외에도 55개 소수 민족으로 이뤄진 다민족 국가이다. 소수 민족 갈등과 분쟁이 중국의 사회 문제가 된 지 오래다.

중국이 동북공정 외에도 서남공정(티베트 지역), 서북공정(신장 위구르 지역)을 추진했던 것은 바로 소수 민족의 이탈 방지를 위한 물밑 작업이었다.

우리는 동북공정에서 조선족에 대한 중국의 생각 또한 읽을 수 있다. 조선족은 인구는 적지만 남북한 모국이 있고, 통일 한국 시대에 이탈할 가능성이 크기 때문이다. 중국 입장에서는 조선족의 역사와 문화가 애초에 중국의 것이었다는 프레임을 만들어 두어야 조선족과 남북한의 유대를 끊고, 조선족의 이탈을 사전에 차단할 수 있다고 본 것이다.

## 남북한 학계의 발해 인식

남북한은 발해를 고구려를 계승한 자주독립 국가로 이해하고 있다. 그 주요 근거는 다음과 같다.

첫째, 발해 사람들은 발해를 황제국으로 인식했다. 발해 문왕의 딸인 정효공주와 정혜공주 묘에 아버지 문왕을 '황상皇上'으로 표기하고 있는데, 문왕이 황제라는 이야기다. '효의황후' 묘비가 발견되었는데, 그 배우자가 황제라는 이야기다.

둘째, 발해는 '인안' '대흥' 등 독자적인 연호를 사용했다. 연호는 황제의 통치권을 상징한다는 의미에서 발해가 황제국을 표방했던 독립국이었음을 반증한다.

셋째, 당시 중국은 발해를 외국으로 인식하고 있었다. 당나라에는 내국인이 치르는 과거시험과 외국인을 대상으로 하는 빈공과가 있었다. 만약 발해가 중국에 예속된 지방 정권이었다면, 발해인들은 중국인들처럼 과거시험을 치렀어야 했을 것이다. 그런데 발해인들은 외국인들이 치르는 빈공 시험을 치렀다.

빈공 시험에서 신라 유학생을 제치고 발해인이 수석을 차지했던 일도 있었다.

발해 왕자가 당에서 신라 사신보다 윗자리에 앉기를 요구했다가 거부당한 일도 있었다. 당나라는 발해를 신라와 같은 외국으로 인정했다는 이야기다.

넷째, 발해의 고구려 계승성이다. 우선, 발해인들은 고구려 계승 의식이 분명했다. 2대 무왕이 일본에 보낸 외교 문서에 적힌 "고구려의 옛 터전을 회복하고 부여의 풍속을 소유하게 되었다."라는 문구가 이를 말해준다. 6대 강왕도 "교화를 따르는 부지런한 마음은 고씨에게서 그 발자취를 찾을 수 있다."라고 표현했는데, 고씨는 고구려의 대표적인 성씨다.

일본에서 발견된 '목간木簡'에서도 발해로 파견된 일본의 사신을 '견고려사'라고 칭하고 있다. 즉 일본은 발해 사신을 '고려 사신'으로 이해하고 있었다. 신라 최치원이 쓴 글에도 "옛날의 고구려가 지금 발해가 되었다."라는 문장이 있다. 신라와 일본은 발해를 고구려를 계승한 국가로 인식했다는 이야기다.

## 발해와 고구려의 유사성

발해는 말갈족, 고구려 유민, 기타 북방의 여러 민족들로 구성된 다종족 국가였다. 오늘날까지 전해지고 있는 발해인들의 성씨 분포를 살펴보면 왕족인 대씨가 가장 많고 그다음이 고씨다. 고씨는 고구려 왕족의 성씨로 고구려 유민이 발해의 핵심 지배층을 형성했음을 말해준다.

고구려 역시 다종족 국가로 예맥 계통이 핵심을 이루고 있었지만, 다양한 계통의 말갈족도 복속돼 있었다. 다시 말해, 고구려에 귀속된 말갈계 고구려인들은 자신이 고구려에 귀속되었고 고구려 사람이라는 의식을 가졌을 것으로 보인다.

문화적으로도 발해와 고구려가 유사성이 있다는 증거들이 있다. 발해의 수도였던 상경성 옛 궁궐터에서 방 한쪽에만 구들을 설치한 온돌이 발견되었는데, 온돌은 고구려로부터 계승된 것으로 보인다. 발해 지역에서 출토된 연꽃무늬 막새기와와 토기 양식 등에서도 고구려 문화의 흔적을 엿볼 수 있다.

당이 발해에 행한 책봉과 발해가 당에 행한 조공 관계를 토대로 발해가 역사적으로 중국에 예속되었다는 논리는 문제는 없을까? 만약 그런 논리대로라면, 비슷한 외교 관계는 모두 예속이라는 테두리에 들어가게 된다. 책봉과 조공은 전근대적인 외교 문화의 특성이다. 중국은 이런 특수성을 지나치게 자국 중심으로 해석하고 있다.

다행히 한중 역사학자 학술심포지움이 지속되면서 역사를 있는 그대로 바라보고 객관적으로 해석하려는 노력이 성과를 맺고 있다. 부족하나마 발해 역사에 대한 재해석 작업이 이루어지고 있다. 정치와 편견이라는 색안경을 벗고 발해 역사를 있는 그대로 보고 다각도로 해석해 나갈 필요가 있다. 이는 고대 독립 왕조 국가 발해 조명의 새로운 출발점이 될 것이다.

# 4장

# 새로운 통일과 해동 천하: 고려 시대

# 태조 왕건, 통일을 이루고 고려의 비전을 밝히다

## 고려 태조의 천명과 신성 혈통

고려 건국 세력은 새 왕조 개창을 정당화할 프레임을 갖춰야 했다. 고려 태조가 후삼국의 혼란을 정리하고 새로운 사회를 만들라는 하늘의 명령을 받들어야 할 운명적 존재임을 증명해야 했다. 천명 사상은 유교 정치 사상의 핵심 중 하나로, 왕의 즉위를 합리화하는 구실이었다. 고려 건국 세력은 천명의 파급력을 잘 알았다.

태조 왕건은 스스로 밝혔듯이 왕족도 귀족도 아니었다. 그는 송악(지금의 개성)을 중심으로 해상 무역을 통해 부를 축적한 상인 가문의 자제였다. 궁예에게 장군으로서 실력을 인정받아 명망을 얻었다. 궁예가 미륵관심법으로 왕건을 의심했으나, 왕건은 장주 최응의 도움으로 위험에서 빠져나왔다.

홍유, 배현경, 신숭겸, 복지겸 등이 왕건에게 궁예의 실정을 토로하며 다음과 같이 천하 대의를 세울 것을 청했다.

"때를 만나기는 어려우나 잃기는 쉽고 하늘이 주는 것을 받지 않으면 재앙에 처한다."

이들의 말에 왕건은 마음을 정했다. 궁예가 신하들에게 쫓겨나자 왕건은 마침내 918년 6월 15일에 철원의 포정전에서 즉위했다. 국호는 고려高麗, 연호는 천수天授라고 했다. 연호에 보이듯 왕건은 천명을 받은 군주임을 자처했다.

태조 왕건의 혈통은 신성한 혈통으로 만들어졌다. 《고려사》 '고려세계'를 보면, 태조의 시조는 신라 성골의 장군 호경虎景, 할아버지는 작제건作帝建, 할머니는 용녀龍女였다. 태조의 아버지는 송악군(지금의 개성)의 사찬沙粲으로 후삼국 통일의 야심을 가졌던 용건龍建이었다. 용건은 당대 최고 풍수도참가인 도선을 만나 제왕을 낳을 땅과 제왕의 이름을 받았다. 태조 왕건의 혈통은 성골 장군으로부터 용녀의 자손인 용손으로 정리되었다. 이후 태조 왕건이 용손이라는 혈통 인식이 고려 왕실의 신성한 의식으로 자리 잡는다.

## 꿈과 예언

태조 왕건의 꿈 이야기도 있다. 30세가 되던 때에 왕건이 바다 가운데에 있는 9층 금탑에 스스로 올라서는 꿈이었다. 태조가 천문과 점복에 능한 최총진에게 그 꿈을 해몽하게 했더니, "반드시 삼한을 통일해 다스리게 될 것입니다."라고 답했다. 태조는 기뻐하며 총진의 이름을 꿈에 대해 알았다는 의미의 '지몽'으로 바꿔주었다.

앞서 이야기했던, 왕창근이 알린 고경의 도참도 고려 태조의 운명을 증명하는 중요한 단서였다. 중국의 상인 왕창근이 철원 장터에서 샀다는 거울에는 궁예와 왕건의 등장, 신라의 항복, 후삼국 멸망과 왕건에 의한 통일이 예언되었다. 147자의 글이 새겨진 그 거울이 궁예의 손에 들어갔고 궁예는 이를 송사홍, 백탁, 허원 등에게 해석하게 했다. 이들은 사실대로 말했다가는 극형에 처할 수 있어서 말을 바꿔 보고했다.

한편 최치원은 왕건이 천명을 받아 나라를 세울 것을 알고는 왕건에게 서한을 보냈는데, "계림雞林은 누른 잎이오, 곡령鵠嶺은 푸른 솔이로다."라는 대목이 있었다. 계림은 신라를 가리키며, 곡령은 개성에 있는 송악산 자락의 다른이름이다. 즉 신라는 낙엽처럼 스러지고 송악산이 있는 개성은 푸른 소나무처럼 흥성할 것이라는 뜻이었다.

## 후삼국 통일 전략

태조는 즉위 후 지방 세력과 다른 나라에 겸양의 자세를 취했다. 이른바 중폐비사重幣卑辭 전략인데, 문자 그대로 해석하면 "선물은 후하게 주고 자신을 낮춘다."는 뜻이다. 이는 지방 세력의 투항과 신라의 항복을 이끌어내는 중요한 전략이었다. 신라 경애왕이 견훤으로 인해 스스로 목숨을 끊었을 때 왕건은 위기에 빠진 신라를 도왔다. 경애왕의 뒤를 이은 경순왕은 견훤에 의해 왕위에 올랐으나, 견훤이 아닌 왕건에게 의지했다.

931년(태조 14년) 2월 23일~5월 26일까지 태조 왕건은 신라의 수도 금성에 머무르면서 예의를 갖춰 경순왕과 회담하고, 신라 왕실 및 귀족들에게 선물을 후하게 줌으로써 호감을 얻었다. 이를 계기로 신라에서는 고려 태조에 대해

"부모를 뵙는 듯하다."라는 인식이 많아졌다.

고려는 거란과도 처음에는 사신을 주고받으며 외교를 맺었으나 발해 멸망 후에 단절했다. 후량과 후당에도 사신을 보내 외교 관계를 수립했다. 태조 16년인 933년 3월 후당은 태조를 권지고려국왕사에서 '고려국왕'으로 지위를 높였다. 이 책봉은 당시 국제 사회가 고려를 후삼국 가운데 가장 정통성 있는 왕조로 인정했음을 말해준다.

왕건의 최대 경쟁자였던 견훤은 그의 맏아들 신검에 의해 왕위에서 축출되었고, 935년(태조 18년) 6월, 고려에 항복했다. 이에 태조는 견훤을 상보라 부르며 극진히 대접했다. 그해 11월에는 신라 경순왕과 그 백성들이 경주에서 개경에 입성하며 고려에 귀속했다. 태조는 그다음 달 공식적으로 신라의 항복을 받아들이는 축하 의식을 열었다. 태조 왕건은 936년(태조 19년) 6월, 견훤의 청을 받아들여 태자 무(훗날 혜종)를 천안부로 보내 후백제의 신검군과 대치하게 했다. 이후 태조는 후백제 정벌군을 마군, 지천군, 보천군, 우천군, 천무군, 간천군 등으로 새롭게 편성하고 천명을 받은 군대라는 의미에서 '천군'이라는 이름을 붙였다. 고려 천군은 그해 9월, 일선군 일리천(지금의 경북 구미시)으로 진격해 후백제군을 완전히 무너뜨렸다.

## 민족 재통합을 위한 노력

────────

태조는 신하들의 예절을 바로잡기 위해, 936년 《정계政誡》 1권과 《계백료서誡百寮書》 8편을 저술해 반포했다. 그 책은 전해지지 않지만 태조의 정치 신념인 애민, 검소, 겸손, 인재 등용 등에 관한 내용이 담겨 있었을 것으로 추정된다.

**태조 왕건의 어진**
현릉에 봉안됨

　태조는 완전한 후삼국 통일과 통일 국가의 안정을 위해 많은 노력을 기울였다. 그는 우선, 신라의 정통성을 계승하고자 신라삼보에 주목했다. 신라삼보란 황룡사의 장육존상과 황룡사 9층 목탑, 그리고 천사옥대 세 가지 보물을 말하는데, 태조는 성제대라고도 하는 천사옥대를 허리에 두름으로써 신라 통합과 제왕의 성스러움을 강화했다. 신라 왕실 및 후백제 왕실과도 혼인 관계를 맺음으로써 화해와 통합의 이미지를 굳히고자 했다.

　태조는 불교도 적극적으로 활용했다. 팔관회와 연등회를 개최해 부처를 비롯한 여러 신에 감사제를 올리며 국태민안을 빌었다. 부처에 귀의한다는 의미에서 보살계를 받기도 했다. 개경으로 천도하면서 개경과 그 인근에 10대 사찰을 지었고, 후삼국 통일을 기원하는 의미에서 개경과 서경에 각기 7층탑과 9층탑을 세웠다. 통일 직후에는 논산 지역 천호산 자락에 개태사를 지어 민심을 위로했다.

## 새로운 시대를 위한 인재 선발

태조는 추대를 통해 왕위에 올라 자주적으로 삼한을 통일한 왕이다. 이른바 '삼한일통'을 이룬 왕으로 언급되는데, 여기서 삼한이란 고구려, 백제, 신라 삼국을 가리킨다. 통일신라에 이어 고려 태조도 삼한일통 의식이 강했다. 진정한 삼한일통을 이루기 위해 태조에게 요구되는 시대적 소명은 무엇이었을까? 고려 왕조에 필요한 정치적 전략은 무엇이었을까?

태조는 후삼국에서 버려야 할 것과 받아들여야 할 것을 분명히 구분해 좋은 것은 받아들이고, 폐습은 과감히 개혁했다. 태조는 우선, 신라 사회의 유지 기반이자 사회 운영 원리였던 골품제를 없앴다. 신라 하대에 이르러 지방 호족들이 득세하면서 중앙 귀족이 지방 사회를 통치하는 방식은 이미 무너진 상태였다. 그러나 관료 사회는 골품제로 인한 폐해가 심각했다. 당에서 귀국한 최치원이 몇 년간 이 골품제를 개혁하려고 애썼지만 실패한 바 있었다. 특히 진골 중심 체제가 전개되면서 왕위 계승을 둘러싼 다툼이 빈번했다.

골품제는 인재 양성과 등용을 막는 걸림돌이었다. 새로운 시대를 열고자 한 고려에서는 혈통이 아닌 실력이 필요했다. 태조는 그런 시대적 요구를 정확히 간파해 많은 인재를 등용하고 육성하고자 했다. 태조가 발탁한 대표적인 인재가 신라 6두품 출신 최승로였다. 열두 살 최승로가 태조 앞에서《논어論語》를 읽자, 감탄한 태조가 그를 원봉성의 학생으로 발탁했다는 유명한 이야기가 전해진다.

## 민심 안정과 호족 정리

———

태조가 그다음으로 눈을 돌린 것은 경제 문제였다. 가뭄이나 서리 등의 자연 재해가 지속된 데다, 적고적 같은 농민 반란군이 도적이 돼 백성들을 수탈하고 있었다. 일부 관료와 호족들은 농민들의 토지를 강제로 빼앗아 갔다. 고리 대금을 갚지 못한 농민들이 불법적으로 노비가 되는 경우가 늘어났다. 태조는 생업의 기반을 잃은 많은 백성들이 안심하고 생업에 전념할 수 있는 기반을 마련하고자 했다. 가혹한 수탈을 멈추게 하고 과중한 조세 정책을 개혁했다.

후삼국 시대의 정치 변화 주도 세력인 호족에 대해서도 정리가 필요했다. 호족 정리의 두 가지 큰 원칙은 정복과 회유였다. 태조는 왕실과 호족 가문의 결혼으로 관계 개선을 꾀했다. 태조의 부인이 29명이었다는 점이 이를 말해준다. 제한적이지만 호족들의 기득권을 인정하는 '사심관' 제도도 두었다. 사심관이란 중앙에 있으면서 자신의 출신지나 지방 행정을 관리하던 관직을 말한다. 금성의 이름을 '경사스러운 고을'이라는 뜻을 가진 경주라 고치고 신라 경순왕을 경주의 사심관으로 삼았던 데서 비롯되었다. 호족 세력의 자제를 상경시켜 인질로 삼았던 '기인' 제도도 시행했다.

태조는 민심을 안정시키기 위해 자신이 천명을 받은 존재임을 강조했다. 연호를 '천수', 궁궐 정전의 이름을 '천덕전', 태조의 군대를 천군이라고 명명한 것은 그런 노력의 하나였다.

## 이상 국가를 향한 제왕학, 훈요 10조

943년 4월 태조는 유언으로 박술희를 통해 훈요 10조를 남겼다. 훈요 10조는 훗날 왕이 될 후손들을 향한 태조의 마지막 당부, 혹은 가르침이었다. 훈요 10조는 고려 왕실을 군건히 지탱할 원리이자 필수 제왕학으로 후대에 이어진다. 태조는 후손들이 감정과 욕심에 치우쳐 나라를 혼란에 빠뜨릴 것을 우려했을 것이다. 훈요 10조에서 우리는 태조의 이상 국가론을 짐작해볼 수 있다.

[훈요 10조]

1조  불교의 힘으로 나라를 세웠으니 사찰을 세우고 주지 스님을 보내 불도를 닦도록 한다.

2조  도선의 풍수 사상에 따라 사찰을 세우고 그 외에는 함부로 짓지 않는다.

3조  왕위는 맏아들이 물려받는 것을 원칙으로 하되, 맏아들이 어질지 못하면 그다음 아들에게 물려주고, 그 아들도 어질지 못하면 형제 중여러 사람이 추대한 자에게 물려준다.

4조  우리나라와 중국은 지역과 사람의 인성이 다르므로 중국 문화를 반드시 따를 필요가 없으며, 거란은 짐승과 같은 존재이므로 그들의 제도는 따르지 않는다.

5조  서경을 중히 여겨 1년에 100일 이상을 머물도록 한다.

6조  연등회와 팔관회를 성실하게 연다.

7조  임금이 백성의 마음을 얻는 것은 매우 어려운 일이므로 상벌을 올바르게 해 음양이 순조롭게 한다.

8조  차령산맥 이남과 금강 바깥 지역 사람들은 등용하지 않는다.

9조  관리들의 녹봉을 함부로 가감하지 말고 농민들의 부담을 가볍게 한다.

10조 왕은 근심이 없을 때는 미리 조심해 경계하고 옛일을 거울삼아 오늘

을 경계한다.

태조는 훈요 10조에 그가 지녔던 삼한 통일의 의지와 의미, 새로운 왕조의
기반을 다지고 이어갈 계책을 담아냈다. 즉, 새로운 사회로 진입한 고려 사회
가 나아갈 길을 훈요 10조를 통해 제시했다. 그것은 어떤 편향된 정치 지배
원리에 입각한 사회가 아닌, 왕실과 백성을 위해 유교, 불교, 도교, 전통 신앙
등을 적절하게 활용하는 다원 사회로서의 이상적 고려왕조를 뜻했다. 이는
새로운 지배 세력의 등장, 유교와 불교가 각각 치국과 수신의 도로 기능하는
사회, 팔관회 같은 국가 의례로 통합되는 중세사회의 등장을 의미하기도 했다.

# 명분과 실리의 외교, 송·거란·금의 존중을 받다

## 태조의 서경 사랑

고구려 계승 의식이 뚜렷했던 태조 왕건은 즉위 초부터 북진에 대한 강력한 의지를 드러냈다. 즉위 직후인 918년 9월 태조는 고구려 옛 도읍인 평양 경영 플랜을 발표한다. 태조는 평양을 우선, 대도호부로 정하고 백성을 이주시켰다. 대도호부란 지금으로 말하면 특별시 정도가 될 것이다. 이어서, 사촌 동생 식렴과 광평시랑 열평을 보내 평양을 수비하게 했다. 이듬해 10월에는 평양에 성을 쌓았다.

평양은 늦어도 태조 4년 무렵에는 서경으로 바뀌었다. 평양을 정비해 새로운 서울 서경으로 마무리하는 데 약 4년이 걸린 것이다. 태조는 서경에 자주 행차했고 호국 사찰인 중흥사를 세웠다. 태조 13년인 930년 12월에는 서경에 학교도 세웠다. 태조가 서경을 이토록 중시한 이유는 풍수상 수도 개경이 장풍의 형국을 갖춰 협소한 반면, 평양은 대동강이 있어서 수덕이 왕성해서였다. 서경은 고구려의 수도였다는 점에서 고구려 계승 의식을 상징했을 뿐만 아니라, 북진을 통한 영토 회복의 발판을 마련하는 데 지정학적으로 매우 중요하기도 했다. 개경과 서경을 경영하는 양경 체제가 그렇게 시작되었다.

## 발해를 배신한 거란과 국교 단절

고려가 성장하자 거란은 고려가 중국 왕조와 연합할 것을 우려해 고려와 관계 개선을 타진했다. 거란은 북방 만주 일대에 흩어져 살던 유목민족이었다. 그런데 907년 거란의 추장 중 야율아보기가 거란족을 통일하고 거란 황제의

고려를 둘러싼 거란, 여진의 지정학적 위치

자리에 오르면서 사정이 달라졌다. 야율아보기는 925년 발해를 치고 이듬해 정월 부여성을 함락시킴으로써 발해를 멸망시켰다.

고려는 태조 5년인 922년 거란과 처음으로 교류를 가진 이후 여러 차례 거란에 사신을 파견했다. 그러나 926년 거란이 발해를 멸망시키면서 고려의 거란 정책은 강경책으로 돌아섰다. 애초에 거란과 발해는 동맹국이었다. 거란이 약속을 깨고 발해를 친 배신 행위는 고려가 볼 때 용납하기가 어려웠다. 태조가 훈요 10조에서 거란을 '짐승 같은 족속'으로 묘사한 것은 그런 이유에서였다.

태조 25년인 942년 10월, 거란은 사신들과 함께 낙타 50필을 고려에 보냈다. 그러자 태조는 거란 사신 30명을 섬으로 유배하고 낙타는 만부교 아래 매어두어 굶어 죽게 했다. 도리를 모르는 거란과는 친선 관계를 맺을 수 없다면서 국교를 단절했다.

## 거란 vs 송 고려의 양다리 외교

거란의 군사력은 중국의 여러 왕조를 압도했다. 거란이 순식간에 동북아시아 질서를 주도하는 형국이 되었다. 당나라 이후 5대 10국 체제라는 중국 왕조의 분열기를 잘 활용한 것이었다. 그 가운데 후주를 계승한 송나라가 960년, 중국을 통일했다. 이에 중국에서는 송과 거란의 대결 구도가 형성되었다. 고려는 송과 거란 양강 체제의 균형추 역할을 맡았다.

고려의 선택에 따라 동북아시아의 정세가 바뀔 수 있었다. 거란의 군사력은 송을 압도하지 못했고 송 또한 거란을 힘으로 누르지 못하면서, 고려의 선택은 말 그대로 어느 한쪽 손을 들어주는 역할을 하게 되었다. 따라서 고려는 송과 거란에 대해 양다리 외교를 펴 실리를 확보하고자 했다.

거란은 고려가 자기들의 속국이 되기를 원했다. 송은 고려에 함께 거란을 치자고 제의했다. 이 낌새를 알아챈 거란은 고려와 송의 군사 협력 시도를 무력화하는 동시에 고려를 속국으로 만들려고 했다. 이후 3차에 걸쳐 고려 vs 거란의 큰 전쟁이 발생한다. 이에 대해선 뒤에서 자세히 살펴본다. 그사이에 고려와 송은 계속 군사 협력 관계를 추진했으나 근본적으로 서로의 이해관계가 달라 결실을 맺지 못했다.


## 북진과 고려 중심의 세계관

———

고려는 황제국이었다. 정확히 말하면 외왕내제外王內帝, 즉 안으로는 황제이자 천자국 체제인 한편, 밖으로는 국제 질서의 테두리 속에 존재하는 왕국을 표방했다. 고려를 일컬어 '해동 천자' '신성 황제' '용손이 다스리는 나라'라고 표현하는데, 이 모두가 고려는 황제국이며 고려가 세계의 중심이라는 분명한 세계관을 지녔음을 뜻했다.

고려는 문명 교화가 이루어진 군자의 나라로 중국에 견줄 수 있는 나라였다. 거란, 여진, 탐라, 일본 등 주변국에 비해 우월한 문명국이라는 뚜렷한 정체성이 있었다. 특히 여진, 탐라 등에 대해서는 고려의 울타리, 즉 번국藩國이라 보았다.

고려 중심 세계관을 토대로 한 고려의 북진 정책은 영토 확장 의식으로 나타난다. 고려는 압록강 서쪽, 즉 옛 고구려 땅을 되찾으려는 뜻이 있었는데 성종 때 거란과의 전쟁이 이를 잘 보여준다. 성종 12년인 993년, 거란의 1차 침입에서 소손녕과 담판을 하던 서희는 다음과 같이 이야기했다.

> "우리나라가 바로 고구려의 옛 땅에 있으므로 나라 이름을 고려라 부르고 평양을 국도로 정했다. 만일 국경 문제를 논한다면, 요의 동경도 모조리 우리 땅에 있게 되는데 어찌 우리가 침범했다고 말하는가? 게다가 압록강 안팎 또한 우리 땅이다."

## 3차에 걸친 고려 vs 거란 전쟁

북진을 통해 고구려의 옛 땅을 회복하고 문명을 교화하려는 고려의 의지는 거란의 공격이라는 큰 벽에 부닥쳤다. 성종 12년인 993년 거란은 발해의 유민들이 세운 정안국을 멸망시키고 소손녕 지휘 아래 고려를 침략했다. 명분은 고려가 거란 영토를 침식하고 있으며 고려 성종이 폭정을 일삼고 있어서 이를 바로잡기 위해서라는 것이었다. 이른바 고려 vs 거란의 1차 전쟁이었다.

거란의 공세에 속수무책이 되자 고려에서는 한때 평양 이북 땅을 떼주고 항복하자는 할지항복론이 등장하기도 했다. 그러나 서희는 거란의 진짜 속내를 파악하는 것이 중요하다며 소손녕과의 담판을 선택했다. 담판 결과, 거란은 전쟁보다는 고려가 송과 단절하기를 더 바라고 있었다. 이에 고려는 거란과 사대 관계를 맺는 데 동의하고 그 대가로 거란으로부터 강동 6주에 대한 지배권을 받는 실리를 택한다. 이로써 고려의 영토가 압록강까지 이르게 되었다. 당시 서희와 소손녕의 외교 담판을 역사상 가장 성공한 담판으로 꼽는 이유다. 이때의 합의로 고려는 송과 외교를 단절하고 거란에 사대할 것을 약속했다.

제2차 전쟁은 1009년 강조의 정변이 빌미가 되었다. 당시 고려 왕실은 목종을 대신해 모후인 천추태후가 섭정을 하고 있었다. 천추태후는 불륜 관계인 김치양을 불러들이고 둘 사이에서 낳은 아들을 왕으로 옹립하려는 음모를 꾸몄다. 이에 강조는 천추태후 세력을 제거하는 한편, 목종을 폐위하고 대량원군을 왕으로 추대했다.

이에 거란은 강조의 죄를 묻는다는 구실로 1010년 고려를 침략했다. 그러나 속셈은 따로 있었다. 고려가 송과 외교 관계를 재개하면서 송에 거란을 견제해줄 것을 요청한 것이 밝혀진 데다, 목종이 동북쪽 국경에 성을 쌓으면서 여진을 위협한 일이 알려진 것이다. "동으로는 여진을 제압하고 서로는 송과 왕래하니 이는 무엇을 의도하는 것인가?"라며 거란은 고려에 죄를 물었다.

결국, 거란은 강조를 죽임으로써 고려를 침략한 명분은 달성했으나 공격을 멈추지 않았다. 거란은 수도 개경을 함락했다. 그러나 고려는 항복하지 않았다. 현종은 나주까지 피난하면서 끝까지 항거했다. 흥화진을 지키던 양규도 계속해서 거란군을 크게 무찔렀다. 이에 거란은 한발 물러났다. 자칫하면 퇴각로가 막힐 수도 있는 상황이었다. 이에 거란의 성종은 현종이 직접 거란 조정에 들어와 사죄해야 한다는 것을 조건으로 퇴각했다. 이때 거란은 하공진 등 고려의 대신들을 거란에 인질로 끌고 가서 죽였고, 서희의 담판 때 고려가 얻어낸 강동 6주도 반환해줄 것을 요구했다.

제3차 고려 vs 거란전은 1018년 발생했다. 현종이 거란 조정에 들어와 사죄하라는 요구에 응하지 않았을뿐더러, 강동 6주도 반환하지 않았기 때문이었다. 하지만 그것은 표면적인 구실에 불과했고, 실은 고려가 송과 다시 교류를 가짐으로써 거란이 큰 위협을 느꼈기 때문이었다.

거란 성종은 1018년 12월에 소배압에게 10만 대군을 내주고는 고려를 치도록 했다. 그러나 고려는 그동안의 고려가 아니었다. 강감찬과 강민첨이 이끄는 강력한 군대가 거란군을 차례로 무찔렀다. 퇴각하던 거란군을 귀주에서 섬멸한 전투가 바로 1019년의 귀주대첩이었다. 결국 고려와 거란은 서로 한발씩 물러나는 평화조약을 맺었다. 고려는 조공과 책봉 관계를 회복하자는 거란의 요구를 받아들이고 거란의 보주 점령을 묵인하는 대신, 강동 6주는 반환하지 않았다.

## 고려의 실리 외교

이후 고려의 국제적 위상은 높아졌다. 송과 거란 사이에서 고려는 거란을 우선하는 외교 정책을 수립했지만, 송을 완전히 배제하지도 않았다. 11대 국왕인 문종은 송으로부터 자신의 병을 고치는 의원과 약재를 받아들였다. 문종의 넷째 아들 대각국사 의천은 비밀리에 송나라에 들어가 불교를 연구했다. 의천은 불전과 경서 1천 권을 가지고 돌아왔으며, 이후 송과 요에서 4천 권을 사들이기도 했다. 13대 선종은 송 황제가 찾는 도서 목록을 이자의로부터 받아 서적을 보내줘 문화 교류를 행했다. 15대 숙종 때 고려에 왔던 사신 손목은 고려의 방언을 기록한 《계림유사鷄林類事》를 지었으며, 17대 인종 때 사신 서긍은 송으로 돌아가 《고려도경高麗圖經》이라는 보고서를 집필하기도 했다.

요컨대 고려는 거란에 대해서는 힘의 우위를 인정하며 조공 관계를 유지해 평화를 지킨 한편, 송에 대해서는 선진 문물을 받아들이는 문화 외교에 초점을 두었다. 이를 두고 숙종은 "북쪽으로는 대요와 교린하고 남쪽으로는 대송에 사대했다."라고 했다. 거란은 고려에 횡선사라는 사신을 정기적으로 보내 선물을 주었고, 고려국왕의 생신에는 축하사를 보내기도 했다. 송에서도 거란 몰래 고려에 사신을 보내 고려와 관계를 유지했고, 어려울 때는 상선을 통해 연락을 취했다. 이처럼 고려와 송 양국 사이에는 다양한 예물 교환과 인적 교류가 이어졌다.

## 여진의 급부상, 별무반의 활약
————

11세기 말~12세기 초에 이르러 동북아시아 질서가 크게 흔들렸다. 그동안 고려에서 야만 취급을 받던 여진 세력이 크게 확장했기 때문이었다.

여진은 고구려 때 말갈이라 불리던 종족으로 발해 멸망 뒤 여진이라 불렸다. 고려를 '부모의 나라'로 부를 정도로 고려로부터 많은 도움을 받고 살았다. 고려 문종 때는 많은 여진족이 고려에 귀화해 성과 이름, 지위 등을 받았다. 예를 들어, 여진 사람 고도화는 귀화해 문종으로부터 '변경을 지키는 사람'이라는 뜻의 손보새라는 이름과 "고려의 교화에 사모하는 마음을 가진다."는 의미의 회화대장군이라는 직책을 하사받았다.

그러던 여진족이 15대 숙종 재위(1095~1105년) 시절, 고려를 공격했다. 북만주 하얼빈 지방의 완안부에서 우야소가 여진의 추장들을 통합한 직후의 일이었다. 몇 차례 이들을 진압하려다 실패한 고려는 숙종 때 윤관의 건의에 따라 별무반이라는 특수 부대를 만들었다.

별무반은 대원수 윤관과 부원수 오연총을 필두로 기병에 해당하는 신기군,

보병에 해당하는 신보군, 승려 병사에 해당하는 항마군 및 도탕, 경궁, 정노, 발화군 등으로 구성되었다. 대원수 윤관과 부원수 오연총을 필두로 한 여진 정벌군 17만 병력은 예종 2년인 1107년, 여진족을 토벌하고 의주에서 공험진에 이르기까지 동북 9성을 설치했다.

예종 4년인 1109년 6월, 여진은 예종에게 사신을 보내 다음과 같이 맹세하며 동북 9성을 돌려달라고 청했다.

> "지난날 우리의 태사 영가(盈歌)는 우리 조상이 큰 나라, 즉 고려에서 출생했으니 의리상 자손 대대로 고려에 종속돼야 한다고 말한 적이 있고, 지금의 태사 우야소도 고려를 부모의 나라로 생각하고 있습니다. (중략) 지난해에는 뜻밖에 대규모의 병력을 우리 경내에 들어보내 늙은이와 어린이를 죽이고 아홉 개 성을 설치함으로써 유리 분산된 백성들이 의지할 곳이 없게 되었습니다. 그러므로 태사가 우리를 시켜 옛 땅을 돌려주실 것을 청하게 한 것이오니, 만일 아홉 개 성을 돌려주어 백성들의 생활을 안착시키신다면 우리는 하늘을 두고 맹세하건대 대대손손 정성을 다해 고려에 공물을 바칠 것이요, 감히 기와 조각 한 장도 국경에 던지지 않겠습니다."

고려는 여진이 올린 이런 맹세문에다가 여진족 수비의 어려움, 거란족 방비의 어려움을 고려해 같은 해 7월 동북 9성을 돌려주는 결정을 내렸다. 이때 여진의 추장이 함주 성문 밖에 제단을 차려놓고 고려에 대해 맹세문을 올렸다. 맹세문 내용은 다음과 같았다.

> "지금부터 자손 대대로 악한 마음을 품지 않고 해마다 조공을 바칠 것입

니다. 만약 이 맹세를 어기면 우리 땅은 망해 없어질 것입니다."

## 여진-거란 사이의 균형

여진의 이 같은 맹세는 지켜지지 않았다. 우야소의 뒤를 이어 여진의 태사가 된 그의 동생 아구타는 고려를 침범하지 않는다는 약속을 하면서도 뒤에서 몰래 세력을 키웠다. 아구타는 1115년 나라를 세우고 나라 이름을 금이라 했다.

아구타가 금을 세우자 위협을 느낀 거란은 고려에 군사 협력을 요구했다. 고려-거란 연합군이 금을 치자는 것이었다. 고려는 승산 없는 싸움이라고 판단하고 그 요청에 응하지 않았다. 송은 인면수심의 여진을 믿다간 오히려 침략을 당할 수도 있다는 고려의 경고를 무시하고, 여진과 힘을 합해 거란을 공격했다. 송의 지원을 받은 여진은 더욱 강성해졌고, 거란은 멸망 직전에 이르렀다. 여진과의 직접 충돌을 피한 고려는 이때를 이용해 거란이 차지했던 보주(훗날 의주로 이름이 바뀜)를 되찾고 의주성을 축성해 방비를 강화했다.

고려의 우려대로 송은 금(여진)에 의해 북쪽을 빼앗기고 남쪽으로 옮겨 1127년(고려 인종 5년) 남송을 세웠다. 남송은 금에 포로로 잡힌 두 황제 휘종과 흠종의 구출 작전을 위해, 인종 6년인 1128년에 고려에 길을 빌려달라고 청했다. 고려는 금의 군사력을 우려해 이 요청을 거절했다.

## 은혜를 저버린 여진

고려와 금은 처음에는 수평적인 국가 관계인 국신國信 관계에 동의했다. 그러나 아구타는 곧이어 고려에 사신을 보내면서 "대금국 황제가 고려 황제에게 글을 부친다."라면서 은근슬쩍 국신 관계를 형제 관계로 바꾸었다. 금과 충돌하지 않고 보주를 탈환한 데 만족한 고려는 금과 형제 관계가 되는 데 흔쾌히 동의했다.

금은 1119년 2월, 요동 정벌을 알리면서 "고려국왕에게"라며 고려의 지위를 다시 낮췄다. 그 무렵 고려는 금에 사신을 보내면서 "하물며 금의 근원이 우리 땅에서 시작되었음에랴."라는 문구를 넣었는데, 이게 금을 자극했다.

인종 초반기에 고려는 내분을 겪고 있었다. 인종의 외조부인 이자겸이 척준경과 손을 잡고 정권을 틀어쥐고 인종을 위협했다. 이자겸 세력은 자신의 정권을 유지하는 게 다급했으므로, 외부와의 충돌은 가급적 피했다.

그러던 차에 인종 4년인 1126년, 금은 송의 수도를 공격하기에 앞서, 후방의 위험 요소를 없애려고 고려에 사신을 파견했다. 이때 금은 고려에 금의 신하가 되어 금을 섬기라고 요구했다. 인종과 많은 신료는 금에 대한 사대는 있을 수 없다고 선을 그었지만, 이자겸과 척준경은 다음과 같은 명분을 내세워 사대를 주장했다.

"작은 나라가 큰 나라를 섬기는 것은 옛날 제왕이 취한 도리이니 우선 사신을 보내 예방해야 합니다."

인종은 그해 4월, 금에 대한 칭신사대를 결정하고 금에 사신을 보냈다. 이로써 고려는 금과의 무력 충돌을 피했다. 국가적 자존감을 낮추더라도 전쟁을 피하고 국가 안정을 취하는 것이 중요하다고 보았다. 물론, 현실을 고려한 불가피한 선택이었지만, 금과 군신 관계를 맺은 데는 이자겸 세력을 중심으로 하는 문벌 귀족 사회의 이기심이 크게 작용했다.

앞서 예종 때 고려가 금에 동북 9성을 돌려준 사건은 아이러니하게도 금을 부흥시킨 결정적인 도움이 되었다. 당시 여진은 고려를 대대손손 침범하지 않겠노라 맹세했지만, 고작 20년 만에 맹세를 깨고 오히려 고려에 군신 관계를 요구하는 뻔뻔함을 보였다.

1127년부터 고려는 금의 황제 생일을 공식적으로 축하했고, 1129년 11월부터는 신년 하례 사신을 보냈다. 그달에 고려는 사신을 보내 금에 군신의 의리를 다하고 제후의 직책에 충실하겠다는 맹세문을 올렸다. 금은 이 맹세문을 끝으로 고려에 대한 정리를 마무리했다. 1142년 5월부터는 고려국왕을 금이 책봉했고, 7월부터는 금의 연호인 황통皇統을 사용했다.

## 반금 운동과 묘청

그 무렵 고려에서는 금을 반대하는 움직임이 나타났다. 대표적인 인물이 묘청이었다. 승려였던 묘청은 인종에게 수도를 서경으로 옮겨야 한다는 서경 천도론을 주장하는 한편, 금을 정벌해야 한다고 제안했다. 이 주장은 금나라의 공격을 심히 걱정했던 김부식 등의 개경파 귀족들에 의해 막혔다. 그러자 1135년 묘청은 서경에서 반란을 일으켜 '대위大爲'라는 국호로 나라를 세웠다. 이른바 '묘청의 난(1135~1136년)'이었다. 대위국은 김부식이 지휘하는 진압군에 의해 1년 만에 몰락했다.

만약, 당시 묘청의 주장이 먹혔다면 고려와 금은 어떤 관계로 설정되었을까? 역사에 '만약'이라는 말이 아쉬움의 토로 외에 다른 의미가 있다면 말이다.

이후 금이 고려의 국왕 교체에 불간섭 입장을 견지하면서 양국의 군신 관계는 1213년까지 지속되었다. 앞서 금은 송과 연합해 거란을 무너뜨린 바 있었는데, 이와 비슷하지만 조금 다른 양상으로 송과 결합한 몽골이 1234년 금을 멸망시킨다. 이 일로 고려도 몽골과의 전쟁에 휩싸여 큰 혼란을 겪는다.

# 유불 병존의 치국과 수신의
# 도로 통치 질서를 세우다

## 모든 신의 가호를 받는 고려

태조는 고려가 다원주의 사회가 되길 바랐다. 편향된 원리를 따르지 않았고, 오직 왕실과 백성을 위해 유교, 불교, 도교, 전통 신앙 등을 적절하게 활용했다. 유교 사상을 정치 철학으로 받아들이는 한편, 불교의 역할도 인정했다. 신라 때 중시했던 팔관회와 연등회를 유지했고 고려가 여러 부처의 가호를 받는 나라임을 보여주고자 풍수도참을 이용해 사찰을 운영했다. 도교의 초제를 지냄으로써 왕실과 나라의 안녕을 빌기도 했다.

이후 고려에서는 그 정신을 계승해 존재하는 모든 신격으로부터 왕실과 국가에 대한 가호를 기도했다. 경사로운 일, 슬픈 일, 축하해야 할 일, 군대와 관련된 일, 외국 사신을 맞이하는 일, 천하에 사면을 반포하고 잔치를 베푸는 일, 환과고독 및 노인을 보살피는 일, 일식과 월식을 물리치는 일, 산천신을 모시는 일 등에 관해 의례도 갖췄다. 비록 《고려사》 '예지'에 그 모든 기록이 남아 있지는 않으나 '잡사'에 기록된 도교 관련 초제, 도교 제사 관련된 일화, 그리고 가례잡의로 기록된 중동팔관회의, 상원연등회의 등은 고려의 다원성을 말해주기에 부족함이 없다.

## 유교 지식인의 등용과 유교 정치

최승우, 최언위, 최치원은 신라 말의 천하 인재로, 유학과 문장에 뛰어난 이들을 사람들은 신라삼최라 했다. 한편, 한림 최응, 은사 박유, 최지몽 등은 모두 지방 출신으로 유학에 뛰어났다. 최승우와 최치원을 제외하고 이들은 대부분 태조 왕건에게 협조했다. 최응은 왕건이 궁예로부터 의심받아 죽을 위기에 처하자 그를 도왔고 그의 정치사상에도 많은 영향을 주었다. 태조가 음양 부도(불교)에 뜻을 두고 있자, 최응은 그에게 불교나 음양에 의지하기보다는 문덕을 닦아 교화해야 한다고 아뢰었다. 최응은 태조의 부탁에 따라 통일을 위한 불교 발원문을 쓰기는 했으나, 정치사상으로 유교를 지향했다.

태조는 자신의 즉위가 천명에 따르는 것임을 강조하고 유교적 애민과 덕치, 겸양, 중폐비사의 자세를 갖추었다. 태조는 몸소 자신보다 나이가 많은 이를 우대하는 모범을 보였다. 신라 재암성 장군으로 있다가 귀부한 최선필과 태조의 경쟁자였던 후백제 견훤을 상보尙父라 높여 지극한 양로를 실천했다. 유교 정치에서 양로는 성군의 중요한 덕목이었다. 태조는 애민을 위해 백성이 생업에 편안히 종사할 수 있도록 요역과 조세를 낮췄다. 신료에게는 덕을 닦도록 하면서 예의와 염치, 중용과 공정, 애민을 기르도록 장려했다. 이를 위해 태조는 친히 《정계》 1권과 《계백료서》를 지어 반포한 바 있다. 군주도 정치에 균형과 근면함을 갖춰야 함을 강조하는 동시에, 몸소 아첨하는 이들을 멀리하고 상벌을 공정히 함으로써《서경》'무일편'을 실천하고자 했다.

## 유학 발전의 계기가 된 과거제

고려 광종 때는 좀 더 의미 있는 시도가 이루어졌는데, 바로 과거 제도의 시행이었다. 광종 9년 5월 실시된 과거시험은 시, 부, 송 및 시무책 등을 보는 진사과였는데, 말하자면 문과였다. 훗날에는 법률, 의학, 천문, 지리 등 기술 과목을 보는 명경과도 추가된다. 이때 과거시험을 관장하던 '지공거'라는 직책에 얽힌 흥미로운 이야기가 있다.

지공거는 요샛말로 하면, 수능시험의 최종 책임자인 교육부 장관쯤 될 것이다. 광종 때 처음 실시한 과거시험의 지공거가 중국에서 귀화한 쌍기였다는 사실은 지금의 시각으로 보면 다소 놀라울 수 있다. 그는 광종에게 과거 제도를 제안한 사람이기도 했다. 쌍기보다 지공거를 더 오래 역임한 사람은 왕융이었다. 왕융 역시 중국 오월국에서 귀화한 인물로, 광종 17년부터 성종에 이르기까지 11차례나 지공거를 역임했다. 고려 사람으로는 983년(성종 2년) 12월 이몽유가 처음으로 지공거가 되었다. 백사유, 최섬, 유방헌 등도 왕융과 번갈아가며 지공거를 역임했다.

고려 시대 진사과(제술업) 급제자 수는 처음에는 2명부터 시작해 몇명 되지 않았다. 문종 이후에야 매회 30명 전후로 늘어났다. 명경과(명경업)의 경우는 이보다 훨씬 적어 평균 3~4명에 불과했다. 고려 시대 전체를 통틀어 진사과 급제자 수는 6,700명, 명경과의 경우는 449명이었다.

같은 해에 과거에 급제한 이들은 서로를 동년이라 했다. 장원급제자는 동년의 우두머리가 되어 동년회를 열어 친목을 도모했고, 장원급제자끼리는 용두회를 조직하기도 했다. 고시관인 지공거와 동지공거를 학사, 좌주 혹은 은문이라 부르고, 급제자들을 문생이라 불렀다. 이들은 좌주문생이 되어 정치적 후원 관계를 형성했다. 고려에서는 이로 인해 소위 명문 가문이 등장했고, 문벌이 형성돼 문제를 일으키기도 했다.

## 최승로가 밝힌 고려의 이상 정치

이상 국가를 향한 태조의 정치 철학을 누구보다 잘 이해한 사람을 꼽으라면, 바로 최승로일 것이다. 신라 6두품 집안 출신 최승로는 소년기에 그 영특함으로 태조를 깜짝 놀라게 하고는 인재로 발탁되어 경종까지 5대를 섬겼다. 태조의 사상을 후손들에게 전하는 가교 역할을 하는 데 최승로는 적임자였다.

최승로는 6대 왕 성종 원년인 982년에 국왕의 명에 따라 상서문을 올렸다. 태조부터 경종까지 국왕의 치적을 평가한 '오조정적평'과 개혁 정책을 담은 '시무 28조'가 그것이었다. 시무 28조는 현재 22조까지만 전한다.

최승로는 태조와 광종 초반기를 인정과 덕치가 실천된 이상 국가로 보았다. 그가 보는 이상 정치는 다음과 같았다.

- 국왕이 국제 관계에서 국가 대 국가, 군주 대 군주로서 예의를 다한다.
- 국왕이 몸소 절약, 겸양, 도덕을 실천하고 인재를 아끼며 상벌을 공정히 한다.

- 유교와 불교를 각각 치국과 수신의 도로 이해해 정치와 종교를 분리한다.
- 사회 문제가 발생하면 지방관을 파견한다.
- 노비는 줄이고 공신 자손들을 우대한다.
- 국방을 튼튼히 하고 백성의 이익을 우선시한다.
- 덕을 닦아 천명을 수행한다.

최승로는 시무 28조를 통해, 국왕은 국방을 튼튼히 하고 민본에 힘쓰며 덕을 닦아 천명 수행에 매진해야 함을 밝혔다. 불교를 부정하지 않고 수신의 도로 인정하는 한편, 치국을 위해서는 유교의 도가 중요함을 제시하기도 했다.

## 왕실의 권위, 천지신명에 대한 감사

931년(태조 14년) 2월, 금성을 방문한 태조는 경순왕과 상견의 예를 행했다. 비록 망해가던 신라였지만 태조는 의례로서 신라를 존중하면서 배우는 자세를 취했고 왕실과 귀족에게 상당한 예물을 주어 호감을 샀다. 여기서 태조는 국가 의례라는 것이 왕실을 중심으로 한 국가 질서에 어떤 영향을 주는지를 깊이 생각했다. 이때를 사람의 마음과 자세에 대해 살펴보는 기회로 삼기도 했다.

태조는 국가적으로 다양한 의례를 거행했다. 팔관회, 연등회, 태조의 즉위식을 비롯해 호족 세력의 항복 및 귀부, 발해 백성의 투항, 견훤의 백기 투항 및 신검의 항복, 경순왕과 신라의 귀의, 왕실 조상 추존, 공신 추모, 태자 책봉이 있을 때마다 국가 통합을 위한 행사를 치렀다. 태조 때는 이를 국가 의례로까지 정비하지 못했지만, 성종 대에 이르러서는 정기적인 국가 의례가 갖추어졌다. 하늘에 제사하는 원구의, 곡식의 신에게 제사하는 선농적전의, 국왕 생신일인 절일에 신료의 조하를 받는 절일하의 등이 제정되었고 태묘와 사직의도 정비되었다. 현종 대에는 왕실 사당이라 할 경령전과 성용전이 만들어졌고, 땅의 신에 대한 방택의도 행해졌다.

이어서는 왕릉에 대한 제사, 천하에 사면령을 내리는 대사의, 크게 잔치를 베푸는 대연의, 왕후와 태자 등에 대한 책봉의, 군대 출정 및 귀환과 관련된 견장출정의, 사신을 맞이하는 의례 등도 제정되었다. 이런 의례는 외왕내제라는 체제에 걸맞게 고려의 정체성을 반영했고, 임금을 임금답게 신하를 신하답게 하는 힘이 있었다. 한국 역사 속에서 고려의 국왕이 신성화된 데는 그런 의례의 힘이 작용했다고 본다. 이후 고려 시대와 조선 건국 후에 진행된 의례는 《고금상정례》가 참조되었다.

## 고려 시대 학교와 학문

성리학 수용 이전 고려 사회에서는 5경(주역, 상서, 예기, 춘추, 시경)이나 6경(오경 + 주례 혹은 악경), 혹은 9경(6경 + 효경, 논어, 맹자) 등 경전 공부가 중심이었다. 특히 《효경》과 《논어》는 신라에 이어 반드시 배워야 하는 필수 과목이었다. 이는 관학이든 사학이든 크게 다르지 않았다.

유학 교육을 위한 관학 설치는 성종 대에 본격화되었다. 성종 6년(987년)에는 12목에 경학박사와 의학박사를 각 1명씩 내려보내 지방 교육에 힘쓰기 시작했다. 인종 5년(1127년)에는 각 주에 향학을 세웠다. 중앙에는 성종 11년

(992년) 국자감을 세웠고, 여기에 공자와 72제자를 모시고 제향하는 문묘, 학업 공간인 학사, 일종의 장학재단인 양현고를 두었다.

사학의 경우, 해동공자 최충이 처음 '구재九齋'라는 학당을 열어 시작했다. 학생들을 9개의 반으로 나눴다고 해서 '구재'학당 또는 문헌공도라 했다. 문헌공도가 흥성하자 이를 본받아 사학 12공도가 형성되었다. 사학의 융성으로 관학이 퇴보하자 예종 4년(1109년), 국학에 7재를 두어 일종의 문무 전문 강좌를 운영했다. 국왕이 신하들과 함께 경전을 공부하고 이를 통해 시무를 의논하는 경연도 열렸다. 경연은 예종 및 인종 대에 가장 모범적으로 행해졌다.

고려의 학문은 국가 경영과 통치를 위한 경세학 중심의 유학 위주였다. 한편으로는 당송의 영향을 받아 깨달음을 표현하는 문장 저술의 가치도 매우 높게 평가했다. 어느 한쪽에 치우치지 않고 이 두 가지를 두루두루 잘하는 것을 고려 시대는 이상적인 배움의 경지로 여겼다.


## 성리학 수용으로 바뀐 것

———

원나라에서 주자성리학이 관학화되자 고려에서도 그 철학적 이해에 대한 관심이 커졌다. 더불어 과거제 운영을 위해 주자성리학을 수용하고자 했다. 안향은 충렬왕을 따라 원에 가서 주자서를 직접 필사하고 공자와 주자의 화상을 그림으로써 주자성리학을 접했다. 충선왕은 원나라 연경에서 만권당(일종의 학술연구소)을 세워 운영하면서 이제현 같은 고려의 학자를 불러 원의 유명한 학자들과 연구 및 토론하게 했다. 이곡과 이색 부자는 원의 과거에 대를 이어 급제하기도 했다.

고려 후기에는 성리학을 위주로, 몸과 마음을 바르게 하는 거경의 내적 수양법과 사물의 이치를 연구해 지식을 쌓아 천하 만물을 살피는 궁리의 외적 수양법을 익혔다. 허식 없이 마음을 바르게 하고, 뜻을 정성스럽게 한다는 정심성의의 수신을 강조했고, 이를 바탕으로 정치 윤리와 국가 통치 방법을 강조했다. 그것이 사서 육경의 공부였다. 한편 이를 생활에서도 실천하는 《소학》과 《주자가례》 수용은 고려의 전통 풍속 등에 있어 큰 변화를 예고했다.

성리학 연구가 깊어지면서 유불 병존의 원리가 무너졌다. 공교롭게도 당시 불교계는 일부 퇴폐했고, 일부는 현실 세계와 거리가 있었다. 신돈으로 대표된 정치 승려들의 무절제한 태도가 비판의 대상이 되었다. 백성이라면 당연히 가졌던 군역, 요역, 조세의 의무와 결혼 생활에서 승려는 열외자였다. 성리학자들은 효를 바탕으로 한 가족 윤리와 도덕, 의리를 바탕으로 한 충, 경세를 위한 현실 참여를 중시했는데, 이들이 볼 때 불교는 이를 해칠 뿐 유익하지 않았다. 이는 이른바 '배불, 척불'이라는 불교 배척으로까지 이어졌다.

## 고려를 관통한 태조의 불교관

───────

고려 태조는 후삼국을 통일하면서 민심을 모으고 왕실과 국가의 안녕을 최우선 과제로 삼았다. 불교는 여기에 최선의 도구였다. 태조도 불교를 개인 신앙으로 받아들였고 해인사의 희랑 스님이 태조의 개인 승려로 활동했다.

태조는 불교가 지닌 사회적 단점보다는 장점을 수용하겠다는 의지가 컸다. 그러면서도 무분별한 사찰 건립과 승려의 정치 참여는 경계했다. 태조에게 불교는 개인의 신앙을 넘어 민심을 수습하고 왕실과 국가를 지키는 호국적 성격이 짙었다. 태조의 이런 이해가 사찰, 승려, 불경, 불교 의례 등 불교에 대한 기준이 되었다. 최승로의 시무 28조에 잘 나타나듯 고려는 태조의 뜻에 따라 유교를 치국의 수단으로, 불교를 수신의 도로 이해함으로써 정치와 종교를 분리하려는 기조를 유지했다.

신라 하대의 불교계에는 세 가지 큰 변화가 있었다. 첫째 선종의 대두, 둘째는 불교의 민간신앙화, 셋째 풍수지리와 도참사상을 접목한 불교의 유행이었다. 첫째, 선종이란 교종에 대립되는 말로 경전의 가르침보다는 깨달음과 수행을 중요시하는 불교의 한 흐름을 말한다. 이때 완성된 선종의 아홉 가지 선문이 구산선문이라는 이름으로 남아 있다.

다음으로 불교의 민간신앙화는 백성들의 피폐한 삶과 연결된다. 신라 하대에서 후삼국의 혼란기에 백성들은 잦은 전쟁과 가뭄 등의 자연재해, 관료들의 수탈로 삶이 매우 궁핍했다. 구원을 바라던 이들에게 불교는 극락왕생의 소망과 함께 위로를 주었다. 미륵을 믿어 현세의 어려움을 벗어나고자 하는 미륵신앙이 대표적이었다. 궁예가 미륵불을 자처하며 관심법을 썼던 것도 그런 선상에서 이해할 수 있다.

끝으로 불교에 풍수지리와 도참사상을 접목하는 흐름이 있었는데, 고려 태조가 받아들인 불교는 여기에 가장 가깝다. 신라가 경주를 불국토로 조성하려 했던 것처럼, 태조도 불교 교리를 숭배했다기보다는 불교를 이용해 고려를 극락세계로 만들려는 꿈이 컸던 것 같다. 태조는 즉위 이듬해인 919년에 도읍을 철원에서 송악(개경)으로 옮길 때, 그해 3월 법왕사와 왕륜사 등 10개 사찰을 도성 안에 창건할 때 모두 풍수와 도참을 따랐다.

사찰 관련 행사도 불교 자체의 숭상보다는 왕실과 국가의 복을 위한 것이었다. 팔관회와 연등회에 대한 태조의 정의를 보면 그가 불교를 어떻게 이해했는지 짐작할 수 있다.

> "연등회는 부처를 섬기는 것이고 팔관회는 천령(天靈) 및 오악(伍嶽), 명산
> (名山), 대천(大川), 용신(龍神)을 섬기는 것이다."
>
> - '훈요10조' 중 제6조

## 숭불정책과 민간신앙의 유행
————

광종 9년인 958년에 과거 제도가 시행되면서 승과도 실시했다. 승과란 승려
를 국가에서 선발하는 시험 제도를 말한다. 과거 제도가 관리의 등용문이었
다면, 승과 제도는 법계에 따라 선사, 대선사, 왕사, 국사로 승진하는 발판이
되었다. 왕사와 국사는 국왕의 자문 역할을 수행했다. 중앙에는 승록사라는
관청이 있어서 불교에 관한 사무를 맡아보았다.

왕실과 귀족, 승려, 민간 등 모든 계층이 불제자로 하나가 되는 국가 행사가
있었다. 《인왕경仁王經》《금광명경金光明經》《반야경般若經》 같은 불경을 강의하거
나 국가적 위기 때 불법을 설파하는 별도의 자리를 마련하기도 했다. 그중 눈
길을 끄는 것은 '경행經行'이라는 의례였다. 경행이란 예를 들어,《반야경》 같은
불경을 들것에 담아 메고는 시가지를 순회하며 그 불경을 암송하는 행사였다.
정종 12년인 1046년 처음 행해진 '가구경행'은 백성들을 축복하는 목적이었
다고 한다.

연등회와 팔관회는 고려의 가장 중요한 국가적 행사였다. 팔관회는 불교의
계율 수행, 위령제, 천령과 용신 등을 섬기는 전통 신앙, 용조인 태조를 섬기는

태조 신앙, 고구려의 동맹 계승, 추수감사제, 동지 계절제, 신라 화랑도 관련 축제 등의 모습을 반영했다. 개경의 경우 매년 음력 11월 보름 무렵인 중동 때 열렸다고 해서 중동팔관회라고도 한다. 팔관회의 경비를 조달하기 위한 재단인 팔관보도 있었다.

팔관회는 서경과 개경에서 열렸는데 서경 궁궐에서는 10월에 열렸다. 개경에서는 11월에 행했으며, 현재 만월대라 불리는 궁과 구정에서 열렸고, 이때 국왕은 법왕사에서 향불을 올렸다. 팔관회는 태조를 섬기는 행사의 성격이 강했던 만큼 고려의 국가 의례 중 가장 성대했다.

연등회는 불교에서의 연등 공양을 위한 것이었다. 이를 상원연등회라 했다. 보통은 정월 보름에 열렸지만 왕의 상황에 따라 2월에 행하기도 했다. 상원연등회는 전국적인 규모로 개최됐는데 개경에서는 주로 궁궐 강안전과 태조의 진전사찰인 봉은사 두 곳에서 행했다. 연등회를 주관하는 연등도감이 설치되었고, 관리들에게는 사흘간 휴가가 내려졌다. 이외에도 불교 의례는 매우 다양했는데 대체로 80여 종이 있었다. 《고려사》에서만 불교 행사가 1천 회 정도 기록되었다.

그 밖에도 불교는 다양한 민간신앙의 형태로 유행했다. 관세음보살을 믿는 관음 신앙, 특정 보살이 특정 지역에 상주한다는 보살 상주 신앙, 아미타불을 믿는 정토 신앙, 지장보살을 믿는 지장 신앙, 나한을 믿는 나한 신앙 등이 그것이었다. 미래에 미륵불의 세계에서 태어날 것을 기원하며 향나무를 묻는 의식도 있었다. 이를 '매향埋香'이라 했는데 현세의 고통을 벗어나 극락왕생해 살고자 하는 백성들의 열망이 담긴 의식이었다.

지역을 거점으로 결성된 불교 신앙 단체를 향도라 했는데 간혹 사이비 향도도 있었던 듯하다. 대표적인 것이 만불향도였는데 표면적으로는 염불과 독경을 주로 하는 것으로 나타났지만, 실제로는 혹세무민하면서 술과 파를 팔고 법도를 어지럽혀 문제를 일으켰다. 파는 불교에서 금하는 오신채 중 하나였다. 술도 그렇지만 절에서 파를 재배하거나 매매하는 것은 불교를 어지럽히는 일로 간주되었다. 인종 6년인 1131년에 그 폐단이 지적되어 단속하고 금지하도록 했다는 기록이 있다.

## 대장경 제작과 위대한 고승들

왕실은 불경의 조판과 필사를 적극적으로 지원했는데, 대표적인 것이 '대장경' 제작이었다. 대장경이란 불교의 경장, 율장, 논장 등 모든 경전을 집대성한 것으로, 다양한 버전이 존재한다. 대장경의 수집과 판각은 소위 불교 선진국임을 증명하는 것으로 고려 초부터 주목되었다. 고려는 송과 거란 등과 교류하면서 대장경 제작에 나섰다.

고려 때 외침을 막기 위해 제작한 대장경을 '고려대장경'이라 하며 고려대장경은 대장경 2회, 속대장경 1회 총 3회에 걸쳐 제작되었다. 그중 첫 번째는 현종 때부터 선종에 걸쳐 조판이 완성된 대장경이었다. 현종은 거란의 침공으로 피난하는 상황에 이르자 송나라의 대장경을 가져와 간행하고자 했다. 1029년에는 대장경을 신앙의 대상으로 삼아 공양하는 의식인 장경도량을 개최했다. 그 과정을 거쳐 장장 77년에 걸쳐 선종 4년인 1087년에 초조대장경이 완성되었다.

두 번째는 흥왕사의 주지였던 대각국사 의천(문종의 아들)이 간행해 숙종 7년인 1102년에 완성된 《고려속장경高麗續藏經》이다. 《고려속장경》은 부처님 말씀인 대장경과는 조금 다른 '교장'에 해당한다. 교장이란 대장경에 대한 여러 교파의 해석과 주석을 정리한 것을 말했다. 의천은 이를 송나라, 요나라, 일본에서 수집했고 정성을 다해 방대한 불서 및 불경을 목판에 새겼다.

끝으로 몽골 침입 때인 1251년(고종 38년) 완성된 《팔만대장경》이다. 고종 18년인 1231년 몽골 침공이 시작되면서 대구 부인사에 보관했던 대장경이 소실되었다. 이에 대장도감을 설치하고 대장경을 다시 제작하게 되었는데 여기에는 모두 1,496종에 이르는 6,568권의 불경이 포함되었다. 대장경판의 매수가 8만여 개에 달한다고 하여 '팔만대장경'이라는 이름이 붙었다.

고려는 덕망 있는 고승도 많이 배출했다. 첫 번째 승려는 균여다. 균여는 화엄종의 양대산맥인 북악파와 남악파 통합을 위해 노력했다. 그의 화엄 사상은 성상융회性相融會를 특징으로 하는데, 성상융회란 공空에 해당하는 성性과 색色을 의미하는 상相을 원만하게 융합시키는 이론이다. 균여의 대표적인 업적으로 꼽히는 것은 '보현십원가'라는 향가 제작이다. 보현십원가는 불교 교리를 향가로 쉽게 풀어서 불교 대중화에 이바지했다는 평가를 받는다.

두 번째는 광종 때의 승려 제관과 의통이다. 제관과 의통은 광종의 명으로 중국 송나라에 고려의 천태학을 전했다. 제관은 《천태사교의天台四教義》를 저술했고, 의통은 송나라에서 천태종을 중흥시켜 '제16조 사명 보운 존자 대법사'가 되었다. 그러나 제관과 의통이 중국에서 입적하는 바람에 천태종은 고려에 전해지지 못했다.

끝으로 살펴볼 고승은 대각국사 의천이다. 의천은 화엄학에서 출발해, 송나라에서 돌아온 이후에는 법계연기法界緣起를 해명하는 교학과 교관겸수를 설파했다. 법계연기란 우주에 존재하는 모든 것은 홀로 존재하지 않으며 피차가 인과관계로 얽혀 있다는 뜻으로 이는 화엄 사상의 핵심이다. 교관겸수란 심성의 본래 모습을 체득하려면 경전을 읽고 교리를 탐구하는 동시에 참선을 함께해야 한다는 수행법을 말한다. 경전을 무시하고 참선만 중시하는 선종을 비판했던 초기와는 달리, 의천에 이르러 교종과 선종을 통합하게 된 것이다.

이는 천태학의 내용이었다. 의천은 천태종의 가르침을 세우고 펴기 위해 노력했다. 천태종 종찰인 국청사 개창을 주도해 완공했으며(1095년) 송과 요나라, 일본 등지에서 불경 4천 권을 모은 뒤 '교장' 간행 목록으로《신편제종교장총록新編諸宗教藏總錄》3권을 편집했다. 그는 다시 이를 통해《고려속장경》을 제작했다.

## 고려 불교의 지향점과 한계

고려왕조는 풍수지리에 밝았다. 이에 사찰 등을 지어 지덕이 약한 곳은 보완하고 너무 센 곳은 기운을 눌러 국운을 연장하고 호국의 힘을 강하게 했다. 더불어 불교에 대한 다양한 학문적 연구와 선을 위주로 하는 수행 등이 크게 발달했다. 80여 종에 달하는 불교 행사가 왕실 의례이자 국가 의례로 확산되었다.

고려 시대 불교의 지향점은 보살계를 받은 국왕이 전륜성왕으로 존재해 불, 법, 승 삼보를 일으키고 불법을 널리 전함으로써 여러 부처가 고려라는 정토를 가호하는 나라를 실현하는 데 있었다. 이를 제불성현과 삼십삼천의 가호라 했다. 그래서 고려 시대에 다양한 불교 의례와 도량, 법석 등이 끊임없이 다양하게 열릴 수 있었다.

하지만 원 간섭기 및 고려 말에 이르면서 사원들은 점점 더 세속화되었다.

다수의 사원이 남의 토지를 불법적으로 빼앗았고, 상업 활동을 통해 막대한 부를 축적했다. 승려와 사찰 소속 노비는 크게 늘었다. 자질이 떨어지고 세속에 물든 승려가 증가하면서 불교계는 퇴락해 갔고 기진(아랫사람이 알아서 토지를 바치는 것), 투탁(권력자에게 토지를 바쳐 세금을 안 내는 것), 고리대 등을 통해 노비의 수는 계속해서 증가했다. 여승들이 늘어나면서 그들의 처소인 정업원을 둘러싼 추한 소문도 종종 들려왔다.

불교계에 대한 사회적 비판이 늘어났지만, 불교계는 자체 정화 능력이 부족했다. 신진 사대부는 새로운 사회개혁 사상이 담긴 성리학을 수용하면서 불교의 근본을 부정하기에 이르렀다. 정도전은《불씨잡변》을 지어 불교 자체를 비판하고 부정했다. 정몽주는 불교를 정상적인 도가 아니라 했다. 고려왕조가 지향했던 불국토의 현실은 왕조 말에 이르러 불교가 큰 비난을 받으며 퇴락의 길을 걸었다. 바야흐로 고려 불교는 새로운 위상 정립이 필요하게 되었다.

# 외척 정권 100년, 무신 정권 100년

## 경원 이씨의 도를 넘은 탐욕

11세기 중반부터 12세기 중반까지 약 100년간, 고려 왕실에 절대적 영향력을 행사한 외척 가문이 있었으니, 바로 경원 이씨 가문이었다. 그 시작은 11대 문종(1046~1083년) 때 '내사시랑평장사'라는 정2품 최고위직에 있었던 이자연이었다. 이자연의 딸 셋은 모두 문종의 아내가 되었는데, 각각 왕후인 인예왕후, 후궁인 인경현비와 인절현비였다.

문종의 뒤를 이은 12대 순종은 이자연의 손녀(6남 이호의 딸)를 후비로 맞았다. 13대 선종의 세 후비는 이자연의 손녀들(장남 이정의 딸, 3남 이석의 딸)과 조카인 이예의 딸이었다. 16대 예종은 이자연의 손자 이자겸의 둘째 딸을 문경왕후로 맞이했다. 예종의 아들 인종 또한 이자겸의 두 딸, 즉 자기 이모들을 비로 맞이했다.

14세에 왕위에 오른 인종을 대신해 외조부이자 장인인 이자겸이 섭정을 시작했다. 그의 권력은 왕권을 넘어설 정도가 되었다. 인종은 18세가 되자 친정을 하고자 했으나, 이자겸은 허용하지 않고 오히려 인종을 암살하고자 했다.

## 이자겸의 난

인종이 몇몇 신하들과 함께 이자겸을 제거하고자 하자 이자겸이 척준경의 군사력을 동원해 1126년 난을 일으켰다. 이때 이자겸은 인종을 감금한 뒤 '십팔자위왕설十八子爲王說'이라는 예언을 퍼트려 자신이 왕이 되려고 했다. 십팔자위왕설이란 '十八子' 즉, 이李씨가 왕이 된다는 설이다. 십팔자위왕설은 훗날 무신 정권의 지도자 이의민에게도, 조선 태조 이성계에게도 이용된다.

　이자겸은 인종을 독살할 음모를 꾸몄는데, 인종을 독살 위험에서 구해준 이가 뜻밖에도 이자겸의 넷째 딸로, 인종의 이모이자 비인 폐비 이씨(복창원주)였다. 이자겸 사후 그녀는 폐비가 되었지만 공로를 인정받아 훗날까지 왕후의 예로 대접받았다.

> "이자겸은 (중략) 떡 속에 독을 넣어 왕에게 올렸다. 왕비가 몰래 왕에게 일러주자 떡을 까마귀에게 던져주니 까마귀가 죽었다. 또 독약을 보내 왕비로 하여금 왕에게 바치게 했으나 왕비가 사발을 들다 거짓으로 넘어진 척하고 독약 사발을 엎질러 버렸는데 왕비는 곧 이자겸의 넷째 딸이었다."

　이후 인종은 왕실의 권위와 국왕의 위엄을 되살리기 위해 다방면으로 노력했다. 인종 5년인 1125년 3월, 총 10개 항에 이르는 유신 개혁 방안을 발표했다. 내용은 다음과 같았다.

(1) 방택에서 지신에게 제사를 지내 4교의 좋은 기운을 받아들일 것.
(2) 수레와 의복의 제도는 검약하도록 힘쓸 것.
(3) 불필요한 관리와 급하지 않은 사무를 없앨 것.
(4) 농사를 권장하고 토지에 힘써 백성들의 식량을 넉넉하게 할 것.
(5) 관곡의 비축에 힘써 백성들의 구휼에 대비할 것.
(6) 백성에게서 거두는 데는 법도가 있으니 정해진 조세와 공물 이외에는 함부로 거두지 말 것.
(7) 백성들을 어루만지고 고향 땅에서 편안히 살게 해 도망치거나 떠돌게 하지 말 것.
(8) 제위포와 대비원에 곡식과 약을 넉넉히 비축해 질병을 구제할 것.
(9) 관청 창고에 저장된 묵은 곡식을 가난한 백성들에게 억지로 나눠주고 이자를 강제로 거둬들이지 말며, 오래 묵고 썩은 곡식을 백성들에게 주어 강제로 쌀을 찧어내는 일이 없도록 할 것.
(10) 산림과 천택에서 나는 이익은 백성들과 함께 나누고 절대 침탈하지 말 것.

## 묘청이 세운 '대위'국의 운명

인종은 정지상, 백수한, 묘청 등 서경 세력을 등용하기 시작했다. 인종은 이자겸의 난으로 실추된 왕권을 강화하고자 했고, 금에 사대를 결정한 것에 불만을 품었다. 여진에 대해 부모의 나라였던 고려의 위상을 되찾고 금을 정벌할 마음도 있었다.

묘청을 비롯한 서경 세력들은 인종에게 서경 천도를 주장했다. 그들은 풍수도참을 근거로 개경의 지덕은 쇠하고 서경의 지덕이 왕성하므로, 서경으로 천도하면 36국이 조공을 바치게 된다고 왕을 설득했다. 이들은 고려가 다시 황제를 칭하고 독자적인 연호를 써야 한다는 '칭제건원'도 주창했다. 인종은 그들의 뜻을 받아들여 서경에 자주 행차했다.

1128년 11월, 인종은 서경 임원역 터에 대화궁이라는 궁궐을 짓도록 했다. 궁궐 안에 팔성당이라는 사당을 짓고 왕업 연장을 위해 제사도 지냈다. 이에 김부식 등 개경파 유신들은 서경파의 주장이 허무맹랑하고 혹세무민하는 짓거리라고 비판하며 서경 세력 축출에 나섰다. 잠시나마 안정되었던 고려의 국정은 다시 개경파와 서경파로 나뉘어 충돌을 거듭했다.

그런 가운데 인종이 서경에 행차하던 중 사고가 발생했다. 갑자기 벼락과 폭풍우가 몰아쳐 인종을 태운 말들이 놀라 엉뚱한 길로 가버렸다. 중흥사 탑에 화재가 발생하기도 했다. 묘청 세력은 이를 무마하고자 대동강 연회 때 신룡 등장을 연출했는데, 이게 사기였음이 밝혀져 오히려 인종의 신뢰를 잃었다. 임원애 등 개경 세력은 인종에게 묘청과 백수한 일당을 처형할 것을 건의했다.

1135년 서경에서 묘청과 조광 등이 군대를 동원해 난을 일으키고는 국호를 '대위', 연호를 '천개', 군대를 '천견충의군'이라 했다. 이들의 반란은 김부식 등에 의해 1년에 걸쳐 진압되었다.

## 기득권의 요지부동, 무신들의 반란

묘청의 난은 고려 사회가 큰 변곡점을 맞이하고 있었음을 말해준다. 서경 천도는 비록 실패했지만, 개경 중심의 사회는 도전을 받고 있었다. 태조 왕건이 서경을 특별히 여겼다는 사실을 상기할 필요가 있었다.

황제의 지위를 회복하고 금나라를 정벌해야 한다는 묘청의 주장도 눈여겨볼 필요가 있었다. 이는 송, 요, 금의 교체기를 활용해 고려가 국력을 일으켜 주도권을 잡아 새로운 큰 나라를 이뤄야 한다는 의지의 표현인 면도 있었기 때문이었다. 묘청의 주장은 자주적 부국강병을 통해 해동 천자가 다스리는 고려 중심의 해동 천하를 만들겠다는 고려의 이상을 담고 있었다.

이자겸의 난과 묘청의 난에도 고려 사회는 흔들리지 않고 굳건히 유지되는 듯 보였지만, 내적으로는 본질적인 변화를 요구하고 있었다. 그러나 개경 중심의 귀족 세력은 변화가 아닌 평화 유지를 택했다. 지배층의 구성원만 바뀌었지 문벌 사회는 전혀 달라지지 않았다.

인종을 이어 18대 국왕이 된 의종은 불안한 왕권을 유지하는 가운데 음주와 유흥, 사치에 빠졌다. 의종은 문신들과 함께 경치 좋은 사원과 정자를 두루 다니며 향연을 열었는데 이들을 호위하던 무신들은 경비병 역할로 전락했고, 나이 어리고 직급도 낮은 문신들에게 봉변을 당하기 일쑤였다.

12세기 고려는 문신의 세상이었다. 2품 이상의 재상직은 문신들이 독차지했으며, 전쟁 시 군대의 최고 지휘권 또한 문신에게 있었다. 서희, 강감찬, 윤관 장군 모두 문신 출신이었다. 무신들은 문신들에 비해 차별대우를 받았고, 문신들이 무신들을 업신여기기도 했다.

1144년 12월 김부식의 아들 내시 김돈중이 촛불로 무신 정중부의 수염을 태운 사건이 있었다. 이에 화가 난 정중부가 김돈중을 때렸고, 김부식이 인종에게 정중부를 처벌해달라고 요구했지만, 인종이 이를 중재하면서 사건은 일단락되었다. 이외에도 무신들은 경제적으로나 지위 면에서나 푸대접을 받았다. 무신들은 국왕과 문신들의 잔치에 불려가 수박희 같은 무예를 선보이면서 흥을 돋우는 역할도 해야 했다. 무신들의 불만은 날로 쌓여갔다.

의종 24년인 1170년 8월에도 의종은 문신들과 유흥을 즐기기 위해 연복정에서 흥왕사를 거쳐 보현원으로 행차하고 있었다. 이들을 호위하던 무신 정중부와 이의방, 이고는 "문신들은 의기양양하게 취하도록 퍼마시는데, 무신들은 모두 굶주려 피곤합니다."라며 흥왕사에서부터 문신들을 살해할 계획을 세웠다.

그런데 마침 보현원 행차 도중, 지위도 한참 낮고 어린 문신 한뢰가 노장군 이소응의 빰을 때리며 모욕한 사건이 발생했다. 이른바 '오병수박희' 사건이었다. 이고와 이의방 등 무신들은 모의했던 대로 "우린 우측 어깨를 내놓고 복두를 벗을 것이다. 그렇지 않은 자는 모조리 죽이자!"라며 문신 처단의 대학살을 시작했다.


## 이의방의 집권, 김보당의 난

의종은 폐위돼 거제도로 보내졌고, 의종의 둘째 동생 익양공이 무신 세력에 의해 명종으로 옹립되었다. 정중부 등 정변 세력은 의종과 문신들의 재산을 빼앗고 백성들을 수탈했다. 그런 가운데 무신 세력에게 큰 부담이 되는 일이 발생했다. 바로 명종 양위를 둘러싼 금나라의 간섭이었다. 목종을 폐위시킨 강조의 정변 때도 거란이 침략한 바 있었기에, 무신들은 합당한 양위 명분을 찾아야 했다.

이때 해결사로 나선 사람이 있었으니, 외교관 유응규였다. 그는 양위를 인정받기 위해 금나라로 찾아가 궁궐 앞에서 7일간 단식 투쟁을 벌였다. 결국 금 황제는 고려의 왕위 교체에 비간섭 노선을 정했다. 무신들은 유응규에게, "공이 금 황제에게 보고하고 아뢰지 않았더라면 우린 소금에 절인 채소나 젓 담근 고기 같은 처지가 됐을 것이오."라며 그에게 존경심을 표했다.

무신 세력 중 가장 먼저 권력을 장악한 인물은 이고와 이의방이었다. 그중 이의방이 이고를 제거하고 먼저 권력을 장악했다. 명종 3년인 1173년 동북면 병마사 김보당이 의종 복위를 명분으로 군사를 일으켰다. 김보당이 부하를 시켜 거제로 유배된 의종을 경주로 모셔오려고 시도했으나, 의종은 이의민에게 잔인하게 살해되었고 김보당의 난은 진압되었다. 김보당이 죽으면서 "문신으로서 이 모의에 동참하지 않는 자가 있는가?"라고 말해 많은 문신이 죽임을 당했다.


## 정중부의 시대와 경대승

명종 4년인 1174년 12월 이의방은 정중부의 아들 정균에 의해 제거되었다. 이로써 정중부의 시대가 열렸다. 정중부는 최고 관직인 문하시중 자리에 앉았고, 중방을 통해 정치 운영을 장악했다. 중방이란 상장군과 대장군 등 16명으로 구성된 고려 최고의 군사회의 기관이었다. 문신들이 정권을 장악하던 고려 전기에 중방은 별 영향력이 없었으나, 무신정변 이후에는 막강한 권력 기관이 되었다.

그 무렵 이의방 제거에 공을 세운 정균은 명종의 딸을 아내로 삼고자 했다. 정균에겐 이미 본처가 있었기에 왕의 딸이 첩이 될 형국이었다. 이는 호시탐탐 정중부 정권을 빼앗으려고 노리던 세력에게 명분이 되었다. 그중 대표적인 인물이 젊은 장군 경대승이었다.

경대승은 정균의 측근인 허승을 회유해 법회가 끝난 밤중에 신속하게 정중부 세력을 제거했다. 경대승의 특이한 점은 신변 보호를 위해 100명 이상의 사병을 자신의 집에 두었다는 것이다. 경대승은 그 사병 집단을 도방이라 불렀다. 도방은 경대승 사후 해체되지만, 최충헌 집권 때 더욱 강력해져서 재건되고, 무신 정권 몰락과 함께 완전히 해체된다.

도방을 믿고 폭정을 행하던 경대승은 30세에 돌연 의문사한다. 《고려사》에는 정중부가 칼을 쥐고 그를 꾸짖는 꿈을 꾼 뒤 병을 얻어 죽었다고 나온다.


## 유독 포악했던 이의민 정권

경대승이 죽은 뒤 정계에 두각을 나타낸 사람은 의종을 암살한 이의민이었다. 경대승 사후 일어날 혼란을 우려한 명종이 경주에 있던 이의민을 병부상서에 임명하면서부터였다. 이는 매우 뜻밖의 일이었는데, 왜냐하면 이의민의 아버지 이선은 소금과 채소를 팔았고 어머니는 연일현 옥령사의 여종으로, 그가 매우 보잘것없는 가문 출신이었기 때문이다. 권력을 잡은 이의민은 12년간 독재했다.

이의민은 백성들의 집터를 빼앗아 자기 집을 대규모로 건축하고 남의 토지를 강탈하는 등 권력을 남용했다. 일설에는 그가 '십팔자왕위설'을 내세워 공공연히 왕위를 넘보았다고도 한다.

이의민 정권기에도 여러 차례 민란이 발생했다. 명종 23년인 1193년 7월, 경상도 지역에서 발생한 김사미의 난과 효심의 난이 대표적이었다. 이처럼 민심이 동요할 때 이의민 세력은 더욱 행동거지를 조심해야 했지만, 전혀 그렇지 않았다. 그의 아들 지영, 지광은 유독 횡포가 심해서 사람들이 그들을 '쌍도자<sub>雙刀子</sub>'라고 부를 정도였다. 이의민 세력은 싱겁게 몰락하는데, 이의민의 아들 이지영이 최충수의 집 비둘기를 강탈한 사건이 발단이 되었다. 이의민 가족의 전횡이 워낙 심해서, 분노한 민심은 작은 기폭제에도 폭발하기 일보 직전이었다.

명종 26년인 1196년 음력 4월, 최충헌과 최충수가 칼을 뽑았다. 이들은 미타산 별장에 가 있는 이의민을 제거했다.


## 최씨 정권 독재의 시작

최충헌은 여느 무인 정권과는 달랐다. 무인 일색에서 벗어나 문신들을 등용하고 정치 개혁의 방향을 제시했다. 그는 태조의 바른 법<sub>太祖正法</sub>을 따라 낡은 정치를 개혁하자고 왕에게 청하고 '봉사 10조'를 올렸다. 봉사 10조에는 명종을 둘러싼 세력을 제거하려는 의도가 담겨 있었다.

> [봉사 10조]
> 1조. 왕은 새로 지은 궁궐에 들지 않고 있는데, 길일을 택해 들어가도록 한다.

2조. 관례에 어긋나게 많은 관직을 제수해 녹이 부족하니 원 제도에 따라 관리 수를 줄인다.

3조. 벼슬아치들이 토지를 빼앗아 겸병함으로써 국가 수입이 줄고 군사가 부족하게 되었으니, 토지 제도를 바로잡고 원주인에게 토지를 돌려준다.

4조. 불법으로 조세를 거두고 벼슬아치들의 횡포가 계속돼 백성의 생활이 곤궁하니 선량하고 유능한 관리를 임명한다.

5조. 안찰사가 왕실에 바치는 공진(나라에 특산물을 바치던 일)을 구실로 수탈하고 사사로이 하니 공진을 금한다.

6조. 승려의 왕궁 출입을 금하고 고리대금도 금하도록 한다.

7조. 탐관오리를 엄중히 처벌하고 잘한 자에게는 상을 준다.

8조. 조정 신하들의 사치가 심하니 검소한 생활을 하도록 한다.

9조. 비보사찰 외에 사찰은 모두 없앤다.

10조. 대간(대관과 간관)이 맡은 바 책무를 다하지 못하니 적절한 관리를 등용한다.


최충헌은 명종을 폐위해 창락궁에 유폐시키고 태자를 강화도로 유배했다. 명종의 아우 평량공을 왕으로 세웠는데 그가 바로 20대 신종이다.

최충헌과 동생 최충수 사이에 권력 다툼이 있었다. 최충수는 종실인 왕진을 왕으로 옹립하려 했으나, 최충헌은 금나라의 간섭을 이유로 반대했다. 그러면서 둘 사이에 갈등이 시작되었다. 신종 즉위 후 최충수는 태자비를 내쫓고 자신의 딸을 태자비로 들이려 했다. 이를 반역 행위로 본 최충헌은 많은 가병과 군사를 동원해 최충수를 공격했다. 대규모 전투 끝에 형제의 전쟁은 최충헌의 승리로 끝났다. 최충수는 죽고 최충헌의 독주가 시작되었다.

최충헌은 23년간 집권하면서 권력 기반을 확고히 다졌다. 무신들의 합의 기구였던 중방을 유명무실하게 하고 강력한 사병 집단인 도방의 기능을 강화했다. 3천 명 이상의 사병이 6교대로 최충헌의 집에 숙직했다. 희종 5년인 1209년 최충헌 부자 살해 모의 세력을 발본색원하는 기구로 교정도감을 세웠다. 사건이 마무리된 이후에도 교정도감은 최씨 정권의 중추로 자리 잡았고 국정 총괄과 규찰 기능이 더해지면서 최씨 정권의 독재를 더욱 공고히 다지는 기구가 되었다. 교정도감의 최고 책임자인 교정별감은 대체로 무신 집권자들이 겸직했다.

## 최씨 정권의 최후

최씨 정권은 최충헌의 아들 최우(혹은 최이) 정권 때 더욱 강화되었다. 최우는 1219~1249년까지 30년간 집권하면서 교정도감과 도방의 기능을 한층 더 굳건히 하는 한편, 정방과 서방을 추가로 세웠다. 정방은 관리들의 인사를 담당하는 행정 기구로 최우의 저택에 있었고, 서방은 문인들이 최씨 정권에 정치적 자문을 하도록 만든 기구로 역시 최우의 저택에 있었다. 몽골 항쟁 때는 좌별초, 우별초, 신의군으로 구성된 삼별초도 설립했다.

최우의 뒤는 한때 승려였던 그의 아들 최항이 이었다. 최항은 1249~1257년까지 8년간 실권을 장악했다. 최항의 뒤는 그의 아들 최의가 계승했다. 최의는 1년간 집권했으나 유경, 김준 등 심복에게 살해당했다. 4대 60년에 걸친 최씨 정권은 최의를 끝으로 막을 내렸다.

최씨 정권은 끝났지만, 무신 정권은 계속되었다. 최의에 이어 김준이 10년간, 김준 사후 임연, 임유무 부자가 약 3년간 정권을 장악한 이후 기나긴 무신 정권이 끝났다.

100년 무신 정권의 종말을 가져온 이는 24대 국왕 원종이었다. 드디어 고려 왕실은 복권되었지만, 100년이라는 시간은 고려왕조 체제에 큰 변화를 가져왔다. 고려는 원 간섭기라는 새로운 국제 질서 속에서 다각도로 변화를 겪게 된다.

# 원의 부마제후국 100년, 위기를 기회로 만들다

## 순식간에 동북아를 휩쓴 몽골

13세기 초중반, 동북아시아에 팽팽한 긴장감이 감돌고 있었다. 금은 남쪽으로는 남송과 오랫동안 대치하는 가운데, 북서쪽으로는 서하와 몽골의 잦은 침략에 시달렸다. 남송은 남송대로 금과의 관계 정립에 국력을 쏟아부었다. 고려를 집권한 최씨 무신 정권은 자신들의 정권 유지에 급급하다 보니 동북아 정국에는 비교적 관심을 두지 못했다.

이런 동북아 판도를 깨뜨린 것은 신흥 세력 몽골족이었다. 칭기즈칸이 통솔하는 몽골족은 급속도로 세력을 키워 주변국들을 차례로 정복해 나갔다. 이때 금나라도 몽골에 의해 망하는데, 금나라의 요동 선무사였던 포선만노는 1215년 요동의 요양에 '동진국'이라는 나라를 세운다.

그런 가운데 고려는 몽골, 요나라 잔당인 거란유종, 동진국과 맞서게 된다. 몽골이 거란유종을 토벌하자, 거란유종은 9만여 명의 병력을 이끌고 1216년

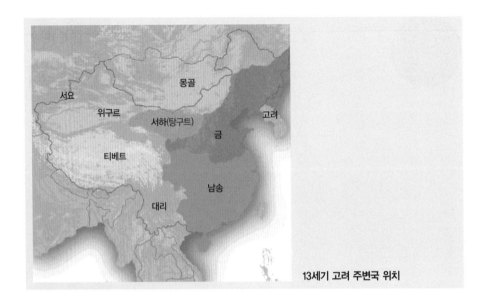

13세기 고려 주변국 위치

8월 압록강을 건너 고려로 쳐들어왔다. 고종 5년인 1218년 12월 1일, 조충과 김취려를 중심으로 한 고려군은 몽골군과 연합해 강동성에 주둔했던 거란유종을 물리쳤다. 고려와 몽골의 이 첫 만남은 비교적 우호적인 분위기에서 이루어졌다.

## 고려-몽골 위태로운 국교 수립

몽골은 고려와 형제 관계를 맺기를 원했다. 칭기즈칸의 동생이었던 카치운은 조충과 김취려가 풍모로 보나 나이로 보나 형님이라며 그들을 의형제라 칭했다. 그러나 실제 양국이 체결한 협약 내용은 결코 우호적이지 않았다. 고려는 매년 몽골에 막대한 조공을 바치고 몽골 사신단의 요구에 응해야 했다. 그런 가운데 1221년(고종 8년)과 1224년(고종 11년) 두 차례에 걸쳐 몽골 사신으로 파견된 저고여의 무례함과 오만함이 고려를 격분하게 했다.

1221년 저고여는 1년 전 고려에서 보낸 공물들을 바닥에 내동댕이치며 반품을 요구했고, 1224년 정월에도 받은 공물 중 수달 가죽 외에 대부분을 길에 버렸다. 1225년(고종 12년) 3월, 본국으로 돌아가던 저고여는 압록강 근처에서 의문의 암살을 당한다. 이 일로 몽골은 고려 조정에 책임을 물었고 양국의 국교는 단절되었다.

고려는 저고여 피살 사건의 범인이 고려인 복장을 한 여진인이나 동진인이라 주장했지만 통하지 않았다. 고종 18년인 1231년 몽골의 오고타이칸은 살리타이 장군을 고려에 보냈다. 살리타이는 평주 성민들을 모조리 죽이고 불태운 뒤 저고여 피살 사건에 대한 보상으로 어마어마한 공물을 요구했다.

그들이 요구한 품목은 100만 군사의 의복, 말 1~2만 필, 금과 은, 고급 수달 가죽 2만 장, 큰 말과 작은 말 각각 1만 필, 남녀 아이 각각 1천 명씩 등이었다. 고려는 다급히 황금 70근, 옷 1천 벌, 말 170필 등을 보내는 한편, 살리타이에게도 많은 예물을 주며 몽골을 달랬다. 그러나 몽골의 요구는 걷잡을 수 없이 커졌고, 결국 양국의 전쟁으로 번졌다.

## 몽골과의 30년 전쟁

칭기즈칸의 뒤를 이은 오고타이칸은 고려가 전략적으로도 지정학적으로도 중요한 곳이라고 판단했다. 남송과 고려의 관계를 생각하면 고려가 몽골의 걸림돌이 될 수 있고, 남송과 전쟁 중에서 자칫 앞뒤로 수비해야 할 상황이 발생할 수도 있었다. 몽골은 중국 대륙을 통일하려면, 반드시 고려를 굴복시켜야 했다. 1231년 8월 살리타이 군대의 침입을 기점으로 30여 년에 걸친 여몽전쟁이 시작되었다.

최우는 몽골과의 결사 항전에 대비해 1232년 도읍지를 강화도로 옮겼다. 강화도는 해전에 약한 몽골군이 공격하기 쉽지 않을 거라는 판단에서였다. 최우의 뒤를 이은 최항, 최의 등이 세운 몽골전 전략은 크게 해도입보, 산성입보, 청야로 요약할 수 있다. 즉, 직접적인 충돌을 피해 섬이나 산성에 들어가 항전하고, 들판을 비워 몽골군이 현지에서 군량미를 조달하지 못하도록 하는 전략이었다. 고려는 천민들까지 나서서 몽골에 맞서 필사적으로 싸웠다.

몽골은 이 전략을 역이용하기도 했다. 고려 군민이 섬이나 산성으로 들어간 틈을 타 고려 전역을 휩쓸었다. 경주를 비롯한 서해안, 남해안, 동해안에 이르는 지역을 초토화시켰는데, 이때 황룡사와 황룡사 9층 목탑, 장육존상 등이 모두 불타 없어졌다. 최씨 정권은 백성들을 보호하기 어려웠을 뿐만 아니라, 오히려 꼬박꼬박 조세를 수취해 강화도에서 호화로운 생활을 유지했다.

오랜 전쟁에 지쳐 몽골군에 투항하는 고려인이 늘어갔다. 변방의 고려 장교 가운데 몽골군에 투항한 이들도 적지 않았다. 이들은 몽골군의 앞잡이가 되어 고려인을 괴롭혔다. 몽골도 고려 조정에 끊임없이 항복을 요구했다. 해도입보를 풀고 육지로 돌아오라고 요구했고, 고종이 몽골에 들어와 황제에게 하례를 올리라고 압박했다.

## 전쟁의 종결과 원종 즉위

———

고종 45년인 1258년, 몽골과의 전쟁에서 중요한 승부처가 되는 사건이 발생했다. 최씨 정권의 마지막인 최의가 유경, 김준에 의해 살해된 것이다. 최의가 죽자 고종의 선택은 비교적 자유로워졌다. 그해 12월 양국의 협상은 급진전되어, 고종 47년 4월 태자 전이 병든 부왕을 대신해 몽골 조정에 들어갔다. 태자의 협상 카드는 고려가 몽골에 제대로 사대하고 백성들을 강화도에서 육지로 돌려보내는 대신, 태자가 고종 대신 제후로서 인정받는 조건부 항복이었다.

그런데 뜻밖의 문제가 발생했다. 그해 6월 고려에서 고종이 승하하고, 몽골에서도 황제 몽케칸이 전쟁 중 병을 얻어 사망한 것이었다. 태자로선 협상을 주고받아야 할 양국 당사자가 모두 부재한 난감한 상황이 발생한 것이다. 그는 이 상황에서 최선의 선택이 무엇인지 고민했다. 태자의 선택은 이랬다. 그가 귀국해서 국상을 치르고 즉위하는 대신, 몽골에 남아 몽케칸의 후계자와 협상을 벌이는 것이었다.

결과적으로 이 선택은 '신의 한 수'였다. 태자 전은 몽골 황제 계승자로 몽케칸의 동생 쿠빌라이를 택했다. 결국 제5대 칸이 된 쿠빌라이(원 세조)는 황제 즉위식에 태자 전을 초대했다. 이는 외교적으로 고려에 매우 의미 있는 성과였다.

쿠빌라이칸은 고종이 승하하고 왕의 빈 자리를 태손 충렬왕이 채운 상황에 우려를 표하는 조서와 함께 태자 및 사신 25명을 고려로 보냈다. 태자 전은 원종으로 즉위했다. 원종 11년인 1270년 10월 개경 환도가 이루어짐으로써 양국 간 전쟁은 종결되었다.

## 무신 정권의 끝, 부마제후국의 시작

몽골과의 전쟁 종결은 무신 정권으로선 난감한 상황이었다. 무신 정권의 기본 방향은 대몽 항쟁을 통한 정권 유지였기 때문이었다. 전쟁 종결과 함께 무신 정권 해체, 왕정복고, 개경 환도, 삼별초 해체 조치가 반포되었다. 무신 정권의 군사적 기반이었던 삼별초는 크게 반발했다.

삼별초 장군 배중손 등은 승화후 왕온을 새 왕으로 추대하고 조정을 구성했다. 진도에서 탐라로 고려-몽골 연합군과 맞서 싸웠다. 김통정 장군을 비롯한 삼별초는 탐라에서 항쟁을 지속했으나, 1273년 고려 김방경과 몽골 흔도가 이끄는 여몽 연합군에 의해 진압되었다. 100년에 걸친 무신 정권 시대는 이로써 완전히 종식된 셈이었다.

이제 고려 왕실은 산적한 문제들을 해결해야 했다. 실추된 왕권과 왕실의 위상을 끌어올리고 몽골과도 관계를 재정립해야 했다. 우선, 원종은 원 세조(쿠빌라이칸)와 고려 왕실 간 혼인을 약속했다. 이후 원종의 태자인 충렬왕과 원 공주가 혼인을 맺었다. 이때 충렬왕이 혼인한 원 공주는 세조(쿠빌라이칸)의 딸인 제국대장공주였다. 사실 충렬왕에겐 이미 혼인한 태자비 정화궁주가 있었는데, 정화궁주는 훗날 제국대장공주에 의해 후궁으로 쫓겨나 정신부주가 된다.

양국은 이제 상국과 부마제후국 관계가 되었다. 이로써 원 제국 내에서 고려의 지위가 격상된 측면이 있었고, 고려의 풍습도 유지할 수 있었다. 원 세조는 몽골군 철수와 몽골군 사신 귀환 등을 통해 고려의 자주성을 어느 정도 인정해주려 했다. 그러나 탐라총관부, 화주 쌍성총관부, 서경 동녕부 등 일정 지역은 직속령으로 만들어서 고려 측의 반발을 샀다. 내정 간섭을 위해 두었던 다루가치는 충렬왕 4년인 1278년 폐지되었다.

원은 일본 정벌을 위해 고려에 정동행성을 설치하고 충렬왕을 정동행성의 최고 책임자인 승상으로 임명했다. 원 세조는 고려에서 군함을 만들고는 해전에 능한 군사들을 착출하고 군량미를 요구했다. 충렬왕 20년인 1294년 원 세조가 죽자 몽골은 일본 원정을 포기했다. 그 뒤에도 정동행성은 공민왕 때까지 존속해 고려를 간섭하는 기구로서 기능했다.

## 100년 원 간섭기

황제국 고려가 원의 부마제후국으로 전락한 기간은 1259년부터 1356년 공민왕의 반원 운동 성공까지 대략 100년이었다. 해동 천자가 다스리는 해동 천하의 꿈은 무참히 짓밟혔고, 고려인은 자신이 용의 자손이라는 용손 의식마저 버려야 했다. 연등회와 팔관회 때 사용하는 표현부터 관제와 모든 칭호에 이르기까지 한 단계 등급을 낮춰야 했다.

우선, 원종까지 왕의 시호에 '조' 또는 '종'을 붙이던 것이 충렬왕 이후부터는 '충'으로 바뀌었다. 충은 신하로서 받은 시호의 의미를 지닌다. 태자는 세자로, 짐은 고로, 폐하는 전하로 낮춰 불렀다.

고려와 몽골의 통혼 문화는 왕실을 넘어서 귀족 및 사대부 집안까지 확대되었다. 원의 황족과 고려 사대부 가문의 결혼이 늘면서 양국 간 환관과 궁녀의 교류도 활발해졌다. 고려에서 여자의 경우 조혼, 남자의 경우 데릴사위가 유행한 것도 몽골에서 고려의 사대부 규수와 혼인을 강요하는 일이 늘어서였다. 고려인은 몽고풍 복장과 변발을 강요당했고, 공물뿐만 아니라 공녀와 환관들도 바쳐야 했다. 매를 좋아하는 원의 요구에 고려의 송골매, 즉 해동청은 씨가 마를 정도였다.

고려국왕이 원의 수도 연경에서 일정 기간 머무른 것도 큰 변화 중 하나였다. 이는 부마로서 원 황실의 일원이 되어 황제를 알현해야 하기도 했거니와, 이른바 '독로화'라는 제도 때문이기도 했다. 고려에서는 왕족뿐만 아니라 귀족의 자제도 일종의 인질로 몽골에 보내져 거기서 성장했다. 충렬왕의 뒤를 이은 충선왕은 오랫동안 연경에서 생활하면서 원의 왕에 책봉되는 일도 벌어졌다. 즉 고려의 충선왕이 몽골의 심양을 다스리는 심양왕이 된 것이었다. 심양왕은 훗날 심왕으로 명칭이 바뀐다. 충선왕은 심왕을 조카 왕고에게 물려줌으로써 두고두고 고려 왕실과 심왕 사이에 분란의 빌미를 제공했다.

원과 가까워지면서 고려의 일부 세력은 고려를 원의 직속령인 성으로 만들

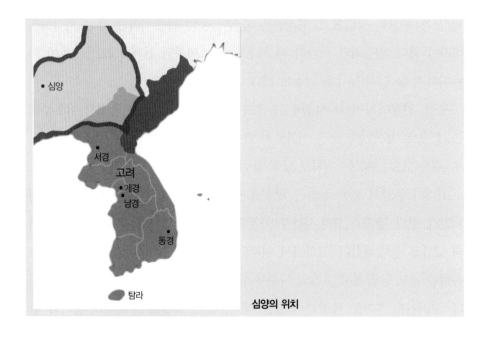

**심양의 위치**

자는 입성론을 내놓았다. 입성론이란 고려에 원 중서성 소속 행성을 설치해 고려를 원나라의 한 성으로 만듦으로써 고려의 자주적 정체성을 없애고자 한 논의를 말한다. 그러나 이 논의는 실행되지 못했는데, 고려의 풍습을 유지케 한다는 '세조 구제' 등의 논리, 고려 군신의 단결된 노력, 고려 출신 원 황실의 환관 '방망고태' 같은 인물 등 복합적인 요인에 의해 저지당했다.

고려국왕은 늘 원 황실의 감시를 받았다. 원의 눈 밖에 나면, 고려국왕은 당장 옥새를 빼앗겼고 강제로 연경에 소환되기도 했다. 재위 중 폐위되거나 복위되는 이른바 '중조'도 있었다. 충선왕은 투루판에 유배된 일이 있었고, 충혜왕은 원에서 유배 도중 악양현에서 1344년 사망했다.

당시 원은 세계적인 제국이었다. 그래서 고려가 새로운 문물을 들여오기에 유리한 위치인 것도 사실이었다. 당시로선 가장 선진적인 역법(달력)인 '수시력授時曆'을 수용했으며, 농사법과 작물에 관해 소개한 《농상집요農桑輯要》를 받은 것은 성과였다. 원에서 유행하던 화려하고 음란한 공연이 고려에서도 연출되었고, 원에서는 고려의 의복과 음식 등이 유행하며 '고려양' 혹은 '고려풍'이라는 말도 돌았다.

# 공민왕, 반원자주의 개혁 vs 과대평가된 개혁

## 원 황실의 암투

14세기에 들어서면서 원나라는 황제 계승을 둘러싸고 매우 위태로운 상황에 빠졌다. 원 제3대 황제 무종부터 제11대 혜종까지 황제들은 재위 기간이 평균 10년도 안 되었다. 26년간 황제가 10번이나 교체되었다. 나이 어린 황제가 즉위하고 환관과 권신들이 권세를 부렸다. 10대 영종은 7세에 즉위했는데 재위 기간이 불과 한 달 남짓이었다.

　부마제후국인 고려는 원 황실의 정치적 변동에 영향을 받지 않을 수 없었다. 고려국왕이 갑작스럽게 폐위되거나 복위되는 일이 잦았다. 충목왕은 8세에 즉위해 12세에 죽었고, 충정왕은 10세에 즉위해 13세 때 폐위되고 14세에 죽임을 당했다. 충혜왕의 왕비인 덕녕공주는 원 황실 출신으로, 충목왕과 충정왕 즉위에 간여하고 섭정도 했다. 사실 국왕의 직계 자손이 많지 않았던 것도 그 원인이었다.

| 대수 | 묘호 | 시호 | 이름 | 칸호 | 재위 기간 |
|------|------|------|------|------|-----------|
| 1대 | 세조(世祖) | 성덕 신공 문무 황제 | 쿠빌라이 | 세첸칸 | 1271~1294 |
| 2대 | 성종(成宗) | 흠명 광효 황제 | 테무르 | 울제이투칸 | 1294~1307 |
| 3대 | 무종(武宗) | 인혜 선효 황제 | 카이산 | 쿨룩칸 | 1307~1311 |
| 4대 | 인종(仁宗) | 성문 흠효 황제 | 아유르바르와다 | 부얀투칸 | 1311~1320 |
| 5대 | 영종(英宗) | 예성 문효 황제 | 시디발라 | 게겐칸 | 1320~1323 |
| 6대 | 진종(眞宗) | 흠인 대효 황제 | 예순테무르 | —— | 1323~1328 |
| 7대 | —— | 덕효 황제(폐황제, 유주) | 라기박 | —— | 1328 |
| 8대 | 문종(文宗) | 성명 원효 황제 | 톡테무르 | 자야아투칸 | 1328~1329 1329~1332 |
| 9대 | 명종(明宗) | 익헌 경효 황제 | 쿠살라 | 쿠툭투칸 | 1329 |
| 10대 | 영종(寧宗) | 충성 사효 황제 | 린친발 | —— | 1332 |
| 11대 | 혜종(惠宗) | 선인 보효 황제(순황제) | 토곤테무르 | 우카가투칸 | 1333~1368 |

**원나라 황제 목록**

고려 원종에겐 아들이 충렬왕밖에 없었다. 충렬왕은 제국대장공주와의 사이에서 충선왕을, 정신부주 왕씨 사이에서 강양공 자를, 시비인 반주에게서 소군 왕서를 두었다. 충선왕의 아들로는 몽골 여인이자 제2비가 된 의비 사이에서 태어난 세자 감과 충숙왕, 그리고 모계를 알 수 없는 덕흥군 타스테무르가 있었다.

충숙왕에게는 조국장공주와의 사이에서 태어난 용산원자가 있었으며, 명덕태후 홍씨와의 사이에서 충혜왕과 공민왕이 태어났다. 충혜왕과 덕녕공주 사이에 충목왕이 있었고, 희비 윤씨 소생의 충정왕이 있었다. 은천옹주 임씨로부터는 석기가 있었다. 충혜왕이 원에 잡혀가 악양현 유배 중 숨지자 그 뒤를 충혜왕과 덕녕공주 사이의 맏아들이 이었다. 그는 당시 관례대로 원에 독로화로 갔다가 8세에 충목왕으로 즉위한다. 그가 재위하는 동안 모후인 덕녕공주가 섭정했다. 충목왕은 4년 만에 죽었고, 그 뒤를 충혜왕의 서자인 왕저(충정왕)가 이었다.

충목왕이 원의 수도 연경에 있을 때 충혜왕의 동생 강릉대군도 함께 있었다. 그가 바로 훗날 공민왕이다. 강릉대군은 원에서 대원자라는 호칭을 얻었다. 보통 세자 이전의 후계자를 원자라고 불렀는데, 대원자도 왕위 계승자의 후보였던 것으로 볼 수 있다. 대원자, 즉 강릉대군은 원 황족인 위왕의 딸 노국대장공주와 1349년 혼인했다.

충정왕이 폐위되자 강릉대군이 고려의 왕으로 책봉되었다. 고려에서는 충혜왕의 서자 석기를 왕으로 옹립하려는 시도가 있었다. 강릉대군은 만덕사에서 승려로 있던 석기를 체포해 제주도로 유배 보내는 도중 바다에 빠트려 죽게 했으나 실패했고, 1363년(공민왕 12년)에 반란죄를 물어 석기의 목을 베었다. 공민왕은 폐위된 충정왕을 1352년 3월에 제거했다.

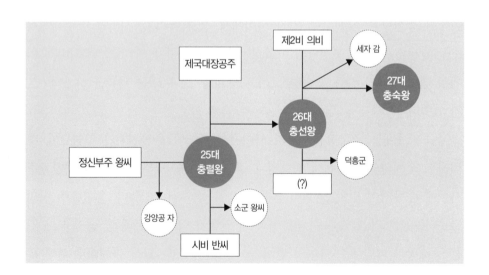

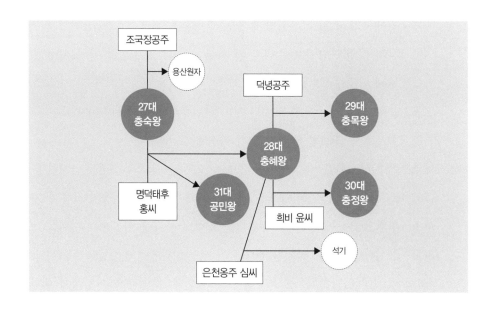

## 공민왕이 연 새시대

1351년 10월 고려 31대 국왕으로 공민왕이 즉위했다. 공민왕은 연경에 있을 때 원 정국에 큰 변동이 있을 것을 예견하고, 고려 정치를 자주적으로 개혁할 뜻을 품었다. 1351년 12월, 11년 만에 원에서 고려로 돌아온 공민왕은 스물두 살 의욕 넘치는 어른이 되어 있었다. 그는 지체하지 않고 개혁을 단행했다. 1352년 2월 초하루 무신 정권 때 인사권을 좌우하던 정방을 폐지했다. 2월 2일에는 즉위 교서를 통해 개혁 의지를 드러냈다. 주요 개혁 방안은 다음과 같았다.

[공민왕 즉위 교서에 나타난 개혁 방안]
1조. 종묘사직, 명산과 대천, 신묘, 기자 등에 대한 제사를 구법대로 행한다.

2조. 상하 소통이 잘 이루어질 수 있도록 언로를 연다.

3조. 사원 남설을 금하고 승려가 된 자는 반드시 도첩(度牒)을 가지며 민가에 머물지 않는다.

4조. 불법 점유 및 소유한 토지와 노비를 원주인에게 되돌려준다.

5조. 함부로 산림에 불을 놓지 말며 월령에 따른다.

6조. 명주로 조화를 만들거나 큰 초를 만드는 등 사치와 낭비를 금지한다.

7조. 왜적 방어에 만반의 대책을 세우고 공에 따라 상과 벌을 엄격히 한다.

8조. 환과고독을 진휼하고 의부열녀를 표창해 풍속을 아름답게 한다.

9조. 공신의 자손들과 공민왕 연경 숙위 시절 시종했던 신하들을 우대한다.

10조. 지정(至正) 12년 2월 초 2일 새벽 이전에 범한 부모와 임금에 대한 죄, 고의로 저지른 강도 및 살인죄, 원나라에 대한 범죄를 제외하고는 사면과 감형을 단행하고, 전대의 관원들을 재능에 따라 등용한다.


같은 해 6월, 공민왕은 역대 선왕들처럼 보살계를 받았고 8월에는 봉은사 태조 진전을 참배했다. 1357년(공민왕 6년) 11월에는 팔관회와 더불어 연등회도 재개한 것으로 보인다.

그 과정이 평탄하지만은 않았다. 1352년 9월, 공민왕의 최측근이던 조일신이 반란을 일으켰고, 기황후의 오빠 기철을 중심으로 한 친원파 세력이 왕권을 위협했다. 왜구의 노략질이 본격화되어 치안도 문제였고, 원에서 발생한 홍건적의 난에도 대비해야 했다.

공민왕이 볼 때 친원파이자 기존 권문세가의 횡포가 가장 큰 문제였다. 왕권을 바로 세우려면 새로운 권력 기반이 필요했다. 그는 곧 성균관을 개편해 이색, 정몽주, 정도전 등 학자를 등용해 성리학 연구를 후원했다. 다른 한편,

친원파 기철 세력도 제거했다. 명분은 반역이었다. 1356년 공민왕 5년 다음의 기록은 급박했던 당시 상황을 짐작케 한다.

"기철이 몰래 쌍성의 반민들과 내통해 파당을 맺고 그들의 도움 아래 반역을 일으키려 합니다."

## 위기에 처한 공민왕의 개혁

공민왕은 원의 간섭 기구인 정동행성을 폐지하고 원나라 순제가 반포한 '지정 至正'이라는 연호 사용을 중지했다. 1357년 공민왕 6년에는 봉은사 태조 진전에서 한양 천도를 위한 점을 치게 한 뒤 한양에 궁궐을 짓게 했다. 고려의 천도는 원에서는 금기어였다. 왜냐하면 강화도 천도로써 원에 저항한 역사가 그들에겐 악몽 같았기 때문이었다. 공민왕도 이 점을 잘 알았지만, 그의 자주 개혁 의지를 막지는 못했다.

그런데도 공민왕의 자주 개혁은 그리 순조롭게 추진되지 못했다. 여러 이유가 있겠지만, 왜구의 노략질과 홍건적의 난을 적절히 수습하지 못한 게 가장 큰 이유일 수 있었다. 왜구는 공민왕 때 본격적으로 노략질을 시작해 다음 왕인 우왕 때 절정에 달했다. 왜구의 노략질은 개경, 상주 등 내륙 지방은 물론 원과 명의 해안 지방까지 위협했다.

원에서 발생한 홍건적의 난도 고려에 적잖은 영향을 주었다. 1359년(공민왕 8년)과 1361년 홍건적이 두 차례 고려를 침입했다. 1차 침입 때는 서경이 함락되었고, 2차 침입 때는 개경이 함락되었다. 2차 침입 때 공민왕이 개경을 버리고 남쪽으로 피신하자 국왕이 백성들을 버리고 떠났다 하여 공민왕은 민심을 크게 잃었다. 게다가 이때 홍건적 진압에 큰 공을 세웠던 안우, 김득배, 이방실 등이 공민왕의 측근 김용이 벌인 농간에 의해 죽임당하는 일이 벌어지자, 공을 세운 장수의 죽음을 방관했다 하여 민심은 공민왕을 서서히 떠났다.

공민왕은 원과의 관계에서 적당한 타협 전략을 취했다. 자주 개혁을 추구하는 듯하다가 다시 원과 관계 개선에 나섰다. 이에 원나라는 공민왕의 어정쩡한 자세에 불만을 가졌고 고려 왕을 다른 사람으로 바꾸려 했다. 원은 심양왕이던 덕흥군(충선왕의 셋째 아들)을 고려국왕으로 세우려 했다.

1363년(공민왕 12년), 공민왕 측, 덕흥군(타스테무르)과 원 사이에서 고려 왕위를 둘러싼 다툼이 벌어졌다. 그 이듬해 덕흥군이 고려를 공격했으나 실패하자, 원은 1364년(공민왕 13년) 9월에 이르러 공민왕 측의 손을 들어주었다.


## 왕비의 죽음과 신돈 등용

공민왕의 왕비 노국대장공주에게 오랫동안 아이 소식이 없자, 명덕태후 등 왕실에서는 왕비의 허락을 받고 후비를 맞이했다. 1359년(공민왕 8년), 공민왕은 명문가 이제현의 딸을 혜비로 봉했다. 그로부터 5년 후인 1364년 그토록 바라던 대로 노국대장공주가 임신했지만, 그다음 해 2월 공주는 아이를 낳다가 산고로 죽고 말았다.

공민왕은 왕비의 상장례를 치르기 위해 4도감 13색을 두어 정릉을 조성했다. 당시 왜구의 노략질이 계속된 데다 홍건적의 난 이후 재건 사업도 완료되지 않은 때라, 정릉 조성 사업은 재정과 민심에 타격을 주었다. 그런데도 공민

**공민왕과 노국대장공주**
종묘 공민왕 신당에 봉안됨

왕은 정릉 조성 사업을 추진하고 직접 관리, 감독까지 했다.

1365년(공민왕 14년) 5월, 공민왕은 왕비의 국상을 계기로 '편조'라는 승려와 재회했다. 편조의 환속 후 이름이 바로 신돈이다. 당시 공민왕은 측근의 모반과 왜구 및 홍건적의 침략에 지친 데다, 노국대장공주의 죽음으로 매우 불안한 상태였다. 하루는 꿈속에서 자객에게 죽임당할 위험에 처했는데, 기이한 인물이 그를 구해주었다. 편조가 그 꿈속의 기인과 매우 닮았다는 이유로 왕이 그를 가까이했다는 이야기가 있다.

편조와 이야기를 나누던 공민왕은 그에게 '청한거사'라는 호를 지어주고 그를 사부라 불렀다. 편조, 즉 신돈을 진평후에 봉하고 왕의 자문관 일을 맡겼다. 공민왕이 신돈에 대한 기대가 얼마나 컸던 걸까? 그해 12월 공민왕은 신돈에게 '수정이순논도섭리보세공신, 벽상삼한, 삼중대광, 영도첨의사사사, 판감찰사사 추성부원군, 제조승록사사 겸 판서운관사'라는 엄청난 지위를 내렸다. 그야말로 신돈이 일인지하 만인지상이 된 것이었다.

사실, 신돈이 편조였던 시절 공민왕이 그를 극진히 대접한 일이 있었다. 이때 편조를 본 문하시랑평장사 이승경은 "나라를 어지럽힐 자가 이 중놈일 것이다."라고 했으며, 장군 정세운도 그를 요망한 승려라며 죽이고자 했다. 이승경은 1360년에 죽었고 정세운은 1362년 홍건적의 난 때 김용의 사주로 죽었다. 부원군인 이제현도 공민왕에게 다음과 같이 간언했다.

> "신이 일찍이 신돈을 한 번 보았는데, 그 뼈의 생김새가 옛 흉인과 닮았으니, 청하건대 임금께서는 가까이하지 마십시오."

공민왕은 그때까지 후사가 없었다. 공민왕에겐 혜비 이씨, 익비 한씨, 정비 안씨, 신비 염씨 등 4명의 비가 있었으나 이들 사이에선 자녀가 없었고, 신돈이 바친 '반야'라는 여인에게서 훗날 우왕이 될 아들이 태어났다. 《고려사》를 비롯한 조선 시대의 정사에서는 우왕을 신돈과 반야의 아들로 기록하고 있지만, 우왕은 즉위 후 익비 한씨를 순정왕후에 봉함으로써 자신의 혈통을 익비 한씨로 공식화했다.

신돈은 공평하고 올바른 도리公道大義를 표방하면서 백성들에게 은혜를 베풀었다. 좌주문생제의 관행 속에서 행해지는 과거시험제를 비판하고 이를 통해 합격한 유학자들의 권력 남용을 비난했다. 근무 기간에 따라 문, 무신 관료들의 승진을 정하는 '순자격제'를 시행했고, 권문세가가 불법으로 탈취한 토지와 노비를 원래 주인에게 돌려주거나 국가가 환수하는 일도 단행했다.

신돈은 사대부 세력과는 크게 부딪힌 반면, 백성들에겐 "성자가 나왔다."라는 말까지 들으며 환호를 받았다. 신돈을 반대하는 관료들은 상당수가 고문이나 유배를 당했다.

공민왕도 처음에는 신돈을 많이 의지했고, 그의 개혁성을 신뢰했다. 원나라에서는 신돈을 임시 왕이라는 의미로 '권왕'이라 불렀다. 1368년(공민왕 17년) 명나라에서는 공민왕에게 국왕의 작위를 주는 동시에 신돈에게도 채단 금백과 친서를 보내고 '상국 신돈'이라며 그를 높였다.

## '늙은 여우'와 공민왕의 죽음

권력이 신돈에게 집중되고 공민왕이 정치에 거리를 두면서 신돈은 오만방자해졌다. 공민왕은 다시 직접 통치를 결심했다. 1370년(공민왕 19년) 5월, 명 태조가 사신을 보내 공민왕을 고려왕에 책봉하고 명의 역법을 정리한 《대통력大統曆》이라는 역서를 보냈다. 그러던 차에 개경에 올라온 한 지방관이 왕보다 신돈을 먼저 찾는 것을 보고는, 왕은 결심을 굳혔다. 1370년 10월, 공민왕은 친정의 뜻을 밝혔다.

1371년 신돈이 반역을 꾀한다는 제보에 따라 공민왕은 신돈 일당을 제거했다. 8년여간의 신돈의 시대는 이렇게 막을 내렸다. 그 후 그의 실체가 드러나면서 한때는 그를 '성자'라 칭송했던 사람들이 그를 '노호정老狐精' 즉 "늙은 여우 요괴"라고 불렀다.

공민왕은 신변 보호 및 인재 양성 차원에서 측근 세력을 키우고자 했다. 1372년(공민왕 21년) 10월, 자제위라는 관청을 두고 명문가 자제로 어리고 잘생긴 청년을 뽑아 여기에 소속시켰다. 자제위 소속으로는 한안, 권진, 홍관, 노선, 홍륜 등이 있었다. 《고려사》에 따르면, 공민왕은 1374년 9월 자제위 소속의 미소년들과 동성애를 즐기고 그들에게 강제로 익비와 정사를 나누게 해 임신시켰다. 이 사실을 알고 있는 홍륜과 최만생을 죽이려던 공민왕은 도리어 그들에게 시해되었다.

다만, 《고려사》의 이 기록을 믿어야 할지는 의문이다. 쿠데타로 건국한 조선 왕조를 정당화하려는 의도로 사실을 왜곡했을 수도 있기 때문이다. 판단은 독자에게 맡길 뿐이다.

어쨌거나 공민왕은 개혁에 실패하고 고려를 종말로 인도한 왕으로 남았다. 밖으로는 원명 교체기라는 대변화 가운데 고려의 위상을 높일 기회가 있었고, 안으로는 외침 및 내란의 위기가 있었지만, 그는 이 중요한 때에 정치를 신돈에게 맡겨버리는 좋지 않은 선택을 했다. 이는 신진 사대부 세력의 반발로 이어졌다. 게다가 그는 성장하고 있는 이성계 같은 무장 세력도 자기편으로 끌어들이지 못했다. 우왕-창왕-공양왕으로 이어지는 고려 왕실은 살얼음판의 연속이었다.

# 우왕, 요동 정벌의 실패로
# 고려의 몰락을 앞당기다

## 홍건적의 난과 원명 교체

원나라는 혜종(명에서 내린 시호는 순제)을 끝으로 막을 내리고 1368년(공민왕 17년) 명나라가 건국되었다. 혜종은 11세 때 고려 대청도에서 귀양 생활을 한 적이 있었다. 그가 재위한 14세기 중후반, 동아시아에 천재지변이 잇따르면서 원에도 식량난이 심각했다. 굶주린 백성들이 농민들을 중심으로 전국 각지에서 반란을 일으켰는데, 이들 반란 세력은 한족 백련교도가 중심이 된 홍건적에 대거 수렴되었다. 1351년 황허강 대범람을 계기로 홍건적이 반란을 일으켰다.

송 휘종 황제의 8세손이라는 홍건적의 수장 한산동은 원나라에 잡혀 참수되었으나, 다른 홍건적들이 그의 아들 한림아를 내세워 송국宋國을 건설했다. 원의 군사력은 이들을 진압하지 못했다. 홍건적 출신 주원장은 몽골족을 몰아내고는 한족의 왕조 명나라를 세웠다.

주원장은 국호를 대명, 연호를 홍무라 하고 1368년 황제로 즉위했다. 명 태조를 홍무제라고도 칭하는 건 그래서다. 그는 20만 대군을 이끌고, 현 북경인 원의 대도를 공격했고 원 혜종은 몽골 본토로 떠났다. 이후 홍무제는 몽골풍 변발과 호복을 금지하는 등 중화 회복을 시도했고, 원이 지배했던 지역에 영향력을 발휘하고자 했다.

1368년 8월, 원의 수도가 함락 위기라는 소식을 접한 공민왕은 의주와 정주 등지의 수비를 강화했다. 9월에는 원 황제와 황후가 상도로 도망갔다는 소식을 고려인 김지수로부터 접했다. 당시에도 고려는 원과 사신을 주고받으며 관계를 유지하고 있었다. 1369년(공민왕 18년) 3월, 원은 공민왕을 우승상으로 승진시켰다. 명과의 전쟁 중이던 원이 고려를 자기편으로 끌어들이려는 의도였다.

같은 해 명 태조는 사신과 함께 명의 건국 사실을 알리는 친서를 공민왕에게 보냈다. 이에 공민왕은 원의 연호 사용을 금함으로써 원명 교체를 공식화하고 예부상서 홍상재 일행을 명에 보내 태조의 즉위를 축하했다.


## 명의 지나친 내정 간섭

1369년 8월, 명은 공민왕을 고려국왕으로 책봉하면서 '서사호'라는 도사를 고려로 보냈다. 특이하게도 서사호에게 고려의 주요 산지를 다니며 도교식 제사를 지내게 했다. 당시 서사호가 고려 산지에 세운 비석들에는 다음과 같은 글이 있었다.

"근자에 고려에서 사신 편에 신하로 복속하겠다는 표문을 보내왔기에 짐이 그 왕을 고려국왕으로 책봉했으니 그 나라 국토 안의 산천도 이제는 우리의 판도에 편입되었다."

여기에 공민왕이 순응한 것은 그럴 수 있다 치자. 그런데 명 태조는 연이어 지나친 내정 간섭이랄 수 있는 행보를 취했다. 1370년 5월, 명 태조는 공민왕에게 조서를 보내 "지나친 불교 숭상을 그치고 그로 인한 폐단을 바로잡아라." "왜구와 원의 잔당 세력에 대비해 방책을 세워라." 등등 간섭의 수준이 도를 넘었다. 그해 7월 명의 홍무 연호를 쓰도록 한 것은 그렇다 쳐도 오악, 오진, 사해, 사독 등 천지의 신과 각 군현의 성황신 호칭이 바뀌었음을 통보한 것은 고려로서는 어리둥절한 일이었다.

공민왕도 명 태조의 행보를 좌시하지만은 않았을 것이다. 그러나 공민왕의 요절로 명에 대한 적절한 대응은 이뤄지지 못했다. 공민왕은 안타깝게도 1374년 45세 젊은 나이에 갑자기 시해당하고 만다.

## 공민왕 시해, 우왕 즉위
————

공민왕 시해 사건 후 권력을 장악한 이는 경복흥과 이인임이었다. 왕위 계승에 관해 둘의 생각은 달랐다. 경복흥은 왕 후계자로 종실 사람을 염두에 두었고, 이인임은 공민왕의 혈통을 지지했다. 《고려사》는 당시 10세였던 공민왕 아들의 아명을 '모니노'라 기록한다. 모니노란 석가모니를 섬기는 종이라는 뜻이다. 1377년(공민왕 22년) 7월, 공민왕은 모니노에게 복을 뜻하는 '우(禑)'라는 이름을 지어주고는 우를 강녕부원대군에 봉했다. 종2품에 해당하는 정당문학

백문보와 전록생, 대사성 정추를 우의 사부로 임명했다.

1374년 10월 공민왕의 뒤를 이어 우왕이 재위했다. 우왕은 즉위 뒤 사면
교서를 내렸는데, 그 교서에 공민왕 시해에 관한 왕실의 공식적인 입장을 담
았다. 핵심은 다음과 같았다.

> "환관 최만생 및 홍륜, 권진, 홍관, 한안, 노선 등이 근신 김홍경과 서로 총
> 애를 다투면서 묵은 원한을 품고 있던 중 기회를 엿보다가 선고를 독살한
> 것이 이 사건의 전말이다."

## 우왕의 정통성 논란

《고려사》는 공민왕 이후 왕좌에 오른 우와 창을 신우, 신창이라 칭하며, 이들
의 연대기를 《고려사》 열전 '반역편' 뒤에 붙이고 있다. 우와 창의 성을 '신'으
로 붙인 데는 정치적 의도가 깔렸는데 그들이 공민왕의 핏줄이 아닌, '신돈'의
핏줄임을 말하고자 한 것이었다. 공민왕의 성씨는 '왕王'이다. 우왕, 창왕이라는
호칭 외에 묘호나 시호가 없는 것은 폐위 뒤 사사되었기 때문이다. 연산군이
나 광해군을 떠올리면 이해하기 쉬울 것이다.

《고려사》 곳곳에 우왕과 창왕이 공민왕의 핏줄이 아님을 말하고 있는데,
흥미로운 것은 자연재해와 왕의 정통성을 연관시키고 있다는 점이다. 유교의
천명 사상에 따라, 군주가 어진 정치와 덕을 펼치지 않아서 하늘이 그 경고로
재변을 내렸다는 이야기를 하고 싶었던 것이다. 그런데도 군주가 반성하지 않
으면, 천명은 덕망 있는 다른 자에게 넘어간다. 이른바 천인감응론天人感應論인

데, 왕조 교체기에 이런 사상은 더욱 두드러진다.

　우왕이 국상을 태묘에 아뢰자 그다음 날 천둥이 치고 우박이 내렸다. 현릉에서 공민왕을 장사지낼 때는 무지개가 해를 둘러싸고 해 곁에 작은 해 2개가 있었다. 현대 과학으로는 이를 '무리해'라 하며 얼음 결정에 의한 굴절 현상으로 해석하지만, 당시 사람들은 큰 재앙으로 받아들였을 것이다. 11월에 종묘에서 제례를 행하던 날, 큰비가 내리고 우뢰와 번개가 치고 지진이 발생했다. 이 모든 게 우왕의 왕위 계승이 잘못되었다는 암시였다.

## 어정쩡한 원명 외교

———

우왕이 즉위하면서 명과 고려의 관계는 뒤틀렸다. 열 살밖에 안 된 우왕을 대신해 공민왕의 모친인 명덕태후와 이인임이 섭정을 했다. 우왕은 공민왕의 시호를 '경효'라 정하고 공민왕을 경효대왕이라 칭했다. 그다음으로 명에 공민왕의 국상을 알리고 시호와 왕위 계승 승인, 책봉 등을 요청했다. 이어서 북원에도 사신을 보내 국상을 알렸다.

　그중 북원의 답신이 먼저 고려에 도착했다. 북원은 공민왕의 아들 우왕의 정통성을 인정하며, 고려가 그간 명을 지지했던 사실을 용서할 테니 함께 군사를 동원해 명을 치자고 했다. 그리고 1377년(우왕 3년) 2월, 북원은 사신을 보내 우왕을 정동성좌승상, 고려국왕으로 책봉했다. 우왕은 북원의 '선광' 연호 사용을 결정했다. 다만, 명나라가 요양에 설치한 정료위를 함께 치자는 북원의 요청은 승인하지 않아 북원의 불만을 샀다.

　1378년(우왕 4년) 3월, 고려는 또다시 명에 사신을 보내 공민왕의 시호 하사와 우왕의 계승을 승인해달라고 거듭 요청했다. 이 요청에 명 태조는 임금을 시해하고 명의 사신을 살해한 자들이 사대 약속을 준수할 리 없다면서 고려의 왕위 계승에 간섭하지 않겠다는 뜻을 밝혔다. 그해 9월 우왕은 명의 '홍무' 연호를 다시 사용하면서 명 달래기를 시도했다.

명 태조는 그동안 고려 사신들을 통해 고려의 내정을 조사하고는 명 사신 살해 진상 파악, 정권 담당자의 입조, 세공 이행 등을 요구했다. 이를 알리기 위해 고려로 들어오던 명 사신은 고려에서 북원에 사신을 보냈다는 사실을 듣고 그대로 명으로 돌아갔다.

고려와 명의 양국 관계는 더는 진전이 없었다. 관계를 개선하려는 고려와 계속해서 고려에 군마 등을 요구하면서 고려가 명에 사대할 진심이 있는지를 시험하는 명의 대립이 이어졌다. 그런 가운데, 요동 혹은 정료위에서 고려를 치려 한다는 보고가 자주 올라왔다. 한마디로 가짜뉴스였지만 그렇다고 고려가 이를 방관할 수는 없었다.

명 태조 역시 잠시 보여준 관계 개선 의지와는 달리, 고려의 공물에 정성이 부족하다면서 고려 사신의 입경 불허, 신년 하례 참여 불허를 일방적으로 알려 왔다. 이후 정몽주 등도 사신으로 명에 들어가려 했으나 요동에서 막혀 돌아와야 했다.

1388년(우왕 14년) 2월, 명 태조는 세공으로 바친 말과 공물 등이 좋지 않으며, 고려에서 몰래 사람을 보내 명의 군사 정보를 염탐하려 한다고 힐난했다. 원에 속했던 철령 이북 지역을 요동으로 귀속시키겠다고도 했다. 우왕은 5도의 성곽 수리 명령을 내리는 한편, 장수들을 서북쪽에 보내 만약의 사태에 대비했다. 최영과는 요동 공략을 논의했다.

## 명에 본때를 보여주자!

1388년 3월, 서북면 도안무사 최원지로부터 이런 보고가 올라왔다.

> "요동 도사가 지휘 두 사람을 보내 군사 1천여 명을 거느리고 와서 강계에
> 이르러 철령위를 세우려 해 요동에서 철령에 이르기까지 역참 70군데를
> 두었다."

명이 군사 1천여 명을 거느리고 왔다는 '강계'는 고려의 서북쪽 경계에 있던 군사 요충지로, 지금의 평안북도에 위치한다. 고려는 명의 조치에 큰 위협을 느꼈을 것이다. 대체 명은 무슨 의도로 군사를 움직인 걸까?

고려는 논의를 거듭한 끝에, 일차로 명에 화해를 청하기로 했다. 박의중을 명에 보내, "철령 이북, 문주, 고주, 화주, 정주, 함주 등 여러 주를 거쳐 공험진에 이르는 지역은 이전부터 본국의 땅으로 공험진 이북은 명에 속하고 공험진 이남에서 철령까지는 본국에 속한다."라고 주장했지만 명은 받아들이지 않았다.

매관매직을 자행하고 백성들의 토지와 노비는 물론, 국유지까지 강탈하는 비행을 일삼던 염흥방, 이인임 일당이 우왕에 의해 처형되었다. 공공의 적이었던 그들을 처형하면서 우왕은 자신감을 얻었던 걸까? 명과의 대치 상태에서 젊은 국왕 우왕은 패기 넘치는 모습을 보였다.

우왕은 당시 최고 군권을 장악한 최영과 의기투합해 요동 정벌을 추진했다. 여기에는 명이 북원과 대치 상태에 있으므로 요동 지역에 군사를 동원하기 어려울 거라는 계산이 깔려 있었다. 우왕은 세자인 창과 후비 등을 한양의 산성으로 옮겨 후사를 도모했다.

## 이성계의 위화도 회군

이성계는 요동 정벌 불가론을 내세웠다. 이유는 첫째, 작은 나라가 큰 나라를 거역할 수 없고, 둘째 여름 농번기에 군대를 동원할 수 없고, 셋째 온 나라가 원정을 떠나면 왜구가 빈틈을 노릴 것이고, 넷째 비가 자주 오는 여름철이라 활이 녹슬고 군사들이 질병에 시달린다는 것이었다.

우왕과 팔도도통사 최영이 요동 정벌을 주장한 이유는 첫째, 최단 시간 내에 요동을 점령해 압록강 동북쪽을 되찾을 수 있고, 둘째 요동 점령이 어려울지라도 고려의 군사력을 과시함으로써 명의 존중을 이끌어낼 수 있다는 것이었다. 당시 고려군은 5만 명이었는데 10만 군대라 부풀려 군의 사기를 올렸고 출병 3일 뒤엔 명의 연호 사용을 금했다.

요동 정벌군이 압록강 하구에 이른 때는 5월이었다. 당시 우군도통사였던 이성계는 좌군도통사 조민수를 설득해 압록강을 눈앞에 두고 위화도라는 작은 섬에서 조정에 회군을 요청했다. 그러나 회군 요청이 받아들여지지 않자 항명해 독단적으로 회군을 결정했다. 이성계 측은 이미 몰락한 북원에 붙어서 요동을 치자는 최영 측의 전략도 불만이었다. 신하의 신뢰를 잃은 우왕의 리더십에도 문제가 있었다.

이성계와 조민수가 이끄는 군대는 쉽게 개경에 입성했다. 우왕과 최영 측을 제거하는 데도 약간의 저항만 있었을 뿐이었다.

그 후 명의 철령위 설치는 어떻게 되었을까? 명은 그 계획을 일단 접었다. 그렇다면 명의 의도는 무엇이었을까? 명은 원의 통치 지역이던 강계가 이제는 자신의 소유임을 강조할 필요가 있었다. 고려가 요동 및 만주로 북진할 가능성을 사전에 막을 필요도 있었다. 원의 통치력이 사라진 요동과 만주는 그야

말로 무주공산이었다. 상당수 고려인이 이미 요동에 거주하고 있었고 고려의 군사력 또한 잘 정비돼 있었기에, 당시 동북아시아에서 고려는 요동 및 만주 일대를 제패할 매우 위협적인 존재였다.

## 쿠데타 이후 뒷정리

위화도 회군 세력은 명에 대한 사대를 망각하고 대군을 일으킨 최영의 죄를 가장 먼저 물었다. 반면 우왕은 왕명과 군령을 어긴 회군 세력을 탓했다. 결론은 뻔한 이야기이지만, 회군 세력의 승리로 끝났다. 최영은 현재의 고양시인 고봉현으로 유배되었고, 1388년(우왕 14년) 6월 우왕은 폐위돼 강화로 추방되었다. 이성계 측은 홍무 연호를 사용하고 명의 의복을 공식화하는 한편, 몽골식 호복 착용을 금했다.

회군 세력의 대표 인물인 조민수는 공민왕의 후비인 정비 안씨의 의견에 따라, 9세에 불과한 우의 아들 창을 우왕의 후계자로 세웠다. 1388년 창왕이 즉위했고, 조정은 명에 왕위 계승을 알리며 고려의 국정을 살필 감독관 파견 등 여러 가지를 요청했다. 그러나 어떤 이유에서인지 명은 고려의 국정에 대해 간여하지 않겠다는 '불상간不相干' 입장을 내놓았다. 고려 조정 마음대로 왕위를 세울 수도 폐할 수도 있다는 의미였다. 이후 창왕 폐위, 공양왕 즉위 & 폐위, 이성계 즉위가 일사천리로 이루어졌다.

1388년 창왕 원년, 유배지를 강화도에서 경기도 여흥(현 여주시)으로 옮긴 우왕이 거사를 도모했다. 우왕은 자신의 측근인 김저와 정득후 등에게 예의판서 곽충보와 힘을 합쳐 이성계를 살해하라고 지시했다. 곽충보는 이를 이성계에게 알렸다. 역모치고는 너무 허술했지만, 결과는 창왕의 폐위와 강화부 유배, 우왕의 강릉부 유배라는 폭탄이 되어 돌아왔다.

공양왕 즉위 후 우왕과 창왕은 모두 평민이 되어 각각 '신우' '신창'으로 불렸다. 1389년 공양왕 원년 12월, 공양왕은 사재부령 윤회종의 청을 수락해 신우와 신창을 죽이도록 했다.

# 공양왕, 회군 세력에 의해 즉위해
역성혁명의 대상이 되다

## 회군 세력이 뒤집어놓은 것들

1388년(우왕 14년) 5월, 요동 정벌군은 요동을 눈앞에 두고 압록강 어귀에서 말고삐를 당겼다. 맨눈으로도 강 건너가 보였지만, 그들은 지체하다가 이내 중국을 향한 창끝을 고려 왕실로 돌렸다. 국내의 위기 상황은 이들 세력에게는 기회였다. 우왕의 실정을 바로잡고 민생 안정을 도모한다는 명분에 딱 맞았다.

이성계 등 무장 세력과 성리학으로 무장한 신흥 사대부가 새로운 권력의 두 핵심이 되었다. 이들은 기존의 이념과 체제를 철저하게 비판하고 판을 새로 짜려 했다. 회군 세력이 첫 번째로 빼든 칼날은 친원파 권력자 척결이었다. 사대 대상은 당연히 원에서 명으로 바뀌어야 했다. 사상적으로는 불교를 배척하고 성리학을 국가 이념으로 받아들여, 정치적으로 이상적인 성인 군주가 다스리는 나라를 꿈꿨다. 경제적으로는 고려 말부터 도모한 전민변정개혁을 확대해 불법 사전私田을 없애고 대농장을 혁파하고자 했다. 이는 과전법 시행으로 이어졌는데, 문무 관료를 18과로 나눠 각각 전지를 지급했고 농민을 위해 경작지의 소유권을 보장하는 한편, 수확의 10분의 1을 조세로 내게 했다. 이 개혁으로 국가 재정 기반이 확충될 수 있었다.

이들의 정치, 사상, 경제 등의 개혁은 구체적으로 어떤 변화를 가져오게 될까?

첫째, 고려는 유교와 불교, 도교와 전통 신앙의 공존을 인정하는 다원주의 사회였다. 그러나 앞으로의 사회는 유교 성리학 중심의 일원화된 사회로 전개될 것이다. 둘째, 고려는 황제국의 정체성을 지닌 나라였는데 조선은 황제국의 정체성을 버리고 중국의 제후국으로 체제를 확고히 한다. 정치 체제는 국왕 중심이 아닌 사대부 중심의 재상 정치로 바뀐다. 이는 공정한 인사행정과 인재 등용이 제도화된다는 의미이기도 했다. 셋째, 농민층의 생계 안정을 위한 다양한 노력이 시도될 가능성이 컸다. 성인 군주를 지향하고 성리학에 능한 사대부 지배층은 백성을 위한 정치를 표방했기 때문이다. 과연 이는 어떻게 실현되었고 그 결과는 어떠했을까?

## 기득권의 심각한 부정부패

————

기존 지배층은 당연히 이런 변화를 수용할 수 없었다. 그들은 백성들을 착취하고 부정부패로 온갖 부귀영화를 누리고 있었기 때문이다. 권력층의 부패 수준이 얼마나 심각했는지 몇 가지 기록을 통해 살펴보자.

첫째, '수정목공문'이라는 말이 있다. 수정목공문이란 수정목으로 만든 공문서라는 뜻으로, 우왕 때 문하시중을 지낸 임견미의 횡포를 가리킨다. 종1품 최고 관직에 있었던 임견미는 누가 좋은 땅을 가지고 있다는 이야기가 들리면, 당장 자기 노비를 그 땅 주인에게 보내 반강제로 땅을 빼앗았다. 땅 주인들은 임견미의 노비들이 몽둥이로 하도 때리는 통에 이를 견딜 수 없어서 마지못해 땅을 넘기는 문서에 서명했다. 이때 사용한 몽둥이가 수정목이라는 물푸레나무였다. 수정목을 휘둘러 강제로 만든 땅문서라는 뜻으로 '수정목공문'이라 했다.

둘째, '철문어부윤'이라는 말이 있다. 우왕 때 병부상서였다가 권세가에게 뇌물을 바쳐 계림부윤이 된 배원룡의 직위를 비꼰 말이다. 배원룡은 자신의 지위를 이용해 백성을 침탈했는데, 심지어 농기구인 쇠스랑까지 빼앗았다. 다리 여덟 달린 문어의 모습이 쇠스랑 같기도 하고, 이것저것 다 먹어치우는 탐욕스러운 습성이 문어와 같다 해서 향인들이 '부윤'인 그를 '철문어부윤'이라 불렀다.

셋째, '흑책정사'다. 말 그대로 '흑책'으로 하는 행정 처리라는 뜻이다. 당시는 '무전자 무구직無錢者 毋求職' 즉 "돈 없는 자는 관직을 구하지 말라."는 말이 유행할 정도로 인사행정에서 부패가 심했다. 흑책이란 어린아이들의 글씨 연습을 위해 두꺼운 종이에 기름을 먹인 연습장을 말했다. 인사 명단이 내려지면 권세가들은 돈을 받고 명단을 조작했는데, 붉은 글씨와 검은 글씨가 뒤섞이면서 마치 '흑책'처럼 거무튀튀하게 변했다는 데서 나온 말이 '흑책정사'다.

끝으로 '홍분유취'를 살펴보자. 홍분유취란 "분홍색 옷을 입고 입에서 젖내가 난다."는 뜻으로 분홍방이라고도 한다. 부정하고 문란했던 과거시험 운영에 대한 일종의 시사용어라 할 수 있다. 젖비린내 나는 어린아이들이 권세가의 자제라는 이유 하나만으로 국자감시 같은 과거에 급제한 것을 가리켰다. 충혜왕 시절 왕의 측근 최안도의 아들 최경이 10세에 과거에 급제하자 젖비린내 나는 아이가 급제했다乳臭中第는 비난이 쏟아진 것이 그 예다.

백성들은 이중 삼중을 넘어 6~7차례나 거듭된 각종 조세 수취를 견디지 못해 자진해서 권세가나 사원의 노비가 되었다. 경작할 땅이 없는 농민들의 현실에 "송곳조차 설 땅이 없다無立錐之地."라는 말이 돌았다.

지배층이 친원, 친명을 두고 갈등을 벌이는 사이 홍건적과 왜구가 고려 곳곳을 헤집어 놓았다. 게다가 공민왕 때부터 우왕 때까지 유독 자연재해가 심하고 이변이 많이 발생했다. 기근으로 시달리던 백성들이 서로 잡아먹는 일이 벌어졌고 굶어 죽은 시신이 길에 널렸다.

## 고려의 마지막 장면들

────

고려 말 회군 및 개혁 세력은 우왕과 창왕을 폐위하고 공양왕을 옹립했지만, 공양왕 역시 무사하지 못했다. 공양왕에게 정치에 개입할 여지는 주지 않으면서 올바른 군주가 돼야 한다고 강조했다. 공양왕과 고려 왕실을 그나마 지키려 한 세력은 정몽주를 비롯한 온건 개혁파였다. 온건 개혁파가 볼 때 조준과 정도전 등은 지나치게 급진 개혁적이고, 나아가 고려 왕실을 부정하기까지 했다.

정몽주를 비롯한 온건 개혁파는 급기야 위화도 회군 세력과 이들을 지지한 신진 세력을 견제하고 제거하고자 했다. 이들은 1392년(공양왕 4년) 4월, 정도전을 "가풍이 부정하고 파계派系가 불명하다."라는 이유로 유배시켰다. 조준, 윤소종 등도 관직을 삭탈하고 먼 지방으로 유배 보냈다. 공양왕은 이에 심적으로 동조했다.

이성계의 아들 이방원은 정몽주를 자기편으로 끌어들이려 했다. 이때 이방원과 정몽주가 주고받은 시조가 '하여가何如歌'와 '단심가丹心歌'다. 이방원은 '하여가'로 정몽주를 초빙했고, 정몽주는 '단심가'로 이를 거절했다.

이런들 어떠하리 저런들 어떠하리
만수산 드렁칡이 얽혀진들 어떠하리
우리도 이같이 얽혀 백 년까지 누리리라

– 이방원, 〈하여가〉


이 몸이 죽고 죽어 일백 번 고쳐 죽어
백골이 진토되어 넋이라도 있고 없고
임 향한 일편단심이야 가실 줄이 있으랴

– 정몽주, 〈단심가〉


공양왕의 묵인 속에 이루어진 정도전 등에 대한 제거 시도는 며칠도 안 돼 실패로 돌아갔다. 광흥창사를 지낸 정탁의 촉구로 이방원은 결국 정몽주를 살해했다. 이로써 지지 세력을 잃은 공양왕은 이성계와 함께 임금과 신하가 서로의 안위와 생명을 보장하는 동맹을 맺고자 했다. 그리고 그 맹세문을 이방원에게 작성하게 했다. 주요 내용은 다음과 같다.

"경이 없었더라면 내가 어찌 이에 이를 수 있었겠는가? 경의 공덕을 내가 감히 잊겠는가? 황천이 위에 있고 후토가 곁에 있으니 자손 대대로 서로 해치는 일이 없을 것이로다. 내가 경을 저버리는 일이 있을 경우 이 맹세와 같이할 것이다."

그러나 공양왕과 이성계의 동맹은 성사되지 못했다. 우시중 배극렴 등의 강요로 왕대비인 정비 안씨가 공양왕 폐위 교서를 내린 것이다. 이로써 정비 안씨는 우왕, 창왕에 이어 공양왕을 폐위한 역사적인 인물이 되었다. 1392년 7월 공양왕은 강원도 원주로 추방되었다가 1394년 4월, 삼척부에서 50세에 살해된다.

# 휘청거리면서도 화려하게 발달한
# 500년 고려, 그 비결은?

## 안팎으로 끝없는 우환

고려는 476년간 왕조를 유지했다. 중국과 비교해 보아도 중세 왕조로서는 비교적 오래 유지된 편이었다. 어떻게 그럴 수 있었을까?

사실, 고려는 내우외환으로 바람 잘 날 없는 시대였다. 건국 초기부터 많은 반란에 시달렸다. 내란으로 왕규의 난(945년), 강조의 정변(1009년), 김훈·최질의 난(1014년), 이자의의 난(1095년), 이자겸의 난(1126년), 묘청의 난(1135년), 정중부·이의방의 난(1170년), 조위총의 난(1174년), 최충헌의 쿠데타(1196년), 조적의 반란(1339년), 조일신의 난(1352년), 김용의 난(1363년), 위화도 회군(1388년) 등이 있었다.

밖으로는 거란, 여진, 몽골, 왜구 등이 호시탐탐 고려를 삼키려고 노렸다. 3차례 이상에 걸친 고려와 거란의 전쟁, 여진족의 침탈과 이들을 몰아내기 위한 윤관의 사투, 30년 넘게 지속된 몽골과의 전쟁, 홍건적 침략과 왜구의 노략질

등이 그랬다.

## 유연한 외교 전략

고려는 지정학적으로 송나라, 거란, 여진족에 둘러싸여 늘 전쟁의 위협 속에 살았다. 그때마다 전쟁 대신 외교로 갈등을 해결하고자 했다. 명분과 실리를 모두 챙기는 것을 외교의 최우선 원리로 삼았다는 것은 지금으로도 매우 뛰어난 전략이다.

　고려 전기에는 송나라와 거란(요) 사이에서 중립을 취했다. 서희의 외교 담판 후 고려는 송과 외교 관계를 단절하고 거란과 사대를 맺었다. 그러나 비공식 채널로는 송과 계속 관계를 맺었고, 거란과는 고려 영토에 대해 한 치도 양보하지 않았다. 압록강 유역 보주 땅을 결국 고려의 영토로 확보한 것이 그랬다.

　여진(금)과도 사대 관계를 맺었지만 이는 고려의 필요에 의한 것이었다. 송나라의 선진 문물을 수용했고 문종 때는 고려의 문물이 송에 견줄 수 있을 정도가 되었다. 외형이 어쨌든 고려와 송, 요, 금 간의 외교 및 교역 등을 주도한 나라는 사실상 고려였다.

　그러나 몽골, 즉 원나라가 들어선 후부터는 상황이 달라졌다. 30년 넘는 몽골과의 전쟁에 왕실의 권위는 실추되었고 백성들은 지쳐갔다. 최씨 무신 정권이 몽골과의 항쟁을 주도했으나 상황 유지만 될 뿐 달라지는 것은 없었다. 그 피해는 고스란히 백성들에게 돌아갔다. 민심은 최씨 정권에서 멀어졌고, 결국 원종이 몽골의 쿠빌라이칸과 협상해 무신 정권을 제거하고 왕실 복원의 기회를 얻었다. 원종의 선택으로 고려 왕실의 자주성은 지켰으나, 고려는 원의 부마제후국가로 전락했다.

## 우수한 문명과 고려 중심의 세계관

고려인들은 태조 왕건 이후 왕실 혈통이 용손이라는 뚜렷한 의식을 가졌다. 한마디로 고려 왕실의 혈통은 신성하다는 것이었다. 고구려 왕실의 천손 의식, 신라 왕실의 성골 의식과 비슷한 것이라고 보면 된다. 팔관회나 연등회 같은 국가 의례에서 태조 숭배 사상이 결합되면서 이 같은 의식은 더욱 공고해졌다.

왕실의 혼인 방식에도 용손 의식이 작용했다. 신라의 성골, 진골들이 근친혼을 행한 것처럼 고려 왕실도 신성한 혈통 간 혼인이 자연스러웠다.

태조 때부터 고려는 해동 천자인 황제가 다스리는 나라, 여러 부처가 가호해주는 나라로서 주변국에서 달려와 귀의하는 태평성대의 국가였다. 남만북적 등이 흠모해 귀화를 희망하는 군자의 나라였다.

대체 어디서 그런 자신감이 나왔을까? 고려는 불교와 유교를 균형 있게 받아들임으로써 문명을 최고조로 발달시켰다. 고려의 대장경 조판과 보관 기술은 어느 나라도 따라올 수 없는 예술의 경지였다. 하늘과 땅 및 조상신에 대한 제사, 인재 양성과 선발을 위한 유교 교육, 국왕이 왕도 정치를 시행해야 한다는 개념과 가르침, 도교의 하늘신 숭배, 전통 신앙 관련 산천신 숭배 등등이 다 그랬다. 고려는 해동 천하의 황제국이라는 자부심에 화려한 문명 발달을 등에 업고 어느 민족에게도 뒤지지 않을 자신감에 콧대가 높았다. 고려 중심의 세계를 꿈꾼 태조의 야심이 어느 정도 실현된 셈이었다.

풍수도참을 통해 왕실의 위상을 유지, 강화한 면도 주목할 필요가 있다. 태조가 개국 후 천도한 송악에 얽힌 도참설, 수덕이 성한 서경을 태조가 정성 들여 개척한 일, 진정한 삼한일통을 위해 개경과 서경을 모두 중시한 것 등이 그랬다. 허약한 기운을 보완하고 지나친 기운을 누르는 비보진압풍수는 고려 왕실이 위기에 처했을 때 민심 안정에 기여했다.

서경 천도, 남경(한양) 천도 등 풍수도참에 의한 천도론을 수용한 것도 민심을 통합하는 데 주효했다. 국란 위기 속에서 강화도로 천도한 일이 있었지만 풍수상으로는 개경과 서경, 남경이 주로 언급되었다. 게다가 천도라고 해서 과거의 도읍지를 완전히 떠난 것은 아니었다. 원래의 도읍지를 경영하면서 국왕이 또 다른 도읍지를 경영하는 방식을 택했다. 당시는 이것만으로도 풍수지리적으로 고려 왕실이 중흥을 꾀할 수 있다고 믿었다.

## 황제국으로 격상된 국격

고려는 왕위 계승 방식에서 유교 또는 성리학 차원의 적장자 계승을 고집하지 않았다. 국왕은 죽기 전에 장자나 직계 혈통이 아니더라도 덕성과 현명함이 최고인 혈통을 후계자로 지목했다.

원 간섭기 이전까지 고려는 황제국에 준하는 호칭과 용어를 사용했다. 태자, 태후, 제왕, 만세, 절일, 원구단제사 등이 그랬다. 인종 때는 국가 문서에서 왕을 '신성제왕'이라 칭했다는 기록이 있다. 《제왕운기》에는 "대금국 황제가 고려국 황제에게 글을 부친다."는 문장이 있다.

종합하면, 고려인의 자기 의식과 정체성은 매우 높은 수준이었다. 이는 태조가 기획한 고려에 대한 큰 그림과 이를 실현하려는 왕실의 노력, 그리고 민심이 잘 맞아떨어진 결과라고 볼 수 있다. 500년 고려 역사가 휘청거리면서도 유지된 비결은 거기에 있지 않을까?

5장

# 유교 정치와 선비의 나라: 조선 시대

# 태조 이성계, 역성혁명으로 즉위해 국호를 조선이라 정하다

## 하늘이 점지한 이성계의 즉위

역사서들은 태조 이성계에게 천운이 있었다는 여러 조짐들을 담고 있다. 태조 이성계의 즉위는 하늘이 점지한 것이고, 그의 즉위를 어진 영웅들이 돕는다는 내용이었다. 이성계는 외모상으로는 높은 코와 용의 얼굴, 기이하게 큰 귀가 있었고, 싸우는 황소를 양손으로 붙들어 말릴 정도의 힘과 백발백중의 활솜씨, 천하제일의 말타기 솜씨 등을 가지고 있었다. 운명을 보는 사람이 이성계의 관상을 보고 그는 군왕의 운명을 가졌고 왕씨를 대신할 것이라 예언했다고 한다.

꿈과 도참은 더욱 기이했다. 어느 날 이성계는 꿈에서 자신이 허물어진 집에 들어가 세 개의 서까래를 지고 나오는 것을 보았는데, 무학대사가 '왕王' 자의 형상이라고 그 꿈을 풀이했다. 신선이 금빛 나는 자金尺를 가지고 내려와 이성계에게 주면서 나라를 바르게 할 인물이라 말하는 꿈도 꾸었다. 도참에 관해서는 어떤 사람이 지리산 바위 속에서 "목자木子가 돼지를 타고 내려와서 다시 삼한의 강토를 바로 잡을 것이다."라는 글귀를 발견했는데, '목자木子'를 조합하면 이성계의 이씨다. 또한 '비의非衣' '주초走肖' '삼전삼읍三奠三邑' 등의 글귀도 발견했는데 비의는 배씨裵氏로 배극렴을, 주초는 조씨趙氏로 조준을, 삼전삼읍은 정씨鄭氏로 정도전을 가리킨다. 서운관 비기에 "왕씨가 멸망하고 이씨가 일어난다."라는 글귀와 '조명早明'이라는 낱말이 있었다. 조명은 조선朝鮮을 뜻한다.

## 새로운 정치의 시작

———

이성계 즉위는 남은, 조인옥, 조준, 정도전, 조박 등 52인에 의해 이미 결정된 사안이었다. 1392년 7월 17일 개경 수창궁에서 이성계가 왕위에 올랐다.

《태조실록》은 태조에게 천운이 있었다는 여러 조짐들을 앞에서 살펴본 바처럼 기록으로 남겼다.

태조는 즉위 이튿날 조반 일행을 명에 보내 즉위 사실을 알렸다. 명 태조는 "이미 이씨를 높였으니 병난이 없도록 하고, 사람마다 하늘이 준 즐거움을 누리게 하라."는 요지의 문서로 화답했다. 이는 공민왕-우왕-창왕-공양왕의 폐위와 즉위 과정처럼 명에서 공식 책봉을 하지 않고 태조의 즉위를 인정하는 일종의 묵인이었다.

사헌부는 왕명을 받들어 개혁 10개 조를 올렸다. 사헌부는 왕명을 받들어 개혁 10개 조를 올렸다.

개혁 10개 조

(1) 기강을 세울 것  (2) 상벌을 분명히 할 것  (3) 군자를 가까이하고 소
인을 멀리할 것  (4) 간언을 받아들일 것  (5) 남을 헐뜯거나 아첨하는 것
을 근절할 것  (6) 안일과 욕심을 멀리할 것  (7) 절약과 검소를 숭상할 것
(8) 환관을 물리칠 것  (9) 승니(僧尼)를 가려 학문과 덕행이 있는 자는 뜻
을 이루게 하고 그렇지 않은 자는 환속시킬 것  (10) 궁궐을 엄중하게 할 것


문무백관의 관제도 새로 정했다. 태조의 4대 조까지 존호를 올려 4대 조부
터 아래로 각각 목조, 익조, 도조, 환조라 했으며, 무덤의 능호도 정했다. 태조
의 부인 강씨를 '현비'라 하고 왕자들을 '군'이라 했다.

태조의 즉위 교서는 정도전이 작성했는데, 즉위 후 열흘이 지난 1392년 7월
28일에 반포되었다. 국호는 그대로 '고려'였다. 고려 말의 폐단은 고치되 큰 틀
은 고려의 것을 유지하는 것으로 했다. 이성계는 명으로부터 국호를 승인받기
전까지 나라 이름을 그대로 유지하면서 '고려권지국사高麗權知國事'라 했다. 임시
로 고려의 국사를 맡는다는 의미였다.


## '조선'의 탄생

1392년 11월 태조는 국호 결정을 위해 예문관 학사 한상질을 명 남경에 보냈
다. 국호 후보로 '조선朝鮮'과 '화령和寧' 등이 포함되었는데 명 태조는 "조선의 칭
호가 아름답고 전래한 지 오래되었다."라면서 '조선'을 택했다. 1393년(태조 2년)
2월 15일 이른 새벽을 기해 나라 이름은 '조선'이 되었다. 이를 기념해 태조는

나라에 큰 사면령을 내렸다.

태조는 조선의 국왕이 되었으나 명에서의 공식 명칭은 아직 왕이 아닌 '권지국사權知國事'였다. 임시 왕이라는 의미였다. 조선 국왕 책봉과 국왕인國王印에 대한 명의 결정은 태조 재위 기간에는 이루어지지 않았고, 태종 원년인 1401년 6월 12일에야 이루어진다.

## 고려의 뿌리를 제거하다

역성혁명으로 왕위에 오른 태조는 고려 왕실을 어떻게 처리할지 결정해야 했다. 정벌이 아닌 폐위 및 추대 형식으로 오른 왕좌였기에 이는 명분상 중요한 문제였다. 태조는 그 점을 감안해 공양왕 및 고려 왕실 처리 방식을 온건한 방향으로 정했다. 공양왕 등에 대해서는 폐위 및 유배 결정을 내렸고, 공양왕의 동생 귀의군 왕우에게는 고려 왕실의 제사 봉향을 맡겼다. 귀의군 왕우는 이성계와 현비(신덕왕후) 강씨 사이의 맏아들 무안군 방번의 장인이기도 했다. 무안군은 이성계의 아들 중 유일하게 고려 왕실과 혼인을 맺었다. 나머지 고려 왕실 사람들은 대부분 강화와 거제에 나눠 살도록 했다.

그러나 1394년 4월, 결국 이성계는 왕씨 세력을 제거하기로 결정한다. 왕씨 세력이 고려 왕실 부흥을 도모하므로 뿌리를 뽑아야 한다는 것을 그 명분으로 들었다. 고려왕조에서 왕씨 성을 받은 사람들은 원래의 성을 쓰게 하고 고려 왕실의 후손이 아니더라도 왕씨 성을 쓰는 자는 모두 모계 성을 쓰도록 했다. 이 결정에 대해 이성계는 대신들의 청이어서 어쩔 수 없었다고 합리화한다. '공양왕'이라는 시호 및 능호도 한참 뒤인 태종 16년인 1416년에 이르러야 정해진다.

태조 이성계는 이후 관음굴, 현암사, 삼화사에서 불교 의례로 고려 왕씨를 위한 수륙재를 베풀어 위로했다. 훗날 태종이 명에 의해 정식 책봉되고 조선 왕조가 안정되면서 왕씨 세력에 대한 탄압은 비로소 그치지만, 이미 고려 왕실 후손은 그야말로 씨를 찾을 수 없을 정도가 된 뒤였다.

# 태종, 왕자의 난을 넘어 왕권 강화의 상징이 되다

## 제1차 왕자의 난

58세에 즉위한 태조는 후계자 문제가 시급했다. 태조에겐 장수 시절 조강지처였던 한씨(신의왕후)가 있었는데, 한씨 사이에서 6명의 아들을 두었다. 두 번째 아내로 강씨(신덕왕후)를 들였는데, 그 사이에서 2명의 아들을 낳았다. 태조는 강씨를 무척 사랑했다. 강씨가 고려 말 대표적 권문세족인 신천 강씨 가문의 딸이자 태조보다 무려 21세나 연하였으니 그럴 만도 하지 않았을까?

그래서인지 태조는 그 많고 많은 아들 중 하필 강씨 소생의 막내인 이방석을 세자로 책봉하는 무리수를 두었다. 위화도 회군에서 결정적 공을 세운 자식들은 다름 아닌 한씨 소생의 아들들이었는데도 말이다. 태조의 이 결정에 한씨 소생의 다섯째 아들 이방원의 불만이 가장 컸다. 이것이 불씨가 되어 제1차 왕자의 난이 벌어진다.

그런 가운데 최고 권력자 정도전의 급진적 개혁에 브레이크가 걸렸다. 개국

1등 공신 정도전은 조선왕조 개창에 대한 자부심이 대단했다. "한 고조가 장자방을 쓴 것이 아니라, 장자방이 곧 한 고조를 쓴 것이다."라는 말처럼 정도전은 자신이 태조를 만든 킹메이커라고 자부했다. 조선의 체제를 하나하나 만들어 나간 장본인도 정도전이었다. 경복궁, 근정전, 사정전을 비롯해 한양 시내의 거리 이름도 대부분 그가 직접 지었고, 그런 바쁜 와중에 법전인 《조선경국전》과 정치서인 《경제문감》도 편찬했으니 그의 탁월함은 아무리 강조해도 지나치지 않다.

정도전의 자신감이 너무 과했던 걸까? 그가 명 황실에 보낸 서한이 명 태조의 심기를 건드렸다. 명은 조선에 대해 "남을 업신여기며 잘난 척해 가까운 사이에 분란을 일으킨다."는 뜻의 '생흔모만生釁侮慢'이라는 표현을 썼다. 급기야 1397년, 정도전을 명에 압송하도록 요청했다.

이에 정도전은 요동 정벌을 계획했다. 의흥삼군부를 설치해 군 체제를 단일화하려 시도했다. 사병도 없애고 중방도 폐지했다. 그러나 이방원 등 왕실 세력은 자기들의 사병을 없애려 한 정도전에게 큰 불만을 가졌고, 정도전이 왕자들의 힘을 무력화시켜 왕실을 넘보려 한다고 의심하기에 이르렀다.

1398년(태조 7년) 10월 5일, 이방원은 다른 친형제들을 포섭해 군사를 일으켰다. 정도전과 남은을 비롯해 정도전 일당을 죽였다. 세자 이방석과 그의 친형 이방번도 죽였다. 이것이 제1차 왕자의 난이었다. 무인년에 일어났다 하여 '무인정사'라고도 한다.

공석이던 세자 자리는 당연히 정안군 이방원이 차지할 것 같았으나 이방원은 둘째 형 영안군 이방과에게 세자 자리를 넘겼다. 첫째 형 이방우는 사망해서 없었다. 태조의 선위로, 42세 영안군은 1398년 9월 조선 2대 왕으로 즉위했다. 그가 바로 정종이다.

## 제2차 왕자의 난

제1차 왕자의 난에서 이방원은 권력의 실세로 우뚝 섰다. 넷째 형 이방간은 동생 이방원이 새삼 다시 보였다. 동생이 특출난 줄 그제야 알았다. 왕위 욕심이 있었던 이방간에게 동생 방원은 눈엣가시였다.

그런 가운데 박포가 이방간을 부추겼다. 박포는 제1차 왕자의 난 때 이방원에게 정도전의 음모를 알려주고는 그 공으로 죽성군에 봉해지고 지중추부사가 되었다. 그런데 이런 처우에 만족하지 못하면서 박포는 이방간의 야심을 알게 된 이후 그를 선동한 것이다.

1400년 1월 26일에 이방간과 박포는 그동안 키워 왔던 사병을 동원했다. 그 즉시 이방원도 사병을 동원했고 두 세력은 개경 시내에서 대치했다. 잘 훈련된 병사들로 구성된 이방원의 사병들이 이방간의 군대를 제압했다. 이방간은 토산으로 유배되고 박포는 참수되었다.

이방원의 최측근이던 하륜은 정종에게 이방원을 세자로 책봉할 것을 청했다. 모든 실권이 동생 방원에게 있는 현실 속에서 정종은 선택의 여지가 없었다. 정종은 이방원을 세자로 책봉하고는 그에게 양위했다. 정종의 양위를 받아 이방원이 태종으로 즉위했다.


## 왕권 강화를 위해서라면 뭔들 어려우랴

왕위에 오른 태종은 먼저 왕실 안정을 도모했다. 태조를 태상왕으로, 형 정종을 상왕으로 극진히 모셨다. 첫째 아들 양녕을 일찌감치 세자로 정해 후계자

경쟁도 없애고자 했다. 아버지 태조와는 관계가 좋지 않았다. 동생들을 죽인 태종을 용납할 수 없었던 태조는 궁을 떠나 한동안 돌아오지 않았다. '함흥차사'라는 말이 돌 정도로 태종은 태조의 마음을 쉽사리 돌리지 못했는데, 하륜 같은 현명한 신하의 도움과 태종의 진심 어린 효성으로 결국 태조의 마음을 돌리는 데 성공했다. 왕실 안정은 태종 정치의 큰 밑바탕이 되었다.

이어서 태종은 조선왕조의 도읍지를 한양으로 확정했다. "이미 술에 취하고 이미 덕에 배부르니 군자만년 그대의 큰 복을 도우리라既醉以酒 既飽以德 君子萬年 介爾景福."라는 의미를 담은 경복궁을 재정비했다. 연못을 파고 경회루를 짓고 그 흙으로 아미산을 만들었다. 경복궁을 정궁으로 운영하는 한편, 이궁으로 창덕궁을 조성함으로써 왕실의 위상을 높였다.

태조는 명으로부터 조선국왕으로 추인만 받았을 뿐, 책봉 칙서 등은 받지 못했다. 반면, 태종은 명의 3대 황제인 영락제로부터 책봉을 받아 명실상부한 '조선국왕'이 되었다. 명 황실과 관계가 좋아진 조선은 1년에 4차례 명에 사신을 파견하게 되었다. 이는 조선의 위상이 다른 주변국과 다름을 상징하는 일이었다. 비록 무산되었지만, 태종 때 세자와 명나라 황녀와의 혼인을 추진하기도 했다. 태종은 왕실 족보인 《선원록》을 정비해 비태조계를 왕위 계승에서 제외했다. 대마도 정벌을 추진해 왜구 문제도 해결했다.

태종은 왕실과 신료들의 충성심을 시험하기 위해 4차례 선위 파동을 일으켰다. 이 과정에서 세자의 외삼촌이자 태종의 처남들인 민무구, 민무질 형제를 자결하게 했는데, 죄목은 장차 임금이 될 어린 임금을 끼고 붕당을 만들어 왕실을 해친다는 것이었다.

게다가 세자 양녕도 폐위했는데, 그가 간신의 말을 믿고 어리와 같은 여색에 빠져 장차 왕실을 어지럽힐 수 있다는 것을 명분으로 들었다. 훗날 세종이 재위하던 때, 상왕인 태종은 세종의 장인 심온에게도 스스로 목숨을 끊게 하는 냉혹함을 보였는데, 태종이 병권을 장악하고 있음을 심온이 비판했다는 것을 죄목으로 들었다.

그런 태종이었지만, 임종을 앞두고는 백성들의 생계를 걱정했다. 음력 5월이 되도록 농사철에 비가 오지 않자 "지금 가뭄이 심하니 내가 죽은 뒤 아는 것이 있다면 반드시 이날 비가 오도록 하겠다."라고 했다. 그래서 조선 시대에는 태종의 기일인 음력 5월 10일 내리는 비를 '태종우'라 불렀다.

# 세종, 이토록 백성을 사랑한 완벽한 왕이라니!

## 양녕대군의 폐세자

조선판 '왕좌의 게임'에서 승리해 강력한 왕권을 구축한 태종도 마음대로 안 되는 것이 있었으니 바로 자식 문제였다. 태종은 1404년(태조 4년) 장자 이제(양녕대군)를 왕세자로 책봉했다. 하지만 세자 제는 여성 편력을 비롯해 많은 문제를 일으켰다. 태종은 세자 제와 좀처럼 뜻이 맞지 않았다.

별안간 태종은 세자에게 양위하겠다며 '선위 파동'을 일으켰다. 실은 세자와 대신들의 움직임을 파악하기 위한 쇼였다. 세자의 외삼촌 민무구와 민무질 형제는 태종의 양위 소식에 좋아했다는 이유로 제주도에 유배돼 훗날 자결했다. 1418년(태종 18년) 6월 3일 세자 제는 폐세자되어 경기도 광주의 사저로 떠났다. 태종은 셋째 아들 도(충녕대군)를 세자로 책봉했다.

《세종실록》의 맨 첫 페이지를 보면, 장남 양녕대군을 폐세자하고 셋째 아들 충녕대군을 세자로 책봉한 과정이 나온다. 양녕대군의 잘못이 크게 부각

된다. 양녕대군의 장남을 세자로 책봉하는 의견도 있었으나, 아비를 폐하고 아들을 책봉하는 것은 무리수라는 이야기도 오갔다. 신하들이 "어진 이를 가려 택할 것擇賢"을 왕에게 아뢰었다. "왕으로서, 아버지로서 아들에 대해 가장 잘 아는 이는 부왕뿐"이라며 신하들은 태종의 최종 선택을 기다렸다.

1418년(태종 18년) 8월 8일 태종은 많은 천재지변과 오랜 지병을 이유로 세자 충녕에게 전위 교서를 내렸다. 며칠 뒤인 8월 11일 세종은 성대한 즉위식과 함께 조선의 4대 국왕에 오른다. 아무도 예상치 못한 급작스러운 선위였다.

형인 양녕과 효령이 동생 충녕의 능력을 알아보고 양보했다는 이야기도 전해진다. 태종의 마음이 양녕을 떠난 것을 눈치챈 효령이 부왕의 마음에 들고자 행동을 조심하며 열심히 공부했다. 어느 날 양녕은 효령의 방에 들어와 동생을 발로 차면서 "어리석다. 충녕이 성덕이 있는 것을 너는 알지 못하느냐?" 하자, 효령이 크게 깨닫고 뒷문으로 나가 승려가 되었다고 한다.


## 과연 왕으로서도 대단했나?

―――

《조선왕조실록》을 살펴보면, 태종의 가장 큰 업적은 무도한 세자를 폐위하고 충녕대군의 자질과 능력을 알아본 것 같다. 이른바 세종을 위해 맛있는 '밥상'을 차려 놓은 것이 태종의 가장 큰 업적이라 하겠다.

실제로 세종은 정말 군주로서 자질이 대단했을까? 왕자 시절부터 세종을 가까이서 지켜본 많은 사대부와 측근들은 모두 망설임 없이 "예스!"라고 답했을 것이다. 그럼 역사를 기록하는 사관들은 어땠을까? 사관들은 대체로 비판적 입장을 지니며 직서直書를 원칙으로 쓴다.

세종은 학문을 좋아하고 게으름이 없어 왕실에 소장된 책들을 누구보다 많이 읽었다고 한다. 세종은 덥든 춥든 종일토록 독서 삼매경에 빠졌다. 실록을 보면, 세종은 즉위 뒤에도 열심히 학문에 정진했다. 일을 뒤로 미루는 법이 없었다. 매일 새벽 2시경에 일어났고 날이 밝으면 신하들의 문안 인사를 받았다.

군왕이 이토록 부지런한데 신하들이 어찌 게으름을 피울 수 있었을까? 세종은 신하들을 일일이 만나 정치에 관련된 일을 묻고 들었다. 이를 윤대輪對라 했다. 세종은 작은 일에도 신하의 말에 귀를 기울였다. 신하가 수령으로 나아갈 때는 일일이 면담해 백성들을 불쌍하게 생각하고 사랑하라고 타일렀다.

세종은 성학聖學을 깊이 연구했다. 경연에 나가 고금의 도리에 대해 강론한 뒤에 내전에 들어가서 또 책을 읽었다. 손에서 책을 떼지 않았다. 경서는 100번 이상 읽었고, 자사는 30번 이상 읽었다.

세종은 효성 또한 지극했는데, 왕으로서 굳이 안 해도 되는 일까지 부모에게 했다. 무엇보다 세종의 장점은 백성들을 진심으로 아끼는 마음이었다. 백성을 위한 일이라면 손수 농사도 짓고 작황도 알아보고, 과학적 영농을 위한 농서도 편찬했다. 백성들이 직접 의사 표현을 할 수 있도록 방책을 찾았다.

명나라와는 사대 관계 유지에 힘썼고, 일본과 유구 등 주변국과는 우월한 위치에서 좋은 관계를 맺었다. 이렇게 안팎으로 완벽한 왕이 또 있을까?


## 유교 정치와 학문 장려

세종은 조선 시대 유교 정치의 대명사다. 단지 유교 이념만 좇은 게 아니라, 이를 실천하기 위해 성실히 공부했고 제도를 정비했다. 왕실과 사대부의 학문과 관혼상제 같은 예법은 주희의 《주자가례》를 따르도록 했다. 유교의 여러 가르침을 한마디로 정리하면, '수신제가치국평천하修身齊家治國平天下'로 압축할 수 있다. 먼저 몸과 마음을 닦아 수양해 집안을 안정시킨 후에 나라를 다스리고 천하를 평정하라는 말이다. 세종은 특히 '치국평천하'를 이루기 위해 백성의 삶을 보살피는 것을 가장 우선으로 보았다.

세종은 그동안 유명무실했던 집현전 활성화에 나섰다. 고려 인종 때 연영전에서 집현전으로 이름이 바뀐 뒤로 경전 강의와 임금 자문 기구로 명맥만 유지한 채, 별다른 활동은 없었다. 1420년(세종 2년) 3월, 세종은 궐내에 집현전을 설치하고 정1품 관서로 높여 오로지 경사 강론, 서적 교정, 국왕의 자문에 대비하게 했다. 박은을 정1품 영전사로, 변계량을 정2품 대제학으로, 최만리를 박사로 삼았다. 이때부터 집현전은 전문적인 학문 연구 기관이 된다.

집현전의 업적은 크게 서적 편찬, 한글 창제, 과학적 발명 세 가지로 나눌 수 있다. 먼저, 세종 때 어떤 서적이 편찬되었는지 보자. 첫째, 예법서다. 길례(제사 예절), 가례(왕실과 민간의 혼례), 빈례(손님 또는 사신 접대 예절), 군례(군사 의식에 관한 예절), 흉례(상중 예절) 가운데 실행해야 할 것을 뽑아 도식으로 엮은 〈오례의〉가 있다. 이는 성종에 이르러 《국조오례의國朝五禮儀》로 재탄생한다.

둘째, 집현전을 통해 과학 서적도 많이 편찬되었다. 세종 24년 편찬된 《칠정산내편七政算內篇》과 《칠정산외편七政算外篇》은 각각 원과 명의 천문 역서를 연구한 조선 고유의 역서다. 1445년(세종 27년) 고금의 천문, 역법, 의상儀象, 해시계와 물시계에 관해 정리한 《제가역상집諸家曆象集》이 편찬되었다.

셋째, 《농사직설農事直說》(1429년)이다. 그동안은 원나라의 농서들을 이용했지만, 조선의 풍토에는 잘 맞지 않았다. 《농사직설》은 조선의 풍토에 맞는 농서라는 데 의의가 있었다. 정확한 절기 계산이 가능해진 만큼 농업 생산량도 증가할 것이었다.

넷째, 의서인《향약집성방鄕藥集成方》(1443년)과《의방유취醫方類聚》(1445년) 365권이다.《향약집성방》은 고려 때의《향약구급방》과《향약간이방》을 바탕으로 정리해 완성된 책이다.《의방유취》는 무려 3년에 걸쳐 향약과 의서를 분류 취합해 만들었다.

끝으로 역사서다. 조선 건국 초부터 계속된 고려 역사서가 세종 때 드디어 빛을 보았는데,《고려사》가 그것이다. 최종 완성본은 1451년(문종 원년) 8월에 총 139권으로 나오고, 1454년(단종 2년) 10월에 간행된다.


## 한글 창제와 과학의 발달
————

집현전의 두 번째 업적은 한글 창제다. 1443년(세종 25년) 12월 세종이 친히 언문 정음 28자를 지어 '훈민정음'이라 했고, 1449년(세종 28년) 9월에는 집현전 관원들이 중심이 되어《훈민정음》에 대한 해례를 만들어 편찬했다. 이어 관리 선발 때 훈민정음을 시험과목에 넣었다. 1447년(세종 29년) 9월에는 6권으로 된《동국정운東國正韻》이 완성되었다. '동국정운'이란 동국, 즉 조선의 표준적인 운서를 뜻한다. 중국의 한자음과 조선의 한자음은 다르다는 전제에서 만들어진 책이다. 그 서문 마지막에 신숙주가 쓴 이야기를 들어보자.

　　"소리를 살펴서 음(音)을 알고, 음(音)을 살펴서 음악을 알며, 음악을 살펴서 정치를 알게 되나니, 뒤에 보는 이들이 반드시 얻는 바가 있으리라."

이로써 백성이 자기의 뜻을 문자로 밝힐 수 있는 정음의 조선이 시작되었다.

끝으로 집현전의 과학 발명품을 살펴보자. 우선, 집현전의 연구 분야는 천문, 역법, 시계, 의학, 농학, 측량, 무기, 음악, 인쇄 등 광범위했다. 천체 관측을 위한 '석축간의대'가 설치되었고 1433년(세종 15년) 6월, 천체 관측기 '혼천의'가 발명되었다. 달력의 바탕이 되는 역법에 대해서는 고려에 이어 조선도 중국 역서를 받아들이긴 했으나, 조선의 역법도 매우 정교하게 발달했기에 스스로 '향력'이라는 역법을 만들어 배포했다. 일식, 월식 등에서 중국과 시차가 있어서 조선왕조 나름의 시간 통일이 필요했기 때문이다.

천문과 역법을 관장하는 기관인 서운관이 활성화되었다. 1438년(세종 20년) 정월, 경복궁에 흠경각이라는 천문관측소를 지어 옥루를 설치했다. 천상시계이자 자동 물시계인 옥루에 대한 당시 설명을 보자.

> "하늘과 해의 도수와 날빛과 누수 시각이며, 또는 사신(四神), 십이신(十二神), 고인(鼓人), 종인(鍾人), 사신(司辰), 옥녀(玉女) 등 여러 가지 기구를 차례대로 다 만들어서, 사람의 힘을 빌리지 않고도 저절로 치고 저절로 운행한다."

1437년(세종 19년) 4월 일성정시의가 제작되었다. 일성정시의는 해시계와 별 시계 기능을 두루 갖추어서 주야로 시간을 측정할 수 있는 시계로, 낮 시간만 측정할 수 있는 해시계의 단점을 보완했다. 일성정시의는 총 4개를 만들어 궁궐 내 4군데에 배치했다.

**일성정시의**
부산 장영실과학동산

## 첨단 무기 개발

세종 때는 화약과 대포를 이용한 신무기도 개발되었다. 휴대가 간편한 '세총
통'이 세종 14년 개발되었다. 세총통을 보유한 군대를 총통군 또는 총통위라
불렀다. 1448년(세종 30년)에는 화약을 넣은 종이통을 이용해 로켓처럼 발사하
는 각색 총통전이 제조되었다. 지방 각 부대에서 이를 제조할 수 있도록 제조
법이 보급되었고, 총통 사용 훈련을 정기적으로 실시했다. 한 번에 8발을 쏠
수 있는 팔전총통, 종이통 로켓형 발사 무기인 신기전은 조선 무기사에서 신기
원을 이루었다.

**신기전과 화차**

　군사를 움직이는 일은 명과의 관계 때문에 조심스러웠다. 고려 공민왕 때부터 극성을 부린 왜구 소탕을 위해 세종 원년(1419년) 이종무를 중심으로 대마도 정벌이 이루어졌다. 동북 쪽 여진 야인들은 원명 교체기를 지나 건주위에 소속돼 '건주여진'이라 불렀다. 이들이 조선의 국경을 침범해 노략질을 일삼자 세종은 명에 이들의 활동 사실을 알리는 한편, 여진 정벌을 시도했다.

　1433년(세종 15년) 최윤덕은 파저강(지금의 퉁자강) 야인을 정벌해 여연, 자성, 무창, 우예 등 4군을 설치했다. 김종서는 함길도 관찰사로서 두만강 일대 야인을 정벌해 6진(부령, 회령, 종성, 온성, 경원, 경흥)을 개척했다.

## 고정 세액률의 공법

세종은 백성들의 어려움과 필요를 늘 살폈는데, 가만 보니 백성과 나라를 위해서는 경작지에 물리는 세금, 즉 전세田稅를 정비할 필요가 있었다. 고려 말부터 당시까지 전세는 답험손실법을 따랐는데 폐단이 많았다. 답험손실법이란, 직접 경작지를 답사해 작황 등급과 손실 정도에 따라 세금을 매기는 방법이었다. 토지 생산력에 맞는 세금 수취가 잘 이루어지지 않고 있었다. 이에 세종은 토지 등급에 따라 고정 세액을 부과하는 공법을 개발했다.

공법은 크게 전분田分 6등법과 연분年分 9등법으로 구분된다. 전분 6등법은 토지의 비옥도를 기준으로 한 것이고, 연분 9등법은 작황 등급을 기준으로 한 것이었다. 이 역시 한계는 있었다. 6등법, 9등법 등 차등이 너무 많고 구분 기준도 모호했다. 자의적 집행이 많으면서 세종이 의도한 대로 공법은 잘 정착되지 못했다. 지방에 대한 양전이 진행되면서 지방의 역사와 현황에 대한 파악으로 확대되었다. 그 결과물로《지리지地理志》가 편찬되었고 이는 성종 때《동국여지승람東國輿地勝覽》의 기초가 되었다.

세종을 흔히 '해동요순'이라고 칭한다. 해동에 살고 있는 요임금, 순임금이라는 뜻이다. 요와 순은 중국 신화 속 군주로 성군의 대명사다. 세종 시대는 우리 역사상 가장 영광스럽고 찬란했던 시대였다. 세종의 리더십과 정치적 노력, 성과를 지금 이 시대에도 끊임없이 벤치마킹하는 이유다.

**여주 영릉(英陵, 세종대왕릉) 전경**
세종대왕과 소헌왕후 심씨의 합장릉

# 세조, 계유정난의 잔인함으로 부국강병을 이루다

## 가지 많은 나무 바람 잘 날 없다

세종은 소헌왕후 심씨와의 사이에서 모두 8남 2녀를 두었다. 후궁의 자녀를 포함하면 모두 18남 4녀였다. 그러다 보니 세종은 의도치 않게 아들 둘을 왕으로 두게 되었다. 5대 문종과 7대 세조가 모두 세종의 아들이다.

조선왕조의 왕위는 부자 계승을 기반으로 하는 적장자 계승을 원칙으로 삼았다. 왕과 정비 사이에서 태어난 첫 번째 아들이 적장자였다. 간혹 형제 계승도 있었지만, 임시방편에 불과했다. 그러나 원칙에 어긋나는 계승이라 할지라도 새로운 왕의 탄생은 그 즉위를 정당한 것으로 만들어 버린다.

세종의 뒤를 이어 문종이 왕위에 올랐다. 1450년 37세에 즉위한 문종은 어머니 소헌왕후의 삼년상에 이어 아버지 세종의 국상을 연달아 치르면서 병을 얻어 1452년 39세에 승하했다. 이에 문종의 외아들이 12세에 즉위했다. 그가 바로 단종이다.

단종은 할아버지 세종에 의해 7세에 왕세손으로 책봉된 조선 최초의 왕세손이었다. 왕세손의 모후 현덕왕후는 아들을 낳은 지 하루 만에 세상을 떠났고 문종은 병약했으니, 왕세손에 대한 세종의 근심이 컸다. 세종은 자신의 후궁 혜빈 양씨에게 단종의 어머니 노릇을 부탁했고, 임종을 앞두고는 영의정 황보인, 좌의정 남지, 우의정 김종서, 집현전 학사 성삼문, 박팽년, 신숙주 등에게 왕세손이 등극했을 때 잘 보필해줄 것을 부탁했다. 왕의 마지막 당부 또는 유언을 받은 이들을 일컬어 '고명대신'이라 했다.

세종의 둘째 아들 수양대군은 세종 때부터 집현전 학자들이 정치 세력화되는 것을 우려의 눈길로 주시하고 있었다. 그런 가운데 단종이 즉위하자 의정부 신하들과 고명대신들이 왕권을 쥐락펴락하고 있었다. 고명대신 중 김종서와 황보인은 왕권에 눈독 들이고 있는 수양의 동생 안평대군에게 붙어서 세력을 키우고 있었다. 수양대군이 볼 때 왕실의 위엄을 되찾고 왕권을 강화하려면 이들을 제거해야 했다.

## 계유정난, 실권자가 된 수양대군

수양대군은 아버지 세종으로부터 할아버지 태종을 닮았다는 말을 자주 들었다. 형제를 죽이고 왕위에 오른 점이 닮았을까? 수양대군은 동생 안평대군 측이 우물쭈물하는 사이 거사를 일으킨다.

수양대군은 한명회, 권람을 중심으로 세력을 모았다. 세종의 형이자 수양대군의 삼촌들인 양녕대군과 효령대군, 동생 임영대군 등이 수양대군 편에 섰다. 한명회는 중국 명에서 국호를 받아 돌아온 한상질의 손자로 세상을 읽는 눈이 탁월해 수양대군의 책사로 발탁되었다. 1453년 10월 10일, 수양대군 일당은 김종서의 집을 급습해 그에게 철퇴를 내리쳤다. 이후 김종서와 안평대군이 역모를 획책했다고 단종에게 보고한다. 안평대군은 강화도로 유배되고 결국 죽임당한다. 이것이 바로 계유정난이다. 사건 직후 수양대군은 의정부영사와 이조판서, 병조판서, 내외병마도통사를 맡아 문무 인사와 병권을 장악했다.

## 단종의 선위와 죽음

계유정난을 통해 병권과 인사권을 장악한 수양대군에게 남은 일은 왕으로 등극하는 것뿐이었다. 왕권 인수 작업에 착수한 수양대군은 가장 먼저, 단종의 측근들을 잘라냈다. 세종의 후궁이자 단종의 유모였던 혜빈 양씨, 세종의 7번째 아들이자 수양의 5째 동생 금성대군 등이 그 희생양이었다.

1455년 7월, 단종은 숙부인 수양대군에게 왕위를 넘겼다. 명분은 자신이 어려서 간사한 무리들이 계속 난을 도모하고 있어 현명하고 유능한 숙부에게 양위한다는 것이었다. 그러나 실은 왕좌를 지키려다가 많은 종친과 신하들에게 피해가 갈 것을 우려한 게 컸다. 명에서도 단종의 양위와 숙부인 세조의 즉위를 받아들이고 이를 인정하는 고명을 보냈다. 여기에는 한확의 힘이 컸다.

한확의 누이는 공녀로 명 황실에 바쳐졌다가 영락제가 죽자 자결했다. 한확의 동생 한계란은 명 선종의 후궁이었다가 명 헌종 성화제의 아보, 즉 유모 역할을 맡아 황실의 총애를 입었다. 한계란은 명과 조선의 외교 등 현안을 해결하는 로비스트 역할을 하면서, 명에서 '여사'라 불리며 존중을 받았다. 사후에는 명 황제로부터 '공신부인'이라는 시호를 받았다. 단종의 양위로 세조의 즉위가 마무리되었으면 좋으련만 사태는 더욱 꼬여만 갔다.

　세조의 등극 소식에 많은 신하들이 크게 반발했다. 성리학적 절의와 명분에 투철했던 신료들은 이를 정당한 왕위 계승이 아닌 명백한 왕위 찬탈이라고 여긴 것이다. 단종을 다시 왕위에 올리려는 운동이 이어졌다. 1456년(세조 2년) 6월, 사육신에 의한 단종 복위 운동이 그 첫 번째였다. 사육신이란 '죽임당한 6명의 신하'라는 뜻으로 성삼문, 박팽년, 하위지, 이개, 유성원, 유응부를 일컫는다. 이들은 찢겨 죽는 거열형을 받았다. 1457년(세조 3년) 6월, 단종도 그 모의에 참여했다는 명분을 들어 세조는 그를 노산군으로 강봉하고 영월로 유배 보냈다.

　계유정난의 폭력성과 양위의 부당함에 대해 목숨을 걸고 저항한 다른 많은 이들이 있었다. 1453년(단종 원년) 10월 25일 이징옥은 계유정난 이후 세조에 의해 파직된 것에 불만을 품고 함길도 종성에서 난을 일으켰다. 1457년(세조 3년) 9월, 금성대군이 단종 복위 운동을 벌였다. 크고 작은 단종 복위 운동들이 이어지자 세조는 1457년 10월, 단종에게 사약을 내린다.


## 아들을 향한 절절한 마음

────

세조는 가정사가 평탄치 못했다. 정희왕후 윤씨와의 사이에서 2남 1녀를 두었는데, 두 아들이 모두 요절했기 때문이다. 난을 일으켜 정권을 잡고 왕위에 올랐기에, 세조는 더욱 자신의 핏줄이 대대로 왕위에 올라야 한다는 생각에 사로잡혔을지 모른다. 1455년 세조는 8세인 적장자 도원군을 세자로 책봉하고, 자신의 즉위와 명으로부터의 책봉에 결정적 공을 세운 한확의 딸을 세자빈으로 삼았다. 여기에는 정략결혼의 의미도 있었다. 하지만 세자는 몸이 약해 병치레가 잦았다. 세조는 세자를 위해 하늘과 종묘사직에 제사를 지내는 등 온갖 정성을 기울였지만, 세자는 1457년(세조 3년) 9월 2일 20세에 세상을 떠났다. 세조는 세자의 시호를 '의경'이라 했다. 의경세자는 세자빈 한씨와의 사이에서 2남 1녀를 두었다. 세자빈은 바로 소혜왕후 한씨였다.

의경세자가 갑작스레 죽자 세조는 8세밖에 안 된 둘째 아들 해양대군을 곧바로 세자로 책봉했다. 그는 훗날 8대 왕 예종이 된다. 세조는 어린 세자를 위해 부모이자 국왕으로서의 열정이 담긴 가르침을 정리해 훈사 10조를 썼다. "나는 어려움을 당했으나 너는 태평함을 만나야 한다."라는 서문의 이 문장에서 아비의 마음을 읽을 수 있다.

[훈사 10조]

1조. 늘 변함없이 한결같은 덕을 행한다.

2조. 사람과 신을 공경해 섬긴다.

3조. 간언을 받아들인다.

4조. 참소를 막는다.

5조. 사람을 쓰는 데 마음을 중히 여긴다.

6조. 사치하지 않는다.

7조. 환관을 부리는 일을 잘하도록 한다.

8조. 형벌을 삼간다.

9조. 학문을 일으키고 무예를 익힌다.

10조. 부모의 뜻을 잘 좇는다.

세조는 공신 세력들의 충성을 확인하기 위해 1461년(세조 7년) 2월 6일에 회맹을 열었다. 회맹 의식으로 산 짐승을 잡아 하늘에 제사를 지내고 그 피를 서로 나누어 마셨다. 세조는 이 회맹공신들의 직급을 한 단계 높여주었다. 이 또한 어린 세자의 정치적 입지를 다지기 위한 아비의 노력이었을 것이다.

## 세조와 예종의 죽음

세조는 점차 건강이 나빠졌다. 세자는 부왕의 마음의 빚을 덜어주면 건강이 회복될까 해서, 과거 단종 복위 운동과 1465년 모반 사건에 연루되어 희생된 200여 명의 죄수를 방면했다. 아들의 노력에도 세조의 건강은 회복되지 않았다. 1468년(세조 14년) 세조는 친히 세자에게 면류관과 곤룡포를 내려주었다. 예종이 즉위한 이튿날 세조는 사망했다.

1468년 9월 7일 즉위한 예종은 이듬해 1469년 11월 28일에 경복궁의 자미당에서 승하했다. 재위한 지 만 1년 남짓이었고 나이는 스무 살이었다. 예종은 짧은 재위였으나, 선왕이 나라를 다시 세운 공덕이 있다 하여 선왕의 묘호와 능호, 존호를 각기 '세조' '광릉' '승천체도열문영무지덕융공성신명예흠숙인 효承天體道烈文英武至德隆功聖神明睿欽肅仁孝'라 정해 지극히 높였다.

예상치 못한 예종의 승하는 왕실의 승계 구조를 또다시 바꿔 놓았다. 후계자로 세조의 장남 의경세자의 둘째 아들 잘산군이 주목되었다. 당시 잘산군은 열세 살이었고 그의 장인은 한명회였다. 신숙주를 중심으로 한 대신들과 세조의 비인 왕대비 정희왕후가 잘산군을 후계자로 지목했다. 그가 바로 조선의 9대 왕 성종이다. 참고로 현재 국왕의 어머니를 왕대비라 했고, 국왕의 할머니를 대왕대비라 했다.

## 세조와 성종, 부국강병과 문물예악

세조와 성종은 왕권 강화와 문물 제도 정비라는 성과를 남겼다는 점에서 태종과 세종에 비견할 만하다. 예종이 부왕의 업적을 '재조'의 공적을 쌓은 것으로 보고 묘호를 '세조'라고 정한 것이나 성종의 묘호를 이룰 '성成'을 붙여 정한 것은 두 사람의 치적이 대단했음을 뜻한다.

세조는 1457년(세조 3년) 정월 15일에 환구단을 쌓고 면복을 갖춘 뒤 환구단에 올라가 제사를 지냈다. 이후 매년 정월 14일에는 종묘에서 조상에게 제사를 올리고, 15일에는 환구에서 하늘에 제사를 올렸다. 단군, 기자, 동명왕 등에 대해 그 신위를 정하고 직접 제사를 올리기도 했다. 이는 동방 천하의 유구성을 확인하고 세조가 다스리는 조선을 중국과는 다른 천하로 자리매김하려는 것이었다.

세조는 나라를 부강하게 만들기 위해 비대해진 관직 규모를 축소, 재편하는 동시에 쓸데없고 중요하지 않은 관원으로 분류되는 벼슬을 '용관'이라 하여 없앴다. 현직 관리들에게만 과전을 지급하는 직전법을 행하는 한편, 국왕의 행정 장악력을 높이기 위해 육조직계제를 실시했다. 군사 방어체제로는 전국을 진 중심 지역 단위 방위 체제로 편성한 진관鎭管 체제를 세웠다. 병서로 병법과 장수의 도를 담은《병장설兵將說》을 친히 지었다.

이 같은 노력은 성종 대까지 이어졌다. 그간 편찬된 문물예악 관련 서적을 보면, 당시의 성과가 얼마나 대단했는지 알 수 있다. 우선, 중국의《자치통감

資治通鑑》에 준하는 사서인《동국통감東國通鑑》이 세조 대에 시작돼 성종 16년 (1485)에 편찬되었다. 세조 3년(1457)에는 태조, 태종, 세종, 문종이 남긴 아름다운 글과 선정을 모은《국조보감國朝寶鑑》을 각 왕별로 편찬해 조정의 귀감으로 삼도록 했다. 세조가 법치주의를 표방하면서 육전상정소를 두고 만세성법을 편찬하려고 시도한 결과, 성종 16년인 1485년에《경국대전》이 간행되었다.

유교 문화의 총정리라 할 성과도 이어졌다. 의례서인《국조오례의》, 역사서인《삼국사절요》와《동국통감》, 시문서인《동문선》, 인문지리서인《동국여지승람》, 음악서인《악학궤범》이 성종 때 편찬되었다. 이 모든 것이 '우리 것'을 자주적 입장에서 체계적으로 정리한 결과였다. 중국의 역사, 문물과 비교해도 우리의 문물이 손색이 없다는 자부심이 있었기에 가능한 일이었다.

# 연산군, 두 개의 사화와 홍청망청으로 폐위되다

## 김종직의 '조의제문'

1494년 12월 24일 성종은 38세를 일기로 승하했다. 성종은 폐비 윤씨를 죽게 한 후 '윤씨의 묘'를 조성토록 하고, "내가 죽은 뒤에도 영원토록 고치지 말고 아비의 뜻을 지키도록 하라."는 뜻을 남겼다. 폐비 윤씨는 원자인 연산군의 친어머니임에도 불구하고, 질투심이 강한 게 화근이 되어 사약을 받고 죽었다. 연산군은 정현왕후(성종의 계비) 밑에서 자랐지만, 언젠가부터 자신의 생모가 폐비 윤씨임을 알고 있었다.

1498년(연산군 4년), 《성종실록》 편찬 작업 때 일이 벌어졌다. 실록 편찬의 기초 자료가 되는 사초史草를 모으던 중 김종직이 작성한 '조의제문弔義帝文'이 발견되었다. 이를 사초에 실은 사람은 김종직의 제자이며 사관으로 일했던 김일손이었다. 평소 김종직과 김일손에게 불만이 많던 세력이 이를 문제 삼으며 사건이 시작된다.

김종직은 이른바 사림파의 스승으로 많은 제자들을 배출해 중앙 정계로 보낸 인물이었다. '사림土林'파는 고려 말의 충신 야은 길재의 문하에서 수학한 김종직으로부터 시작된다. 이들은 성리학을 관학이 아닌 학풍으로 받아들였고 절의와 명분, 《주자가례》와 《소학》의 실천을 중요시했다. 길재는 조선의 정치에 참여하지 않고 고려에 대한 절의를 지켰으나, 김종직 등에 대해서는 벼슬살이를 허락했다. 이들은 곧 조선에서 새롭게 떠오르는 신진 세력이 되었다. 성종은 세조의 쿠데타를 도운 공신 세력들을 견제하기 위해 이들 사림파를 정계에 등용했다. 사림파는 공신 세력인 훈구파와 권력의 다른 한 축을 이루고 있었다.

'조의제문'이란 쉽게 말해 억울하게 죽은 의제義帝라는 황제를 추모하는 글이다. 김종직은 성주 답계역에서 유숙하다가 초 회왕의 손자 심이 서초 패왕 항우에게 죽임을 당해 빈강에 빠져 잠겨 있다고 말하고 사라지는 꿈을 꾸었다. 심이 곧 의제였고, 김종직이 '조의제문'에서 추모하는 대상 또한 바로 초나라 회왕 의제였다. 회왕은 장수 항우에게 살해당해 왕위를 빼앗겼다. 그 추모글의 일부를 살펴보자.

역사를 상고해 보아도 강물에 던졌다는 말은 없는데 아마 항우가 사람을 시켜서 비밀리에 쳐 죽이고 그 시체를 물에 던진 것인지 알 수 없다. 이에 글을 지어 조문한다.

하늘이 사물의 법을 마련하여 사람에게 주었으니

어느 누가 도·천·지·왕의 사대와 인·의·예·지·신의 오상을 높일 줄 모르리오.

중화라서 넉넉히 주고 동이라서 부족하게 한 것이 아니며

어찌 옛적에만 있고 지금은 없어졌겠는가

나는 동이사람인 데다가

또 천 년이나 뒤에 났지만 삼가 초 회왕을 슬퍼한다.

– 김종직의 '조의제문' 중에서

문제는 이 추모 글이 신하가 군주를 폐하고 죽음으로 내몬 사실을 비난하고 있다는 것이었다. 신하였던 항우가 회왕을 죽인 것은 불충이자 역모로 성리학적으로 보면 충분히 비난받아 마땅한 사실이었지만, 다른 시각에서 보면 계유정난을 통해 정권을 잡은 세조 이후의 조선 왕실과 그 측근들을 부정하는 불순한 의도로도 읽힐 수 있었다.

## 이극돈과 류자광의 복수극

공교롭게도 김종직과 그의 제자 김일손을 호시탐탐 노리던 이들에게 그것이 제대로 걸려들었다. 그중 한 명이 이극돈이었다. 이극돈은 김일손에게 원한이 있었는데, 그가 정희왕후 국상 중에 술에 취해 기생과 어울렸다는 소문을 김일손이 사초에 기록한 일 때문이었다. 류자광은 평소 자신을 무시하던 김종직에게 앙심을 품고 있었다.

류자광은 원래 서자 신분이어서 과거시험을 볼 수 없었고 경복궁 건춘문을 지키는 병사(갑사)로 일하다가, 세조 13년 이시애의 난 때 결전을 주장하는 상소문을 올려 세조에게 발탁되었다. 이시애의 난 토벌에 자원해 싸운 공을 인정받기도 했다.

류자광은 예종 때 남이 장군을 역모죄로 고발해 1등 공신에 올랐고 성종과 연산군 때까지 승승장구했다. 학자 가문에서 태어난 성리학자이자 과거 급제자인 김종직과 류자광은 애초에 비교가 되지 않았다. 그런 가운데 김종직이 함양 군수 시절, 함양 학사루에 류자광이 쓴 시詩가 현판으로 걸린 것을 보고 당장 철거하도록 지시한 일이 있었다. 이에 류자광은 김종직이 자신을 무시한다고 생각하며 복수를 꿈꾸었다.

## 두 개의 사화와 '흥청망청'

《성종실록》의 사초가 수집 완료되었고 실록청 당상관으로 이극돈이 임명되었다. 류자광은 '조의제문'의 문장에 조목조목 주석을 달아 제문의 골자가 세조 정권을 부정하는 것임을 밝혔다. 그 원문을 연산군에게 바치고 김일손 일당을 엄벌에 처할 것을 촉구했다.

류자광의 보고를 받은 연산군은 마치 기다렸다는 듯이 사림파에 대해 대대적인 학살을 단행했다. 연산군이 폐비 윤씨를 왕비로 추숭하려 했으나 사림에서 이를 반대한 것에 몹시 분노하고 있던 터였다. 연산군은 이미 죽은 김종직의 관을 파헤쳐 그 목을 베었고 김일손 일당을 죽이거나 유배했다. 이를 '사화'라 하는데 '사'의 한자는 사림이 입은 화라는 의미에서 '士' 혹은 사초를 계기로 일어났다고 해서 '史' 둘 다 쓴다. 무오년에 일어난 이 사화가 무오사화였다.

1504년(연산군 10년) 갑자년에 두 번째 사화가 일어난다. 류자광이 사림파를 처벌할 증거 자료를 입수해 연산군에게 바친 게 발단이 되었다. 그해 3월 23일

연산군은 폐비 윤씨에 대한 억울한 죽음을 조사하고 윤씨의 복위를 시도했다. 바로 그다음 날 윤필상 등은 윤씨의 시호를 '제헌'이라 올리고, 무덤 명칭을 회묘에서 '회릉'이라 고쳤다. 그러나 연산군은 거기서 멈추지 않았다. 4월에 접어들면서 연산군은 성종 때 폐비 윤씨 사건과 직간접으로 관련된 신료와 내인 등을 처벌하기에 이른다. 이것이 바로 갑자사화였다.

이후 연산군은 장녹수에게 빠져 살았으며, '흥청망청'의 대명사가 되었다. '흥청興淸'이란 연산군이 뽑은 300명의 기녀들을 칭하는 이름이었다. 연산군은 재주와 미색이 넘치는 '흥청'들을 뽑고 그 명부를 '장화록'이라 칭했다. 전국에서 미녀와 좋은 말을 구해 데려오는 일을 전담하는 관리 채홍준사도 따로 두었다. 나아가 풍류를 담당하는 기생 집단 '운평', 왕실 전용 오케스트라단 '광희'를 조직해 왕실 연회에 흥을 돋게 했다. 이처럼 흥청, 운평, 광희 등을 선발하고 관리하는 비용이 늘고 풍속과 기강을 어지럽히는 일이 많아지자 결국 나라가 망할 거라는 의미로 '흥청망청'이라는 표현이 굳어졌다.


## 신하들의 손에 쫓겨나다

연산군의 폭정과 사치, 음탕함이 극에 달하자 더는 두고만 볼 수 없었던 신료들은 '반정'을 계획했다. 이조참판 성희안, 중추부지사 박원종, 이조판서 류순정이 중심이 되어 연산군을 폐위하려 했다. 모든 게 은밀히 순식간에 이루어져야 했다. 자칫하다간 삼족이 멸하고 능지처참당할 수도 있었다. 1506년(연산군 12년) 9월 1일 밤 드디어 거사를 일으켰다. 박원종, 성희안, 류순정을 비롯한 반정 세력들은 무사들을 훈련원에 모은 뒤 연산군의 측근을 죽이고 궁궐을 포위했다.

이후 반정의 주도 세력들은 왕실의 가장 큰 어른인 자순대비, 즉 정현왕후를 찾아가 고했다. 자순대비는 성종의 계비이며 연산군이 어려서 자기 어머니로 알던 분이었다.

> "지금 임금이 임금의 도리를 잃고 정사가 어지러워 백성이 도탄에 빠지고 종사가 매우 위태하므로 모든 관원과 백성들이 진성대군을 추대해 임금을 삼기 위해 감히 대비의 명을 받으려고 합니다."

자순대비는 연산군의 후계자로 세자 황을 지목했으나, 반정군에게 이는 안될 말이었다. 세자가 인품이 좋다는 평가를 받고 있다고는 하나, 아버지를 폐위한 이들을 살려둔다는 보장이 없었다. 열 길 물속은 알아도 한 길 사람 속은 모르는 일이었다. 결국, 반정 하루 만에 자순대비와 성종의 아들 진성대군

**연산군과 거창군부인 신씨의 묘**
문석인(좌)과 봉분 전경(우). 서울 도봉구 방학동 소재.

이 왕으로 즉위했다. 그가 바로 중종이었다.

　폐위된 국왕의 군호는 연산군으로 정해졌다. 세조가 당시 국왕이었던 단종을 내쫓고 노산군으로 강봉한 것과 같았다. 연산군은 강화도 교동에 유배되었고, 폐비 신씨는 후궁들의 거처였던 정청궁으로 쫓겨났다. 폐세자 황, 창녕대군, 양평군을 비롯한 왕자들 모두 유배지로 쫓겨났다.

　연산군이 유배된 교동의 거처는 집 주위에 가시나무 같은 울타리를 둘러 집 밖으로 나오지 못하게 했다. 이른바 '위리안치圍籬安置'라는 유배형이었다. 연산군은 화병과 역질로 고생하다가, 31세의 파란만장한 생애를 마쳤다. 마지막 남긴 말은 부인 신씨가 보고 싶다는 말이었다. 연산군의 묘소는 현 서울시 도봉구 방학동에 있는데, 왕자의 무덤에 준해 세워졌다. 단지 '연산군지묘燕山君之墓'라는 비석만이 그의 묘임을 알게 해준다.

# 반정 세력의 위세에 눌린 중종,
# 외척에 시달린 명종

## 젊은 개혁가 조광조의 등장

19세에 즉위한 중종은 반정의 3대장 박원종, 류순정, 성희안의 위세에 눌려 자기 목소리를 낼 수 없었다. 어차피 그들에 의해 오른 왕좌였다. 중종은 참고 때를 기다렸다. 젊은 그의 시대가 언젠가는 올 것이었다. 박원종은 중종 5년 44세에 사망했고, 중종 7년 류순정이 54세로, 이듬해 성희안이 53세로 죽었다. 중종 7년 드디어 중종의 친정이 시작되었다.

그동안 중종은 반정 주도 세력에 의해 굴욕적인 일에 동조할 수밖에 없었다. 폐세자와 창녕대군 등 조카를 죽이고, 왕비 신씨는 연산군의 처조카라는 이유로 폐비를 만들었다. 《고려사》를 공부하던 중종은 최충헌과 최충수가 명종을 폐위하고 신종을 옹립할 때 태자비를 폐출시킨 부분을 읽으며 울먹거렸다. 조강지처와 생이별한 심정이 오죽했을까?

《고려사》 명종기(明宗紀)를 진강했는데, 최충수가 딸을 태자에게 시집보내려고 태자를 협박해 그의 비를 폐출하도록 하고는, 짐짓 나인에게 말하기를 "왕이 언제 태자비를 축출했는가?" 하므로, 나인이 왕에게 고하자 왕이 할 수 없이 폐출하니, 태자비는 오열을 이기지 못하고 왕후 또한 눈물을 흘렸으며, 궁인들도 끊임없이 눈물을 쏟았다는 말에 이르러, 상이 누차 초연히 한숨 쉬었으며, 읽다가 누차 구두를 분간하지 못했다.

-《중종실록》 중종 11년 3월 28일

이런 중종에게 젊은 개혁가 조광조의 등장은 한 줄기 희망이었다. 조광조는 1510년(중종 5년) 사마시(생원시와 진사시를 아우르는 말)에 장원 급제하고 성균관에서 수학한 뒤, 1515년(중종 10년) 문과에 을과로 급제했다. 그의 별명은 '광인狂人' 혹은 '화태(재앙의 근원)'였다. 그 정도로 지독한 공부벌레였던 그는 사림파의 대부 김종직의 직속 제자 김굉필의 문하생이었다.

훈구 세력에 막혀 개혁이 어려웠던 중종에게 성리학으로 중무장한 젊은 사림파 조광조는 큰 깨달음을 주었다. 중종은 정치 개혁에 조광조를 적극적으로 활용하고자 했다. 조광조는 중종의 전격적인 신뢰와 지지를 바탕으로 30대 패기 넘치는 개혁가다운 모습을 보였다.

## 중종과 조광조의 동상이몽

———

조광조는 성리학 가운데서도 유난히 '도道'를 강조한 도학 정치파였다. 그 사상에 입각하면 정치란 임금과 신하가 함께 다스리는 것이다君臣共治. 국왕은 성현을 본받아 수양에 힘써야 하고 천도를 본받아 왕도 정치를 펼쳐 이상 사회 건설을 위해 노력해야 한다至治主義. 임금은 성군이 되어야 하며 왕실은 백성들의 삶을 헤아리고 그들과 함께해야 한다.

이 같은 '도'의 지나친 강조는 중종을 지치게 했다. 이는 중종이 생각하는 개혁과도 거리가 있었다. 중종이 필요했던 것은 비대해진 훈구 세력에 맞설 강력한 왕권이었는데, 조광조가 꿈꾼 것은 도학을 통한 이상 정치였다. 실제로《조선왕조실록》중 조선 전기에 '도학'이라는 용어가 가장 많이 검색되는 시대가 바로 중종 때였다.

조광조의 여러 조치는 훈구 세력을 약화시키고 사대부의 기강을 바로잡기 위한 것이었는데, 결과적으로는 반정의 주역들인 훈구 대신에 대한 도전 행위가 되어버렸다. 그 도전은 종종 국왕인 중종을 향하고 있는 것으로도 해석될 수 있었다.

그중 결정적인 것이 1519년(중종 14년)에 있었던 위훈 삭제 사건이었다. 중종 반정으로 공신에 책봉된 사람 가운데 실제 공신 자격에 못 미치는 사람이 많으므로 그 공신 자격을 박탈해야 한다는 조광조 등 사림의 건의에 따라, 공신의 4분의 3에 해당하는 76명의 공신 자격이 삭탈되었고, 그들의 토지와 노비는 환수되었다.

이외에도 조광조의 급진적인 개혁은 집요하게 중종을 압박했다. 소격서 혁파 운동을 주장한 것도 그랬다. 소격서란 태조 때부터 하늘에 제사를 올려 왕실과 국가의 안녕을 기원하던 곳인데, 조광조는 그곳이 유교가 아닌 건전하지 못한 사교邪教의 근거지가 되면서 요사스러운 종교 행위가 이뤄지고 신을 모독하고 있는 만큼 헛된 곳에 낭비가 심하다고 비판했다. 중종은 소격서가 이미 오래전부터 운영되고 있고 《경국대전》에도 있는 것으로 조종의 법을 함부로 고칠 수 없다고 고집했지만, 결국 1518년(중종 13년) 9월, 여론에 밀려 소격서 혁파를 허락했다.

조광조가 폐비 신씨의 복위(영조 15년에 복위됨)를 집요하게 주장한 것이나, 왕실 재정을 담당하던 내수사장리의 높은 고리대금을 근거로 이를 혁파할 것을 주장한 것도 중종에겐 큰 압박을 주었다. 중종은 점차 조광조에게 반감이 생기고 있었다.


## 기묘사화, 중단된 개혁

위훈 삭제 사건 때 공신 목록을 박탈당한 홍경주와 심정 등이 조광조 일파를 몰아낼 계략을 꾸몄다. 홍경주는 희빈 홍씨의 아버지였는데, 딸을 통해 왕에게 조광조의 위험성을 지속적으로 알렸다. 심정은 경빈 박씨의 궁인을 통해 조광조를 헐뜯는 소문을 궁에 퍼뜨렸다. 여기에 사림파이자 김종직 학파의 일원이었던 남곤이 동조했다. 이들의 논리는 조광조가 정권을 장악하려는 음모를 꾸미고 있다는 것이었다.

중종은 안 그래도 조광조에 대한 반감이 생기던 차에 그런 말을 들으니 그에 대한 신뢰가 크게 흔들렸다. 이때 중종의 신뢰를 완전히 깨뜨린 강력한 무기가 있었는데, 바로 '주초위왕走肖爲王'이라는 도참이었다. 주초위왕이란 한자 '走(주)'와 '肖(초)'를 합하면 조광조의 '趙(조)'가 되는데, 조씨가 왕이 된다는 뜻이다. 조광조 일당을 제거하려는 세력들은 '주초위왕' 이 네 글자를 달콤한 과일즙으로 나뭇잎에 써서 벌레가 갉아먹게 한 뒤 중종에게 올렸다. 동시에 "조씨가 나라를 마음대로 하고 사람들이 모두 그를 칭찬한다."라는 소문을 마구 퍼뜨렸다.

결국 중종은 조광조 숙청을 결정했다. 1519년(중종 14년) 11월 15일 중종은 조광조를 비롯해 그의 뜻에 동조한 자들을 모두 잡아들였다. 이를 기묘사화라고 한다. 조광조와 여러 대신들이 중종을 설득했지만, 중종의 결심은 확고했다.

> "정국공신은 짐을 도와서 추대한 사람들이다. 그런데 지금 4등을 공이 없다 하며 공신 목록에서 삭제하기를 (조광조 일당이) 청하니 이는 그 사람을 구별해내려는 뜻이다. 그런 다음, 공이 있는 사람들에게 연산군을 마음대로 폐출한 죄를 묻게 되면 경들은 어육(魚肉)처럼 짓밟힐 것이고, 짐 또한 그리될 것이다."

중종은 위훈 삭제 운동이 자신의 정통성을 약화시키고 심지어는 부정하는 것이 될 수 있다고 받아들였다. 조광조가 휘두르는 개혁의 칼날이 결국 자신을 향하게 될 것이라고 생각한 것이다. 조광조는 능주(현재의 전라남도 화순)에 유배되었다. 조광조 일당을 죽이라는 상소문이 잇따르자, 1519년 12월 14일 중종은 조광조에게 사약을 내렸다. 서른여덟 살의 젊은 개혁가 조광조는 이렇게 죽었다.

4년에 걸쳐 진행된 조광조의 개혁은 좌절되었지만, 기묘사화를 계기로 사림들은 후진 양성과 학문적인 면에서 한층 더 성장했다. 이때 희생된 사림을 훗날 기묘사림으로 추앙하게 되었고, 죄인 명부였던 기묘당적에 이름을 올린 것을 오히려 가문의 영광으로 여기게 되었다. 한층 성숙해진 사림 세력은 급진적이거나 과격하지 않으면서 정도를 잃지 않는 노련함으로 무장했다. 그 결과 사림은 정계에서 정치력을 서서히 넓혀 갔다. 이들은 인종, 명종, 선조 때를 거치면서 조정에 완전히 자리를 잡는다.

## 중종의 죽음, 불안전한 세자의 지위

중종은 끝내 폐비 신씨를 복위시키지 않았다. 공석인 왕비 자리에 장경왕후 윤씨가 올랐다. 장경왕후는 1515년(중종 10년) 원자 호(인종)를 낳은 뒤 6일 만에 산후병으로 죽었다. 1520년(중종 15년) 4월, 원자는 왕세자로 책봉되었다. 1517년(중종 12년) 중종은 문정왕후 윤씨를 비로 맞이했다. 문정왕후는 1534년(중종 29년)에 원자 환(명종)을 낳았고, 환은 1539년(중종 34년) 경원대군에 책봉되었다. 왕세자와 경원대군은 열아홉 살이나 차이가 났으나, 각각을 왕위에 올리려는 세력들의 싸움이 정치판을 뒤흔들었다.

훗날 인종이 될 왕세자의 궁내 지위는 불안정했다. 문정왕후가 자신의 아들 경원대군을 세자에 앉히려고 안간힘을 쓰는 가운데, 세자 동궁에 불길한 일들이 잇따랐다. 1522년에는 동궁의 은행나무에 누군가 죽은 쥐를 매달아 놓았는데 사지와 꼬리가 잘리고 눈, 코, 귀가 불타 있었다. 그 옆에는 저주의 글도 있었다. 이른바 '작서의 변'이라고 하는 사건이었다. 1543년 정월에는 한밤중에 동궁에 불이 나서 세자가 급히 대피하는 일이 벌어지기도 했다.

1544년(중종 39년)에 중종의 병이 위중해졌다. 그해 11월 14일 중종은 세자 인종에게 왕위를 물려주고, 이튿날 15일에 창경궁 환경전에서 승하했다. 왕위에 있은 지 39년, 나이 57세였다.

인종은 세 살에 글을 알고 다섯 살 때《소학》을 줄줄 욀 정도로 실력이 뛰어났다. 효성과 우애가 깊고 학문적으로도 학사들 위에 있었다. 즉위하면 어진 덕으로 다스릴 성군이 될 거라는 기대가 컸다. 그러나 이런 바람과 달리 인종은 즉위 8개월 만에 31세로 유명을 달리했다. 인종은 중종 말년 부왕의 병환을 간호하느라 몸이 허약해졌고, 즉위 후 국상을 치르느라 심신을 혹사했다. 아들이 없었던 인종은 죽으면서 이복동생 경원대군을 후사로 지목했다.

## 윤씨 가문의 싸움, 을사사화

12세인 경원대군이 즉위하자 어머니 문정왕후가 수렴청정을 시작했다. 대윤 大尹 중심이었던 조정의 권력 판도가 소윤 小尹으로 완전히 뒤집히는 순간이었다. 대윤과 소윤의 싸움은 중종 말년부터 이미 시작되었다. 대윤은 인종을 옹립하려는 외척 세력으로, 고故 장경왕후의 오빠 윤임이 주축이 되었다. 소윤은 경원대군을 옹립하려는 외척 세력으로, 문정왕후의 동생 윤원형이 주축을 이루었다. 양쪽 다 파평 윤씨로 같은 종친이었지만, 권력을 위해서는 한 치의 양보도 없었다. '큰 윤씨'와 '작은 윤씨'의 싸움은 명종 초반 을사사화로 절정에 달한다.

조선 시대 왕비의 가문 분포도를 보면, 파평 윤씨처럼 특정 가문에 몰려 있어서 외척 정치의 가능성이 농후했다. 총 39명의 조선의 왕비 중 파평 윤씨, 여흥 민씨, 청주 한씨에서 각각 4명의 왕비가 나왔고 안동 김씨, 청송 심씨, 경주 김씨에서 각각 3명의 왕비가 나왔다. 청풍 김씨, 거창 신씨, 반남 박씨 출신 왕비가 각각 2명이었다.

소윤의 윤원형은 첩 정난정을 대비전에 드나들게 하면서 문정왕후와 내통했다. 당시 조정을 주도하던 이기, 정순붕, 임백령 등을 자기 세력으로 만들었다. 이기는 1545년(명종 원년) 8월 22일 아침에 대비와 명종을 면대해 윤임 등 대윤파를 역모죄로 고발했다. 이에 윤임, 유관, 유인숙, 권벌, 이언적, 백인걸 등을 포함한 62명의 외척과 사림이 죽임을 당하거나 삭탈관작 또는 유배 등의 처벌을 받았다. 이것이 을사사화였다.


## 윤원형의 몰락과 정미사화

1546년(명종 2년) 9월 18일 양재역 부근에서 붉은 글씨의 벽서가 발견되었다.

> "여주(女主)가 위에서 정권을 잡고 간신 이기 등이 아래에서 권세를 농간하고 있으니 나라가 장차 망할 것을 서서 기다리게 되었다. 어찌 한심하지 않은가. 중추월 그믐날."

사실 이 벽서는 소윤 윤원형 측이 을사사화의 잔당들을 없애려고 조작한 것이었다. 이 일로 중종과 희빈 홍씨 사이의 아들 봉성군은 자살했고 이언적, 노수신, 유희춘, 백인걸 등의 사림은 유배되었다. 윤원형의 형 윤원로도 사사되었다. 문정왕후의 수렴청정이 1553년(명종 8년)에 끝나고 명종이 친정을 시작했다. 그러나 그 후에도 문정왕후는 명종을 조종하려 들었다. 명종이 말을 듣지 않으면 "네가 임금이 된 건 모두 내 오라버니와 나의 힘이다."라면서 윽박지르고, 심지어 때리기까지 했다고 실록은 전한다. 명종에겐 문정왕후와 윤원형 세력을 견제할 새로운 세력이 절실했다.

명종에게 힘이 되어줄 사람들로 왕비 인순왕후 심씨의 남동생 심의겸과 아버지 심연원이 선택되었다. 심의겸 등은 임금을 속이며 사림을 모함하고 조정 정사를 혼탁하게 하는 조정 세력들을 '6간'으로 규정하고 제거했다. 그 6명의 간사한 사람들은 이량, 이감, 김백균, 고맹영, 강극성, 이성헌이었다.

이때부터 윤원형의 권력에 본격적으로 금이 가기 시작했는데, 결정적 사건은 문정왕후의 죽음이었다. 1565년(명종 20년) 4월, 문정왕후의 사망으로 가장 큰 타격을 받은 사람이 바로 윤원형이었다. 명종은 본격적으로 왕권 회복에 나섰고, 그 첫 행보는 당연히 외숙부 윤원형 세력의 제거였다.

왕이 외숙부를 제거하는 일은 지극히 조심스러워야 했다. 명종은 그 뜻을 간접적으로 신료들에게 알림으로써 신료들이 그 일을 주도하도록 했다. 1565년(명종 20년) 8월, 대사헌 이탁과 대사간 박순 등은 윤원형이 20년 넘게 저지른 죄상을 26가지 조목으로 낱낱이 밝혔다. 죄상의 핵심은 다음 네 가지였다.

 

    1. 마음대로 결정하고 행함[전천무기(專擅無忌)] 10조목

    2. 부정하게 재물을 탐함[탐장무염(貪贓無厭)] 10조목

    3. 분수에 넘는 사치, 남을 업신여기고 핍박함[사잠능핍(奢僭陵偪)] 3조목

    4. 잔인하고 경박함[인심박행(忍心薄行)] 3조목

 

윤원형은 그동안 받고 누리던 관작을 삭탈당하고 고향으로 쫓겨났다. 명종의 마지막 배려로 귀양은 피했다. 윤원형의 첩 정난정도 죄악이 드러나면서 1565년 11월 13일 자살로 생을 마감했고, 이에 분을 참지 못한 윤원형은 5일 후에 63세의 나이로 죽었다.

# 명종 사후 다변화된 조선 사회

1567년(명종 22년) 6월 28일 34세의 명종은 공개적으로 후계자를 지명하지 못한 채 승하했다. 명종의 외아들 순회세자는 요절했다. 명종이 후계자로 조카 하성군을 지목했다고 명종의 임종을 지켰던 인순왕후 심씨가 전했다. 하성군은 중종의 서자이며 명종의 이복동생인 덕흥군의 셋째 아들이었다. 16세의 하성군은 훗날 14대 선조가 된다. 이처럼 선조는 조선 왕조 최초로 적통이 아닌 서손 출신의 왕이 되었다.

명종 이후 조선 사회는 많은 변화가 있었다. 변화의 주역은 중종 때 조광조였다. 기묘사화로 조광조가 죽은 후 사림을 중심으로 성리학이 한층 발전했고, 이후 조광조 사림파들이 조선 사회의 변화를 이끌었다. 조광조와 사림파가 성리학에서 특히 강조한 것은 《소학》과 《주자가례》의 실천이었다. 《소학》이란 아동들을 대상으로 한 송나라판 유학 교과서로, 생활 규범과 예의범절, 충과 효에 관한 내용을 주로 담았다. 《주자가례》는 남송 시대 주희가 집필한 사대부 집안의 예법과 의례에 관한 책이었다. 두 책은 쉽게 말해, 모든 연령층이 알고 실천해야 할 유교 예절에 관한 필수 교양서였다.

앞서 보았듯이 조광조 학파는 도학 정치를 내세웠다. '도학'이란 성리학의 다른 이름이다. 이 도학 정치는 과격하고 급진적인 면이 다분해서 비판도 받았지만 공자, 맹자, 정자, 주자 같은 성현이 아닌 성리학의 이상적 인간상을 강조하면서 오히려 현실 정치에는 더 적합했다. 요컨대, 공자나 맹자 같은 성현은 못 돼도 성리학을 통해 심신을 수양하면 군자는 될 수 있다는 논리였다. 군자에 반대되는 소인이 언급되면서 군자냐 소인이냐를 따지는 '군자 소인 시비론'이 등장하기도 한다.

어쨌거나 명종의 뒤를 이은 선조는 이 같은 성리학적 기반에 무척 민감했을 것이다. 왜냐하면, 선조는 부모가 왕도 왕비도 아닌 조선 왕조사 최초로 서자 출신 국왕이었기 때문이다. 정통과 명분을 중시하는 성리학적 질서로 볼때 선조의 즉위는 정통성에서 어긋나는 일이었다. 명종의 비가 명종의 뜻이 하성군에게 있음을 전했다는 기록이나, 명종이 생전에 하성군을 점찍어 둘 수밖에 없었던 몇몇 일화들을 기록으로 남긴 건 그 정통성을 높이려는 일환으로도 볼 수 있다. 누구보다 그런 사실을 명확히 인식했던 선조는 사림들을 자신의 정치 기반으로 이용하는 전략을 택한다.

# 전쟁에 대비하지 않은 선조와
# 7년 전쟁의 명암

## 안일해진 조선, 통일된 일본

1581년(선조 14년) 7월, 율곡 이이가 선조에게 다음과 같이 간언한다.

> "예부터 나라가 중엽에 이르면 반드시 안일에 젖어 점차 쇠약해지기 마련
> 인데, 그때 현명한 임금이 일어나 진작하고 분발해야 천명이 끊어지지 않
> 고 대대로 이어질 수 있습니다. 우리 국가가 200여 년을 존속해 왔는데 이
> 제 중엽으로 쇠퇴하는 시기이니 진정 천명을 이어주어야 할 때입니다."

선조를 비롯해 조정 신료들이 안일함에 빠져 있다고 질책하고 있는 것이다.
이이가 보기에 국가의 존속 자체가 위태로웠다. 선조 재위 시절, 조정은 동서
붕당으로 국론이 분열되고 반역, 살인 등 범죄가 끊이질 않았다. 설상가상으
로 기근이 계속되며 전염병이 창궐했다.

그 무렵 일본에선 오다 노부나가가 일본 전역을 차례로 정복하며 혼란스러운 센고쿠 시대戰國時代를 마무리하고 있었다. 일본 통일을 눈앞에 둔 오다는 교토에서 부하 장수가 일으킨 '혼노지의 변'으로 암살되었고, 오다의 후계자인 그의 장남도 곧이어 살해되었다. 그러자 오다의 부하 장수 도요토미 히데요시가 그 뒤를 이어 100여 년간 계속되던 센고쿠 시대를 끝내고 통일 일본의 지배자로 등극했다.

당시 최고의 가문인 오다 가문의 우두머리로 등극하고 일본 천하통일의 주역이 된 도요토미는 자신의 권력을 강화할 강력한 무언가가 필요했다. 그 방편으로 그는 대륙 진출을 꾀했는데, 거기엔 태양의 아들로 자처하며 명나라를 정복해 수도를 북경으로 옮기겠다는 그의 과대망상적 성향도 한몫했지만, 현실적으로는 대외 무역을 통해 부족한 국가 재정을 확보하겠다는 의도가 컸다. 이를 위한 전쟁이 바로 조선 침략이었다. 1592년 임진왜란은 그렇게 발발했다.

## 건국 200주년에 터진 임진왜란

1392년 7월 17일 태조 이성계의 즉위를 기준으로 본다면 1592년은 조선 건국 200주년이 되는 해였다. 요즘 같았으면 건국 200주년을 기념하기 위해 대대적인 국가 행사가 기획되고 수많은 국내외 명사들이 초청되었을 것이다.

그러나 1592년은 잊을래야 잊을 수 없는 우리 역사상 가장 참혹한 해였다. 7년간 전개된 왜란(임진왜란, 정유재란)은 조선과 일본만의 싸움에 그치지 않았고, 명나라까지 개입한 삼국 전쟁으로 확대되었다. 전쟁의 주무대였던 조선은 국토가 황폐된 것은 물론, 경복궁과 창덕궁 등 궁궐이 소실되었고 100만 명

가까운 사람이 사망했다. 이 7년 전쟁은 어쩌면 한국전쟁보다 결과가 더 끔찍했다.

임진왜란의 전조는 17년 전인 1575년(선조 8년)에 이미 포착되었다. 규슈 사가현의 바다가 바라보이는 나고야에 거대한 진을 친 일본 부대를 대마도 측이 발견하고는 조선에 이렇게 알렸다.

> "금년 봄에 수많은 도적 무리가 배를 손질하는데 어떤 나라를 침범하려는 것인지는 모르겠습니다. 만약 귀국을 침범하고자 한다면 즉시 보고하겠습니다."

1590년(선조 23년) 3월, 조선은 100여 년 만에 일본에 통신사를 파견했다. 일본에 파견되었던 사절단은 1년 만인 1591년 3월에야 귀국했는데, 일정이 그렇게 지체된 것은 군비 증강을 감추려는 일본 측의 꼼수 때문이었다. 흥미로운 건 사절단이었던 황윤길과 김성일의 보고가 상반되었다는 점이다. 황윤길은 일본이 반드시 침략할 것이라고 보고한 반면, 김성일은 침입하지 않을 거라고 보고했다.

한 달 후 일본에서 승려 겐소 등이 조선을 답방했다. 겐소는 다음과 같이 이야기했다.

> "일본은 중국 측의 거절로 오랫동안 중국에 조공을 바치러 가지 못했습니다. 그래서 도요토미 히데요시가 분하고 부끄러운 마음이 쌓여 전쟁을 일으키고자 합니다. 만약 조선에서 먼저 명나라에 이 사실을 알려 조공할 수 있는 길을 열어준다면 조선은 반드시 무사할 것이고 일본 백성들도 전쟁의

노고를 모면할 수 있을 것입니다."

조선의 길을 빌려 명을 침략하겠다假道入明는 이야기였다. 더구나 겐소는 원나라가 일본을 공격할 때 고려가 원나라를 도운 일을 상기시키며, 이번 일로 조선과 일본이 전쟁을 하게 된다면 조선에 원한을 갚을 기회라며 협박했다.

그제야 조정은 부랴부랴 명에 이 사실을 알리고 경상, 전라 연안에 성들을 수축하고 무기를 정비했다. 그러나 때는 너무 늦었다. 명은 이 사실을 믿지 않았고, 오히려 조선이 왜적을 이끌고 중국을 침범할 것이라는 잘못된 소문을 더 믿었다.

## 선조의 피난과 의병들의 항거

1592년(선조 25년) 4월 13일, 드디어 20만 명의 일본군이 군대를 아홉으로 나누어 조선 침략의 길에 올랐다. 부산포에 도달한 그들은 삽시간에 동래성 전투에서 승리한 후 무서운 속도로 북상했다. 조선은 신립 장군의 군대가 경상도에서 한양으로 향하는 요지인 충주 일대를 방어했다. 신립은 문경 조령을 막지 않고 충주 탄금대에서 싸우다가, 조령을 넘어온 일본군에 의해 4월 28일 대패하고 전사했다.

선조는 4월 28일 18세가 된 광해군을 부랴부랴 왕세자로 삼고는 4월 30일, 100여 명의 수행원과 세자를 데리고 한양에서 개성으로 피난했다. 그 후 한양이 함락되고 궁궐이 불탔다는 비보를 들은 선조는 5월 7일 개성을 떠나 평양으로 피난했다. 그해 6월, 일본군은 평양까지 점령했다.

다 끝난 것 같던 그 위기의 순간, 반전이 일어났다. 전국 각지에서 은퇴한 전직 관료와 유생들, 농민과 노비 등을 주축으로 한 의병, 승려들로 조직된 의승군이 각 지역을 중심으로 일본에 맞서 싸운 것이다. 이들은 일본군에 비해 무기와 전투력에서는 열세였지만 지리적으로는 우세였다. 일본군은 평양을 넘어 황해도와 함경도까지 진출했지만, 조선의 의병들로 인해 후방은 이미 무너지고 있었다.

## 의병들과 이순신의 활약

임진왜란 중 최초의 의병대장은 경상도 의령의 곽재우였다. 그는 사재를 털어 의병들을 모으고는 합천과 창녕 등 경상우도를 거의 수복했다. 붉은 옷을 입고 다닌다 하여 곽재우를 '홍의장군'이라 불렀다. 호남에서는 고경명이 의병들의 추대로 의병대장이 되었고 금산전투에서 전사했다. 김천일은 나주에서 의병을 일으켜 선조의 임시 거처였던 평안도로 향하다가 강화에서 일본군과 싸워 일본에 큰 피해를 주었다.

충청도 옥천에서 의병을 일으킨 조헌은 승병장 영규와 함께 청주성을 수복했고, 둘은 금산전투에서 싸우다 전사했다. 황해도에서도 전 이조참의 이정암이 연안성에서 구로다의 왜군과 싸워 이겼고 함경도 길주에서는 정문부가 가토의 일본군을 격파했다. 그 밖에 의병장으로 묘향산의 휴정과 금강산의 유정의 활약이 돋보였다.

관군 중에서는 권율이 의미 있는 승리를 거두었다. 1592년 7월 금산에서 전주로 향하는 웅치에서 권율이 승리를 거둠으로써 조선은 곡창 지대인 호남을 지킬 수 있었다. 이 전투로 임진왜란의 전세는 역전되어 조선이 유리하게 되었다. 이듬해 2월 고양의 행주산성에 주둔하며 한양에 모여든 일본군을 상대로 큰 승리를 거두었는데, 이게 바로 그 유명한 행주대첩이었다.

의병과 의승군의 활약으로 일본군은 궁지에 몰렸다. 부산을 통해 내륙 교통로로 군수 물자를 운반하려던 일본 측의 계획은 틀어졌고, 수군을 활용해 조선의 남해와 서해로 군수 물자를 공급하고 병사들을 지원하려고 했다.

그러나 거기엔 이순신 장군이 있었다. 전라좌수사 이순신은 이미 전쟁 전부터 수군을 훈련시키고 군비를 갖추었을 뿐만 아니라, 돌격선으로 효용을 극대화한 거북선을 만들어 놓는 등 차곡차곡 전투 준비를 했다. 이순신이 이끄는 수군은 5월 초 현재의 거제도인 옥포에서 첫 승리를 거둔 후 사천, 당포, 당항포 등지에서 연승을 거두었다. 7월 초, 일본 수군의 대규모 공격이 시작되자 이순신 장군은 이들을 한산도로 유인해 학익진을 펼쳐 대파했다. 이것이 바로 3대 대첩 중 하나인 한산대첩이었다.


## 명나라의 참전

———

임진왜란이 터지기 1년 전인 1591년(선조 24년), 조선은 명나라 만력제의 생일을 축하하기 위해 사절단을 파견하면서 왜적이 중국을 침략할 뜻이 있음을 전했다. 명나라가 조일 전쟁에 참전할 명분을 준 것이었다. 그러나 명은 조선이 일본의 길잡이 노릇을 하고 있다는 가짜뉴스를 접하고는 진상 조사에 착수했다.

1592년 6월 8일, 명은 임세록과 최세신을 조선에 파견했다. 일본 기병을 본

그들이 명으로 돌아가 사태의 심각성을 보고했고, 6월 11일에는 영의정 이덕형도 명나라에 갔다. 마침내 명에서 조선에 군사를 보냈다.

이제 전쟁은 조명 연합군과 일본군의 싸움으로 바뀌었다. 조명 연합군은 먼저 평양성을 탈환했다. 이어서 고양 벽제관 전투에서 일시적으로 패배했지만, 권율이 행주산성에서 일본군을 크게 무찔러 다시 전세를 회복했다. 이때 일본군이 조명 연합군에 휴전을 제의하고는 1593년 4월, 한양을 떠나 경상도 해안 지방으로 퇴각했다. 이후 4년에 걸쳐 양측 간 지루한 담판이 이어졌다.

1593년 5월, 일본 나고야에서 명과 일본이 협상 테이블에 앉았다. 그때 오고 간 협상 내용은 대략 다음과 같았다.

- 황제의 딸을 일본 국왕의 후비로 줄 것.
- 양국의 무역과 상선 왕래를 허락할 것.
- 양국 조정 대신들이 서약할 것.
- 조선 8도를 명과 나눠 통치하되 그중 4도와 경기도 한성을 일본이 취할 것.
- 조선의 왕자와 조선의 대신 한두 명을 인질로 일본에 보낼 것.
- 사로잡은 조선의 왕자 임해군과 순화군을 심유경에게 맡겨 돌려보낼 것.
- 조선의 국왕과 권신은 만세토록 서약을 지킨다는 서약서를 작성할 것.

이 담판 조건은 무산될 가능성이 컸다. 명에서는 도요토미의 국왕 책봉을 허락했지만, 도요토미는 이미 동황제, 일출국황제, 일락국황제를 자처하고 있어서 '왕' 책봉은 큰 의미가 없었다. 도요토미는 국왕 책봉 외에는 얻어낸 게 없었고 조선이 회담에서 배제되면서 조선의 위상과 주권은 땅에 떨어졌다.

정전 상태가 지속되는 동안, 조선은 명군의 체류와 일본군의 침탈로 큰 어려움을 겪었다. 일본군은 동남해안 일대에 왜성을 축조하고 그곳을 거점으로 삼았다. 그런 가운데 조선에 체류한 명나라 군사들은 승전을 기원하는 의식으로 전국 곳곳에 관왕묘<sub>關王廟</sub>를 세웠다. 조선은 명나라군의 출병에 공을 세운 명나라 석성을 기려 무열사<sub>武烈祠</sub>라는 사당을 지었고, 명군을 이끌다가 전사한 이여송 등을 거기서 참배했다.

## 정유재란과 7년 전쟁의 끝

회담 결렬로 화친이 불발되자 일본군은 1597년(선조 30년) 정월부터 조선을 재침략했다. 정유년에 일어난 왜란이라 하여 이를 정유재란이라 한다. 정유재란의 전개는 임진왜란 때와는 사뭇 달랐다. 그동안 조선은 군비를 갖추고 훈련도감을 설치하는 한편 살수(창과 칼), 사수(활), 포수(총)로 구성된 삼수병을 양성했다. 수군은 삼도수군통제사인 이순신을 중심으로 전열을 더욱 튼튼하게 갖추었다.

그러나 일본 측의 모함으로 이순신은 파직되었고, 일본군이 맹렬한 기세로 공격했다. 원균이 죽고 일본군의 공격이 거세지자 이순신이 다시 삼도수군통제사로 복귀했다. 이순신은 단 12척의 함선으로 300여 척의 적선을 명량에서 대파하는 대승을 거두었다. 그런 가운데 1598년 8월 18일 도요토미 히데요시가 죽었다. 이 소식을 접한 일본군은 서둘러 퇴각했고, 이들을 막던 이순신은 노량해협에서 죽음을 맞이했다. 노량해전을 끝으로 7년간의 전쟁도 막을 내렸다.

7년간 계속된 전쟁으로 동아시아의 판도에 큰 변화가 생겼다. 이 전쟁에서 가장 많은 피해를 입은 조선은 군대 재편과 무기 발달 등 국방력 면에서는 한층 발달했다. 조총과 화포, 비격진천뢰 같은 포탄, 화차, 거북선 등이 개발되었고 훈련도감이 설치되었다. 명나라에 대한 사대의식은 더욱 강화되었다. 명나라는 이 전쟁에서 막대한 군사력과 재정을 소모함으로써 국력이 급격히 쇠약해졌고 청나라로 교체될 조짐이 서서히 나타났다.

삼국 중 이 전쟁에서 가장 많은 것을 얻은 쪽은 일본이었다. 일본은 조선 침략으로 무력을 과시함으로써 국제 사회에서 위상을 확보했다. 조선에서 납치한 유학자를 통해 성리학을 받아들이고, 역시 조선에서 납치한 도자기공들을 통해 도자기 문화를 꽃피웠다.

일본은 전쟁 직후 정권 교체가 이루어져 도쿠가와의 에도막부가 들어섰다. 이후 조선은 일본을 "만세토록 함께 하늘을 이고 살 수 없는 원수萬世不共之讐"로 여겼으나 포로 송환 등 불가피한 문제가 있어서 일본과 통신사를 주고받게 되었다.


## 선조에 대한 평가

————

한편, 선조는 명의 참전이 불투명한 때 평양에 머물면서 백성들에게 이렇게 말했다.

> "짐은 평양성에서 죽을망정 평양을 떠나지 않고 끝까지 평양성을 지키겠노라."

그 이야기를 들은 수많은 백성이 의병에 자원해 싸우는 동안, 선조는 선천을 거쳐 의주까지 피난을 떠났다. 선조는 자신의 임시 거처를 원조정元朝廷이라 하고, 세자인 광해군이 있는 곳을 임시 조정이라는 의미로 분조分朝라 칭했다. 선조는 광해군에게 분조를 이끌면서 종묘사직을 지키라고 하는 한편, 자신은 조정 대신들과 함께 명의 요동으로 망명을 도모했다.

그사이 광해군은 분조를 이끌며 강원도 이천에서 의병장들에게 상과 관직을 내려 그들을 격려했다. 민심이 광해군에게 몰렸다. 선조는 백성의 어버이로서 백성을 보호하지 못하고 오히려 거짓말을 하며 피난했다는 비판을 피할 수 없었다.

전쟁 후 공신 책봉에서도 선조는 비판받을 일을 했다. 전쟁 공신을 두 부류로 구분했는데, 왕을 보필한 공신을 호성공신, 일본군과 싸운 공신을 선무공신으로 분류해 책봉했다. 선조는 호성공신을 86명이나 세우면서 그중 내시와 노비를 절반이나 책봉했고, 전쟁에 공이 있는 자들은 오히려 공신 책봉에서 제외했다.

대외 정세를 제대로 읽지 못하고 지나치게 명에 의존했던 자세도 비판받을 만했다. 선조는 거의 망하게 된 조선을 도왔다며 명을 찬양하고 숭명 의식을 심화했다. 전쟁 중 이순신을 파직한 것은 선조의 결정적 과오였다. 전쟁 후에도 선조는 그 한계를 벗어나지 못하고 광해군을 매우 곤혹스럽게 만들고 만다.

# 중립 외교의 광해군 vs
# 친명배금의 인조

## 부왕의 냉대 속에 왕이 되다

선조는 정비인 의인왕후 박씨와의 사이에서 원자가 없었다. 공빈 김씨 사이에서 낳은 광해군이 세자로서 흠잡을 데 없었지만, 선조는 광해군을 세자에 책봉하고 싶지 않았다. 선조 자신이 왕실 적통이 아니었던 터라 세자만큼은 적장자로 두어 정통성 시비에서 벗어나고 싶었다. 광해군이 태어난 1575년 선조의 나이는 24세에 불과했다. 적장자를 낳을 시간은 충분했다.

세자 책봉을 미루고 미루다가 1592년 4월 임진왜란이 터졌다. 그러자 선조는 한 달 뒤 18세 광해군을 부랴부랴 세자로 책봉했다. 전쟁 중이라 책봉 의례는 생략했다. 1600년 8월, 의인왕후가 자녀 없이 죽었다. 그러자 1602년(선조 35년) 51세 선조는 19세 인목왕후 김씨를 정비로 맞이했다. 당시 광해군은 28세였다. 인목왕후는 1606년(선조 39년) 마침내 아들을 낳았는데 이는 왕실의 경사였지만, 비극을 낳는 사건이기도 했다.

그토록 바라던 적통 원자 영창대군을 얻자 선조는 다른 생각을 품기 시작했다. 즉, 광해군을 세자 자리에서 쫓아내고 적자인 영창대군을 그 자리에 앉히려 했다. 하지만 그 뜻은 신료들의 반발로 성사되지 못했다. 더군다나 아직 강보에 싸인 영창대군을 세자로 책봉할 수도 없는 노릇이었다.

1608년(선조 41년) 2월 1일, 선조는 57세의 나이로 승하했다. 유서에는 다음과 같은 대목이 있었다.

"형제 사랑하기를 내가 있을 때처럼 하고 참소하는 자가 있어도 삼가 듣지 말라. 이로써 너에게 부탁하니, 모름지기 내 뜻을 본받아라."

인목왕후는 세 살짜리 아들을 즉위시킬 수 없어서 어쩔 수 없이 광해군을 옹립했다. 1608년 2월 2일 광해군이 왕위에 올랐다. 기사회생한 광해군은 전후 복구 사업을 시작으로 왕으로서 의욕적인 모습을 보였다. 광해군의 업적 가운데 몇 가지를 보자.

첫째, 광해군은 조세법을 개정해 백성들의 부담을 줄여주고자 했다. 경기도에서 실시한 선혜법이 그것인데, 핵심은 현물 조세를 쌀로 바꾼 것이었다. 둘째, 전란 중에 불타거나 없어진 역대 왕조실록과 《국조보감》 등을 간행하고 《동의보감》을 편찬하게 했다. 셋째, 토지의 경작 여부와 생산력, 넓이 등을 확인하는 양전 사업을 실시해 국가의 재원을 확보하려 했다. 넷째, 창덕궁, 경희궁, 인경궁을 새롭게 중건했다. 다만, 전란 직후 백성들의 안정이 최우선인 상황에서, 많은 궁궐 공사를 집행함으로써 백성들에게 부담을 준 것은 광해군의 과오로 꼽을 수 있다.

광해군 측근들의 욕심이 과한 것도 문제였다. 최측근인 정인홍 중심 세력은 광해군을 적자이자 장자로 만들고자 했다. 그러려면 선조의 장남 임해군과 영창대군을 제거하고 인목왕후를 폐위해야 했다. 다른 왕자들도 함부로 날뛰지 못하도록 철저히 감시해야 했다. 광해군은 이를 묵인했다.

## 명과 여진에 대한 외교 전략

선조가 남긴 유서에는 다음과 같은 대목이 있었다.

> "외적의 침입에 대처할 방도를 더욱 공고히 하고 사대(事大)하는 예절을 다시 극진히 하라."

여기서 사대란 당연히 명나라에 대한 것이었다. 조선은 건국 이래 지성을 다해 명에 사대했다. 오늘날의 시각으로 본다면 어이없는 일이지만, 당시 외교 문화가 그랬다. 조선은 1년에 정례적으로 명나라에 동지사, 정조사, 성절사, 천추사라는 사신을 보냈는데, 선조가 언급한 사대의 예는 그 차원이 아니었다. 명나라가 임진왜란 때 조선을 도와주었으니, 명나라가 위기에 빠졌을 때 조선은 그보다 더 지극 정성을 다해 도와야 한다는 뜻이었다.

광해군은 새로운 변화를 지켜보면서 명에 대한 사대를 어떻게 행할 것인지 고민에 빠졌다. 뒤에서 언급하겠지만 후금이 성장하고 있었기 때문이었다. 결국, 사대의 예는 지키되 형세에 따라 국익을 우선하는 것으로 가닥을 정했다.

그런 가운데 북방에서 여진인들이 세력을 키우고 있었다. 여진인들은 사냥과 목축을 주로 하다 보니 문명의 혜택을 받지 못한 야인이었지만, 그들이 뭉

치면 무서운 세력이 되었다. 고려 때 그들이 금나라를 세워 송과 고려를 사대하게 만든 역사를 보라.

1616년(광해군 8년) 여진족 추장인 누르하치가 나라를 세워 국호를 '후금'이라 했다. 그는 우선 만주와 그 서쪽을 정복한 뒤 1618년 마침내 명을 침략했다. 당시 명나라는 최고로 어리석고 게으른 황제로 꼽히는 만력제가 다스리던 때였다. 만력제는 온갖 사치와 향락을 즐겼고 혼자서는 걸음 수조차 없이 뚱뚱했다고 한다. 그는 정치에는 관심도 없어서 환관들이 권력을 휘두르며 명을 쥐락펴락하고 있었다.

1619년 만력제는 대규모 후금 정벌을 꾀하며 조선에 파병을 요구했다. 강홍립 장군을 필두로 1만 명의 조선 장수가 명나라 군대와 함께 싸웠다. 그러나 그 전쟁에서 조명 연합군은 후금에 패했다. 사실 그 패배엔 광해군의 다음과 같은 밀지가 크게 작용했다.

"비록 명나라에 재촉당해 여기까지 오기는 했으나 항상 진지의 후면에 있어서 접전하지 말라."

즉, 후금과의 전쟁에서 적극적으로 나서지 말고 중립을 지키라는 지시였다. 광해군의 실리 외교가 그랬다. 명과는 사대 관계를 맺되 후금과도 적이 되지 않겠다는 것이었다.

후금 정벌에 실패한 명나라는 압록강 입구에 모문룡 부대를 주둔시켜 후금을 견제하도록 했다. 그 후 모문룡은 명 조정에는 후금과의 전쟁에서 이기고 있다고 거짓 보고를 올리고, 조선 조정에는 군량미를 요구하며 양국 사이를 이간질했다. 이것이 원인이 되어 훗날 후금과의 대전쟁(정묘호란)이 발생한다. 이 사기 행각은 1629년 명나라 장수에 의해 발각되어 모문룡은 살해된다.

## 조카의 반란, 인조반정
———

1623년(광해군 15년) 3월 12일 능양군이 광해군을 몰아냈다. 능양군은 광해군의 배다른 동생 정원군의 장남으로, 광해군의 조카였다. 이른바 인조반정이었다.

반정의 명분은, 첫째 광해군이 친형인 임해군과 이복동생 영창대군을 죽인 것, 둘째 영창대군의 친모 인목왕후를 폐위하고 감금한 것, 셋째 인목왕후의 아버지 김제남과 그 가문을 멸한 것, 넷째 능양군의 동생 능창군을 죽게 하고 그로 인해 그 아버지 정원군이 화병으로 죽은 것, 다섯째 토목 공사를 크게 벌여 백성의 부담을 가중시키고 간신배와 후궁을 들여 정사를 어지럽힌 것 등이었다.

이런 명분으로 능양군이 왕으로 즉위했다. 그가 바로 인조였다. 인목왕후는 광해군을 죽이고자 했으나, 신료들의 반대로 광해군과 폐세자를 강화도에 유배시켰다. 당시 광해군에 대한 인목왕후의 원한이 어느 정도였는지 다음 글에서 느낄 수 있다.

"한 하늘 아래 같이 살 수 없는 원수이다. 참아온 지 이미 오랜 터라 내가 친히 그들의 목을 잘라 망령(亡靈)에게 제사하고 싶다. 10여 년 동안 유폐되어 살면서 지금까지 죽지 않은 것은 오직 오늘날을 기다린 것이다. 쾌히 원수를 갚고 싶다."

26세의 폐세자는 탈출을 시도하다가 잡혀 목을 맸고 세자빈도 자결했다. 광해군은 1636년 병자호란 때 교동으로 옮겨졌다가 이듬해인 1637년 2월 제주로 옮겨졌다. 제주에서 광해군의 생활을 돕던 궁비의 성미가 모질었던 모양이다. 광해군이 제대로 하라고 꾸짖자 그녀는 오히려 광해군에게 이렇게 큰소리로 대꾸했다.

"영감이 일찍이 지존이었을 때 온갖 관청이 다달이 바쳤는데, 무엇이 부족해서 염치없는 더러운 자들에게 반찬을 요구해 심지어 김치판서, 잡채참판이란 말까지 생기게 했소? 철 따라 비단 용포와 털옷을 받았으면 됐지, 무엇이 부족해서 사사로이 상납하는 길을 열어 장사치, 통역관도 벼슬길에 오를 수 있게 했소? 후궁의 의복과 음식도 관청에서 일일이 올리도록 했으면 됐지, 무엇이 부족해서 벼슬을 구하고 송사하는 자들에게 뇌물을 요구했소?

영감께서 사직을 받들지 못해 국가를 이 지경까지 이르게 해 놓고, 도리어 영감을 모시지 않는다고 우리를 책망하니 속으로 부끄럽지 않소? 영감께서 왕위를 잃은 것은 영감이 자초한 일이지만, 우린 무슨 죄로 이 가시덩굴 속에 갇혀 있단 말이오?"

광해군은 1641년(인조 19년) 7월, 67세에 제주도에서 세상을 떠났다. 생전에 폐위되었기에 사후 묘호는 없지만, 왕이었을 때 신하들이 올린 존호尊號가 있다. 묘호가 없을 것을 예견한 것일까? 광해군의 존호는 무려 '체천흥운준덕홍공신성영숙흠문인무서륜입기명성광렬융봉현보무정중희예철장의장헌순정건의수정창도숭업대왕體天興運俊德弘功神聖英肅欽文仁武敍倫立紀明誠光烈隆奉顯保懋定重熙睿哲莊毅章憲

順靖建義守正彰道崇業大王'이라 했는데 이는 부왕인 선조보다도 길었다.


## 청나라의 두 차례 침략

————

인조가 재위한 27년은 안팎으로 어려움이 유독 많았다. 인조반정에서 공을
세운 이괄이 2등 공신밖에 되지 않은 것에 불만을 품고 1624년(인조 2년) 반란
을 일으켰다. 이괄이 한양을 장악해 선조의 아들 흥안군을 왕으로 삼자 인조
는 명에 파병을 요청하는 한편, 공주까지 피난하는 초유의 사태가 벌어졌다.
진압군에 의해 이괄이 살해되고 흥안군도 처형되면서 반란은 진압되었다.

인조 정권의 가장 큰 위기는 후금과의 관계에서 비롯되었다. 1627년(인조 5년)
3월 1일 후금 황제 홍타이지가 3만 명의 군대를 보내 조선을 공격했다. 이른
바 정묘호란이었다. 정묘호란의 명분은 광해군을 폐위한 데 대한 보복이었다.
이괄의 잔당들이 후금에 도망쳐 광해군 폐위를 알리고 조선을 치라고 종용했
던 것이다. 가도에 주둔하고 있던 명나라 모문룡을 조선이 후원하고 있다는
것도 침략의 주요 원인이었다. 사실, 후금은 명나라를 정복하기 위해 미리 조
선을 쳐서 후방의 위험을 없앨 필요가 있었다.

정묘호란으로 인조는 70일 넘게 강화도로 피신해야 했다. 후금도 전쟁의
장기화를 우려했다. 1627년 4월, 조선과 후금 사이에 형제 관계를 유지하는
정묘조약을 맺었다.

[정묘조약]

1조. 조선과 후금은 형제의 맹약을 맺는다.

2조. 양국 화친이 성립되면 후금은 곧바로 군사를 철수한다.

3조. 양국 군대는 압록강을 넘지 않는다.

4조. 조선은 후금과 강화 조약을 맺어도 명을 적대시하지 않는다.

1636년(인조 14년) 후금은 국호를 '청淸'으로 바꾸고는 정묘조약의 내용 변경을 요구했다. 양국 관계를 형제가 아닌 군신 관계로 바꾸자는 것이었다. 그에 따라, 조선이 매년 청에 상납해야 하는 공물과 군사의 수가 늘었다. 왕자들과 몇몇 친명파 대신들은 청에 인질로 끌려갔다.

청과 화친함으로써 국가 안정을 우선시해야 한다는 '주화론主和論'과 당장 전쟁을 해야 한다는 '척화론斥和論'이 대립하는 가운데, 인조와 조정 여론은 척

**삼전도비(대청황제공덕비)**
서울 송파구 잠실

화론 쪽으로 기울었다. 1636년 12월 9일 청의 홍타이지는 12만 대군을 이끌고 조선을 침략해 남진하면서 불과 5일 만에 경기도까지 점령했다. 인조는 부랴부랴 남대문을 나와 강화도로 가려다가 이미 길이 차단되었다는 보고를 받고 망연자실했다. 결국, 인조는 남한산성에 들어가 추이를 지켜봐야 했다.

12월 겨울 한파를 남한산성에서 40일씩이나 보내는 게 쉽지 않았을 것이다. 인조는 할 수 없이 주화파의 손을 들어주었다. 청나라는 화친 조건으로, 우선 인조와 대신들이 청 황제 홍타이지에게 '세 번 절하고 아홉 번 머리를 땅에 두드리는' 의식을 치를 것을 요구했다三拜九叩頭. 후에는 청 황제의 은혜를 기리는 기념비를 세우게 했는데, '삼전도비'라고도 하는 '대청황제공덕비大清皇帝功德碑'가 그것이었다.

## 숭명사상, 소현세자 의문의 죽음

————

이처럼 청나라에 된통 당한 뒤에도 조선 왕실은 명에 대한 의리를 끝까지 지켰다. 신료들은 병자호란에서 청과의 전쟁을 주장했던 신하들을 높이 기리고 '숭명배청' 정신을 지닌 인조를 칭송했다. 반면, 청에 인질로 끌려갔다가 8년 만에 돌아온 소현세자를 '친청파'라 하며 비판했다.

인조도 소현세자를 의심했다. 소현세자가 자신을 독살하지 않을까 두려워했고, 청 황실에서 자신을 폐위해 세자를 국왕으로 책봉할 수도 있다고 생각했다. 1645년(인조 23년) 4월 26일 소현세자는 귀국 두 달 만에 독살로 추정되는 죽음을 맞이했다. 이듬해 세자빈 강씨는 역모죄로 사약을 받았고 소현세자의 세 아들은 제주도로 유배되었다.

인조의 둘째 아들 봉림대군이 1645년 9월 세자로 책봉되고, 1649년 인조 사망 후 왕위에 올랐다. 그가 바로 17대 효종이다. 인조의 숭명배청 정신을 계승한 효종은 북벌론을 토대로 군사력을 강화해 나갔다. 왕실의 숭명사상, 대명의리론은 더욱 깊어졌다. 사대부들은 여전히 명의 연호인 '숭정崇禎'을 사용했고, 숙종 때는 명 황실을 위한 제단인 대보단을 만들어 제사도 지냈다. 송시열은 화양동에 만동묘를 세워 망한 명의 만력제 신종과 숭정제 의종에 대한 제향을 올렸다. 조선 왕실과 귀족들이 국제 질서의 변화와 현실 개혁에는 관심이 없었음을 보여주는 대목이다.

# 숙종의 환국 정치와
# 새로운 학문의 등장

## 준비된 제왕 숙종

조선 후기 왕실에서 혈통상 적장자 계승에 가장 부합한 왕은 19대 숙종이었다. 선조에서 인조에 이르는 왕위는 적통 계승이라 볼 수 없었고 효종은 장자가 아니었다. 18대 현종은 효종이 세자가 아닌 봉림대군 시절 낳은 장남이었다. 숙종은 현종의 외아들이자 적장남이었다. 이 같은 정통성을 지닌 숙종은 즉위 후 예송과 관련한 모든 논란을 그야말로 단칼에 정리했다.

'예송禮訟' 또는 '예송 논쟁'이란 성리학 기반의 예절에 관한 논란을 뜻하는 것으로, 효종 사망 당시 효종의 계모이자 인조의 계비인 자의대비가 상복을 1년 입는 게 맞다, 아니다 3년이 맞다라며 한 논쟁이 그 시작이었다. 별것 갖고 그런다고 할 수 있지만, 예송 논쟁의 본질은 율곡파(서인)와 퇴계파(남인)의 학파 간 대립이자 정치 싸움이었다. 동시에 혈통상 적통이 아니더라도 즉위한 경우, 왕실의 특수성을 인정해 적장자로 볼 것이냐, 아니면 왕실도 사대부처럼 성리학적 보편성에 따라 의례를 적용할 것이냐의 문제이기도 했다.

　이 논쟁으로 조선 후기 성리학은 발전했는지 모르지만, 붕당 정치라는 오점을 남긴 것은 사실이다. 서인 vs 남인, 소론 vs 노론 등 당시만큼 당파 싸움이 많은 적도 없을 것이다.

　왕세자 시절부터 이 모든 싸움을 지켜본 숙종은 붕당 정치의 위험성을 잘 알았다. 왕권 강화를 위한 결단이 필요했다. 7년간의 세자 생활이 숙종을 준비된 제왕으로 만들어준 셈이었다.

　숙종은 우선, 신하들의 인사권을 장악했다. 특정 당파의 세력이 지나치다 싶으면 바로 구실과 명분을 찾아 다른 당파로 정권을 넘겼다. 이른바 '용사출척권'을 사용한 것이다. 이는 숙종에 대한 신하들의 극단적인 충성을 가져왔지만, 이로 인한 폐해도 예상되었다. 즉, 당파 간 공존이 불가능하면서 개혁에 대한 경쟁력은 떨어지고 숙종 승하 시 정국의 안정도 보장할 수 없었다. 정권을 잡은 당파가 피의 보복을 할 게 명백했기 때문이었다.


## 기사환국과 갑술환국

————

숙종은 인경왕후 김씨, 인현왕후 민씨, 인원왕후 김씨 등 왕비가 있었으나 그 사이에서는 아들을 두지 못했다. 숙종이 28세 때인 1688년(숙종 14년) 소의 장씨 사이에서 첫아들을 보았으니 그가 훗날 경종이었다. 1689년 숙종은 장씨를 희빈으로 높이고 아들 '윤'을 원자로 삼았다. 그해 인현왕후 민씨를 폐위하고, 숙종의 세자 책봉 조치에 반대했던 송시열을 살해했다. 이 사건을 '기사환국'이라 한다.

기사환국에 대해 좀 더 이야기할 필요가 있는 것이 인현왕후 민씨 폐위 사건은 단순한 치정 사건이 아니었기 때문이다. 이는 조선 후기 당파 싸움을 이해하는 열쇠가 되는 사건이었다. 희빈 장씨 뒤에는 '남인'이라는 당이 버티고 있었고, 인현왕후 뒤에는 '서인 노론'이라는 당이 있었다. 희빈 장씨 소생의 세자 책봉을 반대하다가 죽은 송시열은 서인 노론의 영수, 즉 우두머리였다.

'비망기備忘記'를 보면, 숙종이 인현왕후를 폐비한 배경을 암시하는 문장이 나온다.

> "숙원 장씨는 전생에 짐승의 몸이었는데, 주상께서 쏘아 죽이셨으므로, 묵은 원한을 갚고자 이 세상에 태어났습니다. 그래서 경신년(1680) 역옥(逆獄) 후에 불령(不逞)한 무리와 서로 결탁했던 것이며, 화는 장차 헤아리지 못할 것입니다. 팔자에 본디 아들이 없으니, 주상이 노력하셔도 공이 없을 것이며, 내전에는 자손이 많을 것이니, 장차 선묘(宣廟) 때와 다름이 없을 것입니다."

인현왕후가 장씨를 투기해 이런 말로 숙종을 압박했다는 기록이다. 여기서 '선묘宣廟'란 선조 때를 말한다. 결혼 후 6년이 지나도록 자식을 낳지 못하고 있었던 인현왕후가 숙원 장씨는 팔자에 아들이 없고, 선조가 14남 11녀를 두었던 것처럼 숙종도 장차 많은 자손을 볼 것이라고 말했다는 것이다.

1690년(숙종 16년) 6월, 숙종은 세 살 된 원자 이윤을 세자로 책봉하고, 10월에는 희빈을 왕비로 삼았다. 그런데 돌연 숙종은 1694년(숙종 20년) 4월, 희빈을 폐위하고 민씨를 왕비로 복위시킨다(갑술환국). 인현왕후 민씨는 복위된 지 7년 만인 1701년(숙종 27년) 8월 사망한다. 그런데 희빈이 산당을 차려 왕비를 저주하곤 했다는 내용이 보고되자, 결국 숙종은 희빈에게 나라와 세자를 위해 자진하라는 명을 내렸다. 그리하여 14세의 세자는 생모를 잃게 되었다.

## 경종의 즉위와 집요한 노론의 요구

이후 숙종은 세자에게 대리청정代理聽政을 시켜 여러 차례 세자를 시험했다. 나아가 세자가 병이 많아 아들을 낳지 못할 것이라는 '다병무자多病無子'를 근거로 세자를 연잉군으로 바꾸려 했다. 연잉군은 숙빈 최씨가 낳은 아들이었는데, 숙빈은 인현왕후를 받들다가 숙종의 총애를 입었다. 연잉군은 서인 노론 세력의 절대적 지지를 받았다. 세자였던 경종은 교체 빌미를 주지 않으려고 노심초사하며 매사에 노력했다.

33세에 즉위한 20대 왕 경종은 나름의 국정 운영을 꾀했으나 몸이 약해 뜻대로 되지 않았다. 설상가상 정권을 장악한 노론 세력들은 대비인 인원왕후 김씨를 움직여 숙종의 넷째 아들이며 숙빈 최씨 소생인 연잉군을 왕세제王世弟로 책봉하려 했다. 명분은 경종이 몸이 약한 데다 자식이 없어 후계자를 미리 정하지 않을 경우 나라가 위태로울 수 있다는 것이었다. 연잉군이 효종, 현종, 숙종 삼대에 걸쳐 유일하게 살아 있는 정통의 삼종혈맥三宗血脈이라는 점 또한 내세웠다.

결국 연잉군은 인원왕후가 경종에게 보낸 언문 편지 덕에 세제로 책봉되었다. 노론 측은 여기서 더 나아가 세제 대리청정을 요구하고 경종의 선양까지도 내비치는 등 무리한 행보를 이어갔다. 그런 과정에서 경종을 암살하려는 시도가 있었고, 노론 대신들이 이를 주도했다는 고변이 나오면서 많은 노론계

대신들이 숙청 혹은 유배되었다. 이 사건을 '신임사화' 또는 '신임옥사'라 한다. 후일 영조는 즉위 후 이 사건을 재조사해 목호룡과 그를 사주한 김일경을 참수형에 처한다.

소론계 대신들은 세제를 폐해야 한다고 주장했다. 하지만 경종은 왕실 보호를 명분으로 이를 반대했다. 1724년(경종 4년) 8월 경종이 갑작스럽게 승하하자, 세제 연잉군이 창덕궁 인정문에 나아가 왕위에 오르게 된다.

## 경제 회생, 상업 발달

숙종은 백성들의 경제 살림에도 많은 관심을 기울였다. 현종과 숙종 때는 유독 자연재해가 많고 전염병이 창궐해 기근이 심했다. 현종 때인 1671~1672년에는 경신대기근으로 30여만 명이, 숙종 때인 1695~1696년에는 을병대기근으로 1,416,000명 이상이 사망했다. 역시 숙종 때인 1698~1699년에는 전염병으로 250,700명이 사망했다.

이에 숙종은 굶주려 유랑하는 백성들을 무상으로 구제하는 정책을 실시하고, 세금 등 각종 부담을 전부 혹은 일부 면제해주었다. 그런데도 가난은 해결되지 않았고 심각한 사회 문제로 번졌다. 성호 이익이 꼽은 조선의 3대 도적이 홍길동, 임꺽정, 장길산인데 숙종 때 장길산이 있었던 것은 이와 무관하지 않았다.

나라가 그렇게 어려운 데도 숙종 때 서원 건립이 크게 증가한 것은 아쉬운 점이었다. 1741년 영조 때 서원철폐론이 나올 당시, 서원과 사우의 총수는 1,000여 개소였는데, 그중 숙종 때 세워진 서원이 166개소, 사우가 174개소였다. 사액을 받은 경우는 각각 105개소와 27개소였다. 서원 증가는 국가 재정에 부담이 되었고 군역을 모면하는 수단으로 악용되기도 했다.

숙종 때 모든 공물을 쌀로 내는 대동법이 전국적으로 확대 시행되었는데, 이는 상공업과 유통의 발달을 가져왔다. 이때 공물 납부업자인 공인貢人이 등장하는데 그들은 장차 산업 자본가로 성장하게 된다. 청나라 및 일본과 중개 무역을 통해 엄청난 부를 축적하는 이들도 생긴다. '상평통보'라는 화폐 유통도 숙종 말기 본격화되었다.

청 국경 지대에서 면포, 은, 구리, 주철 같은 상품이 거래되면서 개성 상인 '송상' 의주 상인 '만상' 등이 성장했다. 조선은 청과 일본 사이를 중개하면서 무역 이익을 독점했는데, 이때 금지 물품을 매매하는 '잠상'도 등장했다. 숙종에서 영조 때 걸쳐 조선의 상류 사회가 화려하고 비싼 물품을 선호하고 사치품 구매력이 높아진 것도 그런 현상에 한몫했다.

## 실학의 시대가 열리다

조선은 병자호란에 대한 복수를 다짐하며 부국강병을 꾀했다. 이에 북벌론이 국시가 되기도 했다. 다른 한편으론, 국제 질서의 변화에 순응해 사대를 통한 안정론이 자리를 잡았다. 조선 사회 내부적으로는 명의 멸망과 예송 논쟁 속에서 성리학에 대한 이해가 심화되었다.

그러나 전염병과 대기근 속 조선에서 무엇보다 필요한 것은 부국강병과 민생 안정이었다. 성리학과 명에 대한 의리를 중시하는 사상으로는 이를 해결할수 없었다. 그 돌파구 중 하나로 침류대학사의 등장을 들 수 있다. 침류대학사로는 유희경, 이수광, 최명길, 장유, 유몽인, 허균, 신흠, 한백겸 등 당대의 지식인들이 포함되었다. 침류대枕流臺란 창덕궁 부근의 특정 장소에 유희경이 개인적으로 세운 누각의 이름으로, 현재는 터만 남았다. 침류대에 모여 자유로이 논쟁하며 문학과 경학의 체계를 새로이 정립하고자 했던 이들을 일컬어 침류대학사라 했다.

성리학자 가운데도 변화를 추구하는 움직임이 있었다. 그중 사람의 본성과 물성의 본성이 같은지 다른지 탐구했던 인물성人物性 연구가 있었다. 사람의 본성과 물성의 본성이 같다는 '인물성동론'은 이간이 주도해 낙론洛論을 형성했다. 반대로 사람의 본성과 물성의 본성이 다르다는 '인물성이론'은 한원진이 주도해 호론湖論을 형성했다. 인물성동이론을 중심으로 한 호락논쟁은 청나라를 어떻게 인정할 것이냐의 문제와 연결되어 조선 성리학의 새로운 지평을 열었다. 낙론은 동질성에 따라 청을 인정하는 개방적 입장을 띠었고, 호론은 중화와 오랑캐를 구별하는 차별적 입장을 가졌다.

한편, 유학자들은 육경六經에 대해 주자의 해석을 따르지 않고 독자적 시각을 갖춰 나갔다. 학문으로는 정치, 경제, 산업, 문화 등을 두루 연구하는 '박학博學'과 청의 문물을 배우는 '북학北學'이 유행했다. 이른바 실학의 시대가 열린 것이다.

박지원은 "청나라를 오랑캐라 멸시하는 것은 잘못된 것이며 오랑캐에게서도 배울 것이 있으면 배워야 한다."고 하며 북학을 지지했다. 홍대용은 좀 더 나아가 《의산문답醫山問答》을 통해 전통 유학 사상의 한 축이었던 화이華夷의 구분을 부정하고 상대주의적 입장을 견지해야 한다고 주장했다. 이는 화이를 구분하는 전통 성리학에서는 금기시되던 일이었으니, 성리학 사회에서 이 같은 실학파들의 등장은 지식혁명과 같은 일대 사건이라 할 수 있었다.

북학파의 논리를 한마디로 압축한다면 이용후생利用厚生일 것이다. 이용후생이란 풍요로운 경제와 행복한 의식주 생활을 뜻한다. 18세기 후반에 연암 박지원을 비롯한 북학파 실학자들이 주장한 이론이지만, '이용' '후생' 같은 말들은 육경《상서》'대우모편'에 이미 나온 것이었다. 어쨌거나 북학파의 주장은 경제를 통해 민생을 살펴야 한다는 것이었다. 상공업과 유통을 중시한 이들을 '중상학파'라 부르기도 한다.

실학파들은 나라를 다스리는 효율적 개혁을 주장하기도 했다. 이른바 '경세치용經世致用'인데 정치, 행정, 경제, 군사, 인사 등 국가와 사회의 제반 문제에 대해 진단하고 현실 문제를 해결할 제도 및 해법 등을 제시했다. 이런 주장을 한 이들은 주로 토지 제도 개혁과 농민 생활 안정을 주장했기에 '중농학파'라 부르기도 한다.

실학파의 토지 제도 개혁론은 대부분 토지 분배와 토지 소유 제한에 초점이 맞춰져 있었다. 반계 유형원이《반계수록磻溪隧錄》에서 주장한 균전론均田論,

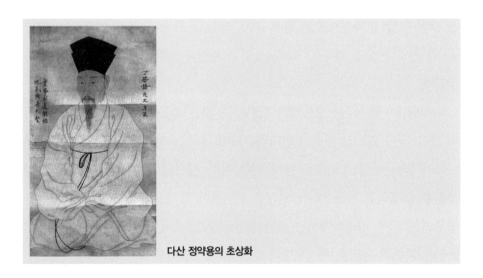

**다산 정약용의 초상화**

성호 이익이 주장한 한전론限田論이 그것이었다. 정약용이《경세유표經世遺表》에서 제안한 정전론井田論과 이를 발전시킨 여전론閭田論도 그렇다. 특히 여전론은 토지의 사유화를 전면 인정하지 않고 실제 농사를 짓는 사람에게만 토지 점유권과 경작권을 부여하는 매우 급진적인 제도였다.

실학자들이 학문을 대하는 태도는 한마디로 '실사구시實事求是'였다. 실사구시는《한서漢書》'하간헌왕덕전河間獻王德傳'에 나오는 문구로, "학문을 닦아 옛것을 좋아하고 사실을 밝혀 진리를 구한다修學好古 實事求是."라는 문장에 들어 있으며, 요컨대 팩트fact를 근거로 진리를 탐구한다는 뜻이다. 청의 고증학의 영향을 받았다고는 하나, 실사구시는 학자로서 당연한 자세였다. 공리공담에 빠진 주자 성리학 공부에 대한 반성이기도 했다.

이런 점에서 실학은 조선 후기 새로운 학문적 흐름으로 주목할 필요가 있다. 다만, 실학의 뿌리가 유학 혹은 성리학이어서 그랬는지 몰라도, 그 테두리를 혁신적으로 벗어나 개혁의 움직임으로 이어지지 못했다는 것은 아쉬운 점이다.

# 영·정조, 탕평정치 시대 속 왕권과 신권의 대립

## 영조의 즉위와 노론

1724년(경종 4년) 8월, 경종은 갑작스럽게 승하했고 31세의 세제 연잉군이 왕위에 오른다. 그가 바로 영조다. 영조의 등극으로 소론은 저물고 노론이 다시 득세한다. 영조는 노론이 적극적으로 지원한 숙빈 최씨 소생이었기 때문이다. 인현왕후와 숙빈 최씨 등은 노론계 정치 세력과 연결되고 있었다. 노론계는 연잉군을 즉위시키기 위해 많은 노력을 기울였고 그 노력이 결실을 보았다. 노론의 절대적 지지 속에 왕위에 오른 영조는 큰 정치적 부담을 가지게 되었다.

영조는 숙종에서 경종에 걸친 변화무쌍한 정국을 몸과 마음으로 겪을 만큼 겪었고, 생사가 왔다 갔다 하는 고비도 맞았다. 세제로서 제왕학 공부도 어느 정도 경지에 이르렀다. 천신만고 끝에 즉위한 영조는 당시 정국을 주도하던 노론과 소론, 그리고 남인계 정치 세력의 정국 운영을 두고 고심하지 않을 수 없었다. 이에 영조는 노론계의 상징적 군주 역할을 할 것인가, 아니면 숙종처럼 용사출척권 등을 활용해 왕권을 강화할 것인가라는 선택의 기로에 서게 되었다.

이때 영조가 주목한 것은 '천하를 다스리는 임금의 도'로서 송시열이 강조했던 '황극경세皇極經世'라는 정치 원리였다. 황극경세란 제왕이 북극성처럼 중심을 잡고 좋아하고 미워함을 따라 베풀지 않으며 햇볕처럼 골고루 은혜를 베풀어 다스린다는 뜻이다. 인재 등용과 출척에서 이를 실천해, 각자가 지닌 재능을 온전히 사용하도록 한다면 더할 나위 없이 훌륭한 정치적 성과가 나올 수 있었다. 영조는 이런 원리를 통해 왕도정치王道政治를 이루려는 의지가 있었다.

군주의 왕도로서 당연한 일이었지만, 영조는 이를 위해 군주의 자격을 갖추어야 했다. 붕당 세력들의 당파적 이익에 휘둘리지 않는 현명함과 강한 정치적 리더십, 결단력 등이 필요했다. 우연히도 영조는 학문적 능력을 잘 갖춘 데다 이복형인 경종과 달리 자신의 건강도 잘 챙겼다. 그리고 노론계 신하들과도, 다른 정파의 신하들과도 끊임없이 소통하고자 했다. 영조의 이런 노력으로 탕평정치가 실현될 수 있었다.

## 이인좌의 난과 나주 벽서 사건

그러나 정치는 국왕의 의지가 있다고 해서 뜻대로 되는 것이 아니다. 경종의 죽음에 대한 의혹이 불거지면서, 황극경세에 대한 고상한 의지는 어느 순간 영조의 정통성을 흔드는 사건으로 변모하고 말았다. 경종이 몸이 약했다고는 하지만, 젊은 나이에 갑작스럽게 죽은 것은 뭔가 모를 의혹을 낳았다. 세제였던 영조가 그 죽음에 어딘가 모르게 관여되면서 경종 독살이라는 소문이 번졌다. 영조의 즉위로 소외되기 시작한 소론과 남인 세력은 그 소문에 주목했다. 당시 이야기는 다음과 같았다.

경종은 어려서부터 병이 많았고 비만증이 있었으며, 죽기 전에는 설사와 복통이 심했다. 이때 경종에게 올려진 약재나 음식을 보면, 상극의 성질이 있어서 금했던 게장과 생감이 나오는데, 이를 올린 사람이 하필 세제였다. 병증이 있었던 경종에게 게장과 생감을 먹도록 한 것은 치명적이었을 것이다.

의원들은 경종의 복통과 설사를 가라앉히기 위해 두시탕과 곽향정기산을 처방하고, 이어 복통과 설사에 효능이 있는 황금탕을 올렸다. 그런데도 병증은 좋아지지 않고 오히려 심해지자 인삼과 좁쌀로 끓인 인삼속미음을 먹도록 했다. 이어서 인삼차와 계지마황탕이 처방되었는데 차도가 없었다. 이때 세제는 인삼과 부자가 들어간 인삼차, 즉 삼다를 올리라 하면서 경종을 위해 마음을 썼건만, 결국 경종은 죽음을 맞이했다.

이때 세제가 경종에게 올리는 약재와 관련해 "정으로는 형제이나 의리로는 부자의 관계"라 하며 자신에게 딴 마음이 없음을 말했지만, 다급한 상황에서 굳이 이런 말을 한 것은 의심을 살 여지가 충분했다.

경종 승하 때 당시 경종의 비인 단의왕후의 동생 심유현이 참관해 경종의 죽음을 확인했다. 심유현은 영조 즉위 후 경종 독살설을 퍼뜨렸고, 소론과 남인 세력은 그 의혹을 기정사실화했다. 나아가 이들은 영조가 숙종의 친아들이 아니라는 주장까지 했다. 세력을 모으고 벽서를 붙여 민심을 자극해 노론 세력과 영조를 제거하려 했다. 영조 관련 벽서 사건이 계속 발생한 건 그래서였다. 이들 소론과 남인 세력은 급기야 소현세자의 증손자인 밀풍군을 추대하면서 난을 일으켰다(이인좌의 난).

이 독살설에 대해 사관은 이렇게 말한다.

"역적들이 심유현을 조종해 차마 들을 수도 없고 차마 말할 수도 없는 말을 만들어 이인좌의 난이 일어난 것이다."

경종 독살설은 여기서 그치지 않고 영조 집권 내내 제기되었다. 괘서 즉 벽서를 몰래 붙여 영조를 비방하는 차마 들을 수도, 말할 수도 없는 말들이 돌았다. 1755년(영조 31년), 나주 벽서 사건으로 잡혀 온 신치운의 이야기를 들어보자.

> 신치운이 "성상(영조)께서 이미 이처럼 의심하시니, 신은 자복을 청합니다. 신은 갑진년(1724년)부터 게장을 먹지 않았으니 이것이 바로 신의 역심이며, 심정연의 흉서(凶書) 역시 신이 한 것입니다." 하니, 임금이 분통해 눈물을 흘리고 임금을 호위하던 병사들도 모두 마음이 떨리고 통분해서 곧바로 손으로 그의 살을 짓이기고자 했다.
>
> ─《영조실록》, 영조 31년 5월 20일

여기서 심정연의 흉서凶書란 영조를 비방하는 괘문서, 즉 나주 벽서를 뜻한다. 영조는 이때의 사건 처리가 마무리되자, 영조 31년인 1755년 자신의 세제 책봉과 즉위 과정에 아무런 문제가 없었음을 밝히는 책《천의소감闡義昭鑑》을 편찬했다. 영조 31년을 끝으로 소론 세력은 영향력을 발휘할 수 없을 정도로 궤멸했고, 이에 영조와 노론은 승리를 자축하며 그동안의 난과 처리 과정을 정리하는 동시에 자신들의 의리와 명분에 부끄러움이 없음을 일종의 백서 형식으로 밝힌 것이다.


## 영조의 탕평 정치

———

영조는 조선왕조사에서 가장 장기 집권한 왕이었다. 영조는 52년간 왕위에 있었는데 500년 조선 역사에서 10분의 1을 다스린 셈이다. 그 비결은 무엇이었을까?

노론의 절대적 지지 속에서 왕위에 오른 영조는 정치적 부담이 매우 컸다. 당파 싸움이 치열한 당시 상황을 누구보다 잘 알고 있던 그는 어떻게 해야 당쟁에 휘말리지 않고 인재를 고루 등용하면서 오래도록 왕좌를 안전하게 지킬 수 있을지 고심했을 것이다. 그가 선택한 정치 방식은 바로 '탕평蕩平'이었다.

탕평이란 어느 쪽에도 치우침 없이 공평하다는 뜻으로, 《서경》에 나오는 말이다. 영조는 탕평의 원리에 따라 인재 등용 시 노론, 소론, 남인, 북인 등을 두루 등용했다. 노론과 소론이 의견 차를 빚을 때는 양쪽 다 옳은 점이 있고 틀린 점이 있다兩是兩非고 반응했고, 처벌하거나 포상할 때는 양쪽을 골고루 처벌하고 포상했다兩治兩解. 중요 관직에는 양쪽 인사를 고르게 분배해 배치했다雙擧互對. 나아가 영조는 모든 인재를 살펴 고르게 쓰겠다고 선포했다有才是用. 당쟁의 근원을 없애고 공론을 바로 세우려 했다. 이를 위해 이조전랑 자신의 후임을 천거하는 자천권을 없앴으며, 청요직清要職의 핵심이라고 할 수 있는 사헌부, 사간원, 홍문관 등 삼사 당하관의 후보자 천거권인 통청권을 없앴다. 더불어 한림, 즉 예문관의 전·현직 관원이 모여 후임 한림을 뽑는 한림회천권도 폐지했다. 특정 세력의 대물림으로 인한 권력과 인사의 편중을 막으려 한 것이었다.

영조는 어느 정도 강력한 왕권을 휘둘렀으나, 자신이 생각한 황극경세 같은 과감한 인사도, 숙종처럼 용사출척권을 휘두르지도 못했다. 왜냐하면 그의 즉위 과정이나 왕권의 바탕엔 노론의 힘이 있었기 때문이었다. 영조는 노론과의 불편한 공존을 인정할 수밖에 없었다.

## 노론의 희생양 사도세자

영조의 첫아들은 효장세자로 10세에 병으로 죽었다. 둘째 아들이 영빈 이씨 사이에서 낳은 사도세자였다. 후궁 소생이었지만 영조는 사도세자를 정성왕후 서씨의 양자로 삼아 원자라 했고, 돌이 지나자마자 왕세자로 책봉했다. 조선 역사상 왕세자 책봉으로 가장 빠른 기록이었다. 여기서 후계자 문제로 고심하던 영조의 마음을 읽을 수 있다. 효종-현종-숙종-경종-영조로 이어지는 혈통이 다산이 아니었기 때문이다. 원자를 빨리 세자로 책봉해 왕실의 철저한 보호로 기르고자 한 아비의 마음이 그랬을 것이다.

어릴 때부터 유달리 총명했던 사도세자는 영조의 총애를 받았지만, 커 가면서 둘 사이는 이상하게 멀어졌다. 영조는 감정 기복이 심한 편이었는데, 무인적 기질이 강했던 사도세자를 자주 꾸짖었고 5번이나 선위를 주장하면서 사도세자를 압박했다. 결국 선위 대신 대리청정을 진행했지만 영조가 직접 정치를 하는 것과 다름없었다.

영조는 날씨가 나빠도 사도세자를 탓할 정도로 그를 미워했다. 이는 노론의 이간질도 있었지만 사도세자의 정치적 성향이 소론에 가까웠기 때문이라는

**경기도 화성 융릉**
사도세자와 세자빈 혜경궁 홍씨의 합장릉

이야기도 있다. 사도세자는 내시와 나인들 손에서 성장하면서 자연스럽게 경종 독살설과 노론에 대한 부정적 이야기를 접했을 것이고, 그 영향을 받았을지 모른다. 대리청정 중 세자가 소론을 옹호하는 태도를 드러내자 노론은 큰 불만을 터뜨렸다. 이 일로 영조는 노론의 압박을 받게 되었고, 1762년(영조 38년) 아들의 비극적 죽음을 친히 주도하게 된다. 영조가 사도세자를 뒤주에 가둬 8일 만에 사망하게 만든 사건을 '임오화변'이라 한다.

사도세자에 대한 처분을 놓고 노론은 다시 강경파와 동정파로 나뉘게 된다. 강경파는 벽파를, 동정파는 시파를 형성했다.

사도세자 사망 후 영조는 원손이었던 정조를 1759년(영조 35년) 왕세손으로 책봉했으며 사도세자를 추존하지 말 것을 당부했다. 하지만 정조는 즉위 후 사도세자를 장헌세자로 추존하고 국왕의 생부로 존대했다. 1899년(광무 3년) 고종황제는 장헌세자를 왕으로 추존해 묘호를 '장종'이라 했다가, 1901년에는 다시 황제로 추존해 '장조의황제'라 했다.

정조의 화성능행 반차도(부분)

## 영조의 손자 정조의 개혁

세손 이산은 11세 때 아버지 사도세자의 죽음을 지켜보았다. 생부인 사도세자의 죽음은 어린 세손이 보기에도 분명 억울한 것이었다. 그렇다고 그 원한을 풀기 위해 노론 벽파들을 척결할 수는 없었다. 할아버지 영조도 대탕평이라는 명분으로 노론의 불만을 간신히 덮었을 만큼, 노론은 왕권으로도 제압하기 어려운 막강한 세력이었다. 이산은 본심을 감추고 때를 기다렸다.

1766년 영조가 승하하자 이산은 25세에 즉위했다. 정조는 영조와는 다른 길을 걸었다. 그해 3월 사도세자에게 '장헌'의 존호를 올리고 능 이름을 수은묘에서 한 단계 격상해 영우원이라 했으며 사당을 경모궁이라 했다. 그 후 정조는 장헌세자의 묘소를 수원 화성으로 옮겼다. 이후 묘소를 현륭원으로 바꾸고는 화성 행차를 시작했다.

정조는 재위 기간에 총 66회 궁궐 밖 행차를 가졌다고 하는데 그중 절반이 사도세자 무덤 참배였다. 잦은 궁궐 밖 행차는 임금이 백성들과 함께하는 모습을 연출하려는 의도로도 볼 수 있다. 정조는 정치 세력 교체를 위한 대역사를 시작했으니, 바로 새로운 수도로서의 화성華城 건설이었다.

노론 벽파는 영조의 계비 정순왕후 김씨와 연결돼 있었다. 정비인 정성왕후 서씨가 승하하자, 영조는 66세 때 15세에 불과한 계비를 들였는데 그가 바로 정순왕후 김씨였다. 조선 개국 이후 왕과 왕비의 나이 차가 가장 큰 경우였다. 정순왕후는 심지어 사도세자와 세자빈 혜경궁 홍씨보다도 열 살이나 어렸다. 훗날 정순왕후는 순조 때 대왕대비로 수렴청정하며 '여인 천하' 정국을 주도하게 된다.

정조는 새로운 개혁 세력을 키웠다. 초계문신과 규장각신 등이 대표적이었다. 초계문신이란 37세 이하 재능 있는 문신을 의정부에서 뽑아 규장각에서 재교육 과정을 거쳐 양성했던 제도를 말한다. 규장각신은 규장각에서 근무하는 신료를 뜻하며 세종의 집현전 학자들처럼 왕에게 자문하고 왕과 함께 토론하고 연구하는 일을 담당했다.

안타깝게도 정조의 개혁은 오래가지 못했다. 정조는 24년간의 재위를 끝으로 1800년 49세에 승하했다.

정조의 개혁 노력은 영조 시절처럼 집권 세력에 의해 막혔다. 영조와 정조 시절에 득세했던 노론 세력은 강력한 왕권을 원하지 않았기 때문이다. 뒤이어 계속된 왕권 약화는 새로운 정치 양상을 등장시켰는데, 즉 대비전이 정치 전면에 나서는 세도정치世道政治가 바로 그것이었다.

# 순조·헌종·철종, 여인 천하와 홍선대원군의 등장

## 정순왕후와 사학죄인

정조 승하 후 정조의 둘째 아들 이공이 왕위에 올랐다. 그가 바로 순조다. 11세 밖에 안 된 순조 대신 누군가 수렴청정을 해야 했다. 수렴청정은 보통은 대비전에서 맡는다. 그러나 순조의 경우 대비전인 정조의 왕비 효의왕후 위로 혜경궁 홍씨가 있었고, 또 그 위로 영조의 계비 정순왕후 김씨가 있었다. 영조와 나이 차가 무려 51세 나던 그 계비 말이다. 결국 정순왕후 김씨가 섭정을 시작했다.

정권을 잡은 정순왕후는 이른바 '대왕대비전하'가 되었다. 정순왕후는 1800년(순조 원년) 7월 20일, 대신과 각신을 불러 모아 충성 서약을 받았다. 이는 충성 서약에 참여하지 않은 대신들은 척결하겠다는 뜻이기도 했다. 이는 숙청의 전조였다.

정순왕후와 정조는 뿌리 깊은 악연으로 이어져 있었다. 정순왕후의 아버지 김한구와 오빠 김귀주가 사도세자의 죽음에 깊이 관여했는데, 정조는 1776년 김귀주를 흑산도에 유배했다. 1784년 왕세자 책봉으로 특사령이 내려져 김귀주는 나주로 옮겨졌지만, 거기서 병으로 죽었다. 정순왕후는 집권하자마자 정조가 키운 세력들을 몰아낼 구실을 찾았다.

그 첫 번째가 '사학죄인'들을 처단한 신유박해(1801년) 사건이었다. '사학邪學'이란 천주교를 가리키며 '서학西學'이라고도 했다. 천주교는 정조 때부터 유행했다. 정조는 천주교에 반대 입장이긴 했으나 탄압하지는 않았다. 성리학이 제대로 서면 사학은 저절로 사라질 거라며, 오히려 유학자들의 분발을 촉구했다.

정순왕후는 천주교 박해령을 내렸다. 천주교 신자들을 부모도 임금도 없으며 인륜의 도를 파괴하는 장본인으로 몰아갔다. 조상에게 제사를 지내지 않는 천주교 문화를 문제 삼은 거였지만, 그것은 명분에 불과했고 실은 노론 시파 및 남인계 인사들을 처단할 속셈이었다. 신유박해 때 순교자들은 조선 최초로 세례를 받은 이승훈 베드로, 이가환, 정약종(정약용의 셋째 형), 은언군(정조의 이복동생)의 부인 송씨, 며느리 신씨 등 300여 명에 달했다.

사도세자의 셋째 아들 은언군은 이 일로 유배지인 강화도에서 사약을 받았다. 정약용도 이때 유배되었다. 정순왕후는 이들을 '사학죄인'이라 칭했다. 신유박해로 남인과 노론 시파는 몰락했고 노론 벽파가 정권을 잡았다.

정순왕후 김씨(경주)는 3년간 수렴청정했다. 그사이 순조는 순원왕후 김씨를 배우자로 맞이했다. 순원왕후 김씨의 아버지 김조순은 본관이 안동으로 노론 시파였지만, 눈치껏 처신해 정순왕후의 칼날을 피했다. 정순왕후가 수렴청정을 거두면서 안동 김씨 일가가 권력을 장악하게 된다.

순조와 순원왕후 김씨 사이에서 효명세자가 태어났다. 효명세자는 1812년

(순조 12년)부터 순조를 대신해 대리청정을 하면서 19세기 조선 왕실의 중흥을 기대하게 했으나, 청정 4년 만에 갑작스럽게 사망했다. 효명세자는 헌종에 의해 익종으로 추존되었다가, 훗날 고종황제에 의해 문조로 추존된다.

## 순원왕후 김씨와 헌종, 철종

1834년 순조가 승하하자 효명세자의 아들 이휘가 그해 11월 8세에 즉위해 헌종이 되었다. 헌종의 어머니 풍양 조씨 신정왕후가 있었지만, 순조의 비였던 순원왕후 김씨(안동)가 살아 있어서 그가 수렴청정했다. 순원왕후 김씨는 헌종의 짝으로 같은 안동 김씨인 효현왕후를 맺어주었다. 10세에 왕비가 된 효현왕후 김씨는 1843년 16세에 자식 없이 죽었다. 이듬해 헌종은 계비로 효정왕후 홍씨를 맞이했다.

1849년 7월, 헌종은 23세 젊은 나이에 죽었다. 원래 허약했던 헌종은 안동 김씨의 권세에 짓눌려 제대로 정치 한번 못 해보다가 병으로 세상을 떴다. 헌종이 후사 없이 죽자, 순원왕후 김씨는 그 후계자로 은언군의 손자 이변을 찾아냈다. 이변이 바로 그다음 왕인 철종이다. 이변은 헌종의 네 살 어린 7촌 삼촌뻘이었지만, 이변의 할아버지 은언군은 사도세자의 서자였고, 아버지 전계대원군은 은언군의 서자였다.

은언군 일족이 정치적으로 탄압을 받을 때부터 이변 역시 강화도에서 간신히 목숨을 부지하며 평민처럼 살았다. 철종 시절 사대부들이 철종을 조롱하며 '강화도령'이라 부른 것은 그 때문이었다.

순원왕후 김씨는 이변을 순조의 양자로 들여 왕위를 잇게 한 뒤 수렴청정

을 이어갔다. 헌종, 철종 2대에 걸친 초유의 수렴청정이었다. 순원왕후 김씨는
역시 안동 김씨인 철인왕후를 철종의 비로 들였다. 순원왕후 김씨는 1857년
(철종 8년) 69세의 나이로 생을 마감했다. 조선왕조 역사상 여왕이라 할 만한
권력을 누린 인물이라 할 수 있다. 이를 상징적으로 보여주는 것이 존호였다.
신하들이 순원왕후 김씨에게 올린 존호는 문인, 광성, 융희, 정렬, 선휘, 영덕,
자헌, 현륜, 홍화, 신운 등이었다.

철종은 철인왕후 김씨와의 사이에서 아들이 없었고 후궁과의 사이에서는
영혜옹주만 두었다. 영혜옹주의 남편은 고종의 명으로 태극기를 처음으로 도
안한 인물로 알려진 박영효였다. 박영효는 훗날 친일 반민족자로 변절한다. 철
종이 임종에 이르자 왕실은 가까운 핏줄을 찾기 시작했다. 이때 결정적 역할
을 한 사람이 순조의 아들 익종(효명세자)의 비인 신정왕후 조씨였다. 신정왕후
조씨는 안동 김씨의 세도정치를 견제하기 위해 왕족인 흥선군을 주목했다.

## 신정왕후 조씨와 흥선대원군

———

흥선군의 본명은 이하응이다. 이하응의 아버지 남연군은 본래 16대 왕 인조
의 아들 인평대군(효종의 동생)의 6대손이었다. 훗날 사도세자의 서자 은신군이
후사 없이 사망하자 그의 양자로 입양돼 남연군이라는 작위를 받았다. 흥선
군은 일찍이 부모를 모두 잃어 생계 걱정을 해야 할 만큼 불우한 청년 시절을
보냈다. 그런 데다 서슬 퍼런 안동 김씨 세력들이 왕족들을 호시탐탐 노리는
정국 가운데 살아남으려면, 철저한 생존 전략도 필요했다. 흥선군은 안동 김
씨의 감시에서 벗어나는 전략을 택했다. 시정잡배들과 어울리며 난봉꾼 생활

도 하고, 안동 김씨 가문에 구걸하면서 '궁도령'이라는 조롱에 가까운 별명을 얻기도 했다.

신정왕후 조씨는 1863년 철종이 승하하자, 그해 12월 흥선군의 둘째 아들 인 이명복을 익종(효명세자)의 양자로 삼고 익성군에 봉한 뒤 왕위에 앉혔다. 그가 바로 조선의 26대 왕이자 대한제국 초대 황제 고종이다. 신정왕후 조씨 는 흥선대원군의 집정을 허락한 가운데 12세인 고종을 수렴청정했다. 조선 역 사상 국왕의 생부가 생존해 통치하는 전무후무한 사건이었다.

순조부터 고종 초까지는 조선 왕실 위기의 시대였다. 순조-효명세자(익종)– 헌종까지 독자가 왕위를 승계했고, 헌종은 아들이 없었다. 철종과 고종은 대 왕대비전의 지명에 의해 즉위했다. 자연스레 대왕대비전과 안동 김씨, 풍양 조 씨 같은 가문이 정국을 좌우하면서 왕권은 땅에 떨어졌다. 헌종부터 고종까 지 실질적 통치자는 정순왕후, 순원왕후, 신정왕후, 그리고 흥선대원군과 그 일가였다.

세도정치의 폐단은 극에 달했고 신유박해(1801년), 기해박해(1839년), 병오박 해(1846년), 병인박해(1866년)로 수많은 천주교도가 박해를 받고 잔혹하게 죽임 을 당했다. 순조 11년(1811년)에는 중앙 관료 진출에서 서북(평안도) 지역민들을 차별한 일에 울분을 터뜨리며 홍경래의 난이 벌어졌고, 철종 13년(1862년)에는 진주농민항쟁을 시작으로 전국 71곳에서 농민들이 민란을 일으켰다. 그 배경 은 안동 김씨가 집권하고 철종이 유명무실한 왕이 되면서, 조세의 기본이었던 '삼정(전정, 군정, 환곡)'이 농민들을 수탈하는 도구로 전락했기 때문이었다.

## 봉건 질서로 역행하는 조선

어쩌다 그 지경까지 이르렀을까? 조선 태종 때부터 조선 왕실은 외척의 집권을 매우 금기시했는데도 말이다.

이유는 어린 왕의 즉위였다. 13세에 즉위한 성종은 할머니 자성대비 윤씨의 수렴청정을 받았고, 12세에 즉위한 명종도 어머니 문정왕후 윤씨의 수렴청정을 받았다. 이는 왕권 안정을 위한 어쩔 수 없는 선택이었다. 영조 이후 조선의 조정은 서인 노론 일색이었고 이들에 대한 견제 세력은 사라졌다. 게다가 탕평정치도 유명무실해졌다. 이때 순조, 헌종, 철종, 고종 4명의 국왕이 어린 나이에 즉위하자 대왕대비전이 수렴청정했다.

그 과정에서 안동 김씨, 풍양 조씨 등이 권력 다툼에 몰두하는 사이 지방관들의 탐욕, 신분제 변동으로 인한 신흥 부호의 등장, 삼정의 문란, 천주교 박해 등으로 사회는 혼란에 빠졌다. 나아가 외세가 밀려드는 세계사적 변화를 제대로 읽어내지 못한 채, 왕실의 위상 회복과 왕권 강화, 봉건적 화이론 고수에 따라 쇄국을 지향한 흥선대원군에 의해 조선왕조는 봉건 질서 강화로 역행했다.

# 조선은 왜 유교 문화를
# 고집했을까?

## 지배층의 타락한 도덕성

태조 이성계는 국호를 '조선'이라 하고 유교를 정치 사상의 토대로 삼았다. 사회 문화를 불교 중심에서 유교로 바꾸었다. 조선은 고려와는 전혀 다른 길을 걷고자 한 것이었다. 왜 조선왕조는 유독 유교를 중시했을까?

그것은 고려 말 정치권의 도덕성 타락을 바로잡고 민생을 안정시키겠다는 건국 세력의 의지 때문이었다. 고려 말 원명 교체기에서 고려는 올바른 왕권의 부재와 문란한 인사 등으로 정치, 외교, 군사, 경제, 민생에서 큰 어려움을 겪었다. 공민왕은 개혁 세력 활용에 실패하고 측근을 등용했다. 우왕 역시 정치에서 측근에 의지했고, 북원과 명 사이에서 갈팡질팡했다.

조일신, 김용, 신돈 등 왕실 측근들은 모반을 꾀해 왕실을 위험에 빠뜨렸고, 홍건적의 침입으로 공민왕이 안동까지 피난하는 사태가 벌어졌다. 왜구 또한 고려 말 내내 고려에 대한 노략질을 멈추지 않았다. 우왕, 창왕 등 어린 국왕이 연속해서 즉위했고 신하들이 이들을 폐위한 뒤 공양왕을 즉위시키는 초유의 사건도 벌어졌다.

조선 건국 세력은 정치 주도 세력의 도덕성 타락을 문제의 근본적인 원인으로 보았고, 민생 안정을 위해 유교 성리학에 주목했다. 성인군주聖人君主와 현철재상賢哲宰相의 정치가 필요하다고 보았다. 즉, 유자로서 도를 수양하는 이들은 밝은 덕明德을 천하에 밝히는 것을 인생 목표로 삼았는데 그 과정이 사서 중《대학》에 제시돼 있었다. 바로 격물, 치지, 정심, 성의, 수신, 제가, 치국, 평천하가 그것이었다.

## 왕의 신격화보다는 군신의 협력

조선 왕실은 고려 왕실처럼 왕실의 신성한 혈통 의식에 집착하지 않았다. 태조 왕건으로 비롯되는 '용손 의식'을 조선이 계승한 것은 맞지만, 성리학 차원에서 왕실 혈통을 지나치게 강조하고 왕실 중심의 의례를 행하는 것은 적절하지 않다고 여겼다. 물론, 태조 이성계 집안에 대한 신비한 기록들이 없는 것은 아니다.

이성계의 증조부 이행리는 낙산 관음굴에서 기도를 올리는데 꿈에서 승려가 점지해 아들 선래善來를 낳았다. 그가 꿈에서 흑룡과 싸우는 백룡을 돕자 백룡이 그에게 후손에게 경사가 있으리라고 예언했다.

어느 날, 태조 이성계는 꿈을 꾸었는데 여러 집의 닭이 일시에 울고, 허물어진 집에 들어가서 서까래 세 개를 졌는데, 꽃이 떨어지고 거울이 떨어졌다. 여러 집의 닭이 일시에 운 것은 높은 지위에 오른다는 뜻이었고高貴位, 서까래 세 개를 졌다는 것은 '왕'을 뜻했다. 꽃이 떨어지고 거울이 떨어진 것은 왕이 될 징조였다.

다른 꿈에서는 신인이 금척金尺을 가지고 내려와 태조에게 주었고, 지리산 바위 굴에서는 "목자木子가 돼지를 타고 내려와서 다시 삼한 강토를 바로 잡을 것이다."라는 글귀가 발견돼 보고되었다.

이외에도 이성계가 고려 왕실을 대신할 군왕의 천명을 타고났다는 관상가의 평가, 고려 왕실이 태조에게 돌아갈 것이라는 이인임의 언급 등이 곳곳에 나타나긴 하지만, 이를 토대로 '팔관회' 같은 국가 의례를 개최하지는 않았다. 권근이 조선 왕실에 대해 '선리仙李'라고 언급한 바 있지만 이는 이씨 성의 뛰어난 인물을 가리키는 표현일 뿐이었다.

조선 왕실은 불교를 구복적 차원에서 제한적으로 대했고 왕실 족보《선원록》 등을 편찬하는 데 그쳤다. 또한, 목조에서 태종에 이르는 태조 이성계 집안의 내력과 행적, 신이한 징조, 태조의 무예와 전공 등을 "해동 육룡이 나르샤"로 시작되는《용비어천가》에 담아 기린 것이 전부였다.

조선의 왕은 유교 정치를 행하고 신료들은 그런 왕을 보좌하는 것으로 역할 구분이 뚜렷했다. 군주의 종교 의례적 카리스마가 약화된 반면, 왕권 안정을 위해 임금과 신하가 함께 공부하고 논의하는 정치를 추구했다. 경연과 상소 등을 통해 신하가 임금에게 간언하게 했다. 임금의 정치 운영에 대해서는 실시간으로 상세히 기록으로 남겼다. 그것이 모여《조선왕조실록》이 되었으며 관원들의 기록은《승정원일기》《비변사등록》 등이 되었다.

《조선경국전》《경국대전》《대전통편》《대전회통》 등을 보면, 조선은 법으로 운영되는 국가를 구현하고자 했다. 성균관, 오부학당, 지방 향교 등 인재 양성을 위한 제도도 중시했다. 서원, 과거시험도 인재 발굴에 대한 의지였다.

## 조선 사회의 절대적 기준

성리학이 심화되면서 정치 영역에서 '군자 소인 시비론'이 대두했다. 그 배경에는 《대학》 8조목을 실천하는 이는 군자이고, 재물을 탐하는 이들은 소인인데, 군자인 척하는 소인과 군자를 구별하기 어렵다는 문제가 있었다. 유교의 교리를 어지럽히는 사람을 사문난적이라 하여 역적으로 취급했고, 정학正學과 사학邪學을 엄격히 구분해 국가 의례와 관혼상제에 반영했다.

유교적 인륜의 이해와 실천을 강조하는 경전이 폭넓게 읽힌 것도 의미가 있었다. 《논어》 《맹자》 《대학》 《중용》뿐만 아니라 《소학》 읽기가 강조되었다. 왕조의 정통 계승과 도학道學의 정통을 세우려는 논의와 함께, 가문의 계통을 정리하고 세우려는 노력도 돋보였다. 유력 가문들은 사당인 가묘家廟를 세우고 족보를 편찬했고, 조상제사도 지냈다. 공동체 자치 규약이라 할 향약을 정해 그 실천을 위해 노력했다.

학문적 성과와 충효의 윤리 실천은 서원과 사우, 생사당에 신주가 모셔지는 등 사회적 성취로 연결되었다. 여성의 절의가 더욱 강조되어 여성의 재혼은 금기시되었으며, 과부는 정절을 지켜야 했다. 과부의 정절은 가문을 위해서도 필요했는데, 실천한 경우 열녀가 될 수 있었다.

성리학적 명분은 명 사대주의로 이어졌다. 사상적으로도 중국 중심의 '중화'를 수용해 조선은 '소중화'이며 중국에 버금가는 문명 국가임을 자처했다. 국제 관계에서 실리보다는 명분을 우선했다.

이처럼 조선 사회에서 유교 성리학은 절대적인 기준이 되었는데, 이는 국왕으로부터 양반 사대부, 중인 및 양민, 노비 등의 신분으로 이어지는 위계질서에 안정을 가져온 측면도 있다. 왜냐하면 성리학은 임진왜란, 병자호란 등 대

전쟁을 겪고도 조선 왕조가 다시 일어설 수 있는 도덕적 명분을 제시했기 때문이다.

6장

준비되지 않은
개항과 황제의 나라:
개항기와 대한제국

# 대원군의 쇄국 정치와
# 고종의 개항

## 조선에 나타난 이상한 배

'이양선異樣船'은 이상하게 생긴 배라는 뜻으로 조선 해안에 출몰한 서양의 선
박을 가리킨다. 1627년 무렵, 네덜란드 동인도회사 소속 승무원 벨테브레이
가 탄 이양선이 난파되어 제주도에서 발견된 게 이양선으로선 아마 최초일 것
이다. 벨테브레이는 조선인으로 귀화해 '박연'이라는 이름으로 살면서 조선 여
자와 결혼해 가정을 꾸리고 병자호란에 무사로서 참여하기도 했다. 훗날 같은
네덜란드 사람 하멜 일행이 왔을 때는 통역을 맡았다.

1816년(순조 16년) 영국 배가 충청도 비인현 갈관 하류에 정박했다. 1832년
(순조 32년)에도 영국 배 '로드 암허스트호'가 표류하다가 충청도 홍주 고대도
에 정박했는데, 이들은 조선 조정에 공식 무역을 요구했다. 1840년(헌종 6년)과
1845년(헌종 11년)에도 제주도에 이양선이 정박했다. 1846년에는 프랑스 수군
제독의 배가 홍주 외연도에 정박해, 조선에서 프랑스 신부 3명을 죽인 사건을

힐문하고 국서 한 통을 보낸 뒤에 돌아갔다. 이후 철종 및 고종을 거치는 동안 지속적으로 이양선이 출몰해 조선 조정에 통상을 요구했다.

조선은 서양의 통상 요구에 섣불리 응하지 않고 청나라의 움직임을 주시했다. 명분상 조선은 청의 제후국이므로 조선 마음대로 외교 수립을 체결할 수 없다는 것이었지만, 이미 서양과 무역 및 통상을 하고 있던 청나라의 사정이 조선에 중요한 선례였다는 게 실질적인 이유였다. 1840년(헌종 6년) 3월, 청에 갔다가 돌아온 서장관 이정리로부터 아편전쟁 직전의 상황을 보고받은 헌종과 신료들은 서양을 오랑캐와 동일시했을 것이다. 알다시피 아편전쟁은 중국이 영국에 문호를 개방해 아편을 수입하면서 벌어진 전쟁이었다. 영국의 군사력에 속수무책이었던 중국은 결국 이 전쟁으로 영국과 남경 조약을 체결하게 되는데 중국으로선 너무나 불평등한 조약이었다.

## 대원군의 개혁

국제 상황이 급변하고 있는 가운데 1863년 고종이 12세로 즉위했다. 이와 함께 흥선대원군은 신정왕후 조씨를 도와 섭정을 시작했다. 1873년 11월, 흥선대원군이 하야하기까지 10년간 실질적 정권은 대원군에게 있었다.

대원군은 우선, 안동 김씨와 노론 세력에 의해 실추되었던 왕권을 회복하는 데 주력했다. 인사권을 적극적으로 활용해 노론을 억압하는 한편, 인재를 고르게 등용했다. 안동 김씨와 노론 일색이었던 비변사를 격하하고 의정부를 강화했다. 비변사 인장은 녹여서 없애 버렸다. 조선왕조 최후의 법전인 《대전회통大典會通》《육전조례六典條例》를 펴냄으로써 법령을 정리했다.

둘째, 대원군은 경복궁 중건 사업을 추진했다. 그 과정에서 원납전과 당백전을 만들어 백성들의 원성을 샀다. 원납전이란 원해서 내는 돈, 즉 기부금이었고 당백전이란 상평통보의 100배 가치를 지닌 돈이었다. 그러나 원납전은 강제 징수나 다름없었고, 당백전은 실제 상평통보의 5~6배밖에 안 되어 물가 폭등을 불러왔다.

셋째, 대원군은 역대 어느 왕도 성공하지 못한 서원 철폐 작업에 착수했다. 그는 서원이 당쟁의 근원이자 양반 및 유생들의 횡포를 뒷받침하는 근거지이며, 재정 및 지방 행정 누수의 원흉이라 생각했다. "백성을 해치는 자는 공자가 다시 살아난다 해도 내가 용서하지 않겠다."라는 말에서 대원군의 강력한 의지를 읽을 수 있다. 그는 1천 개소에 이르렀던 서원과 사우를 서원 47개소만 남기고 모두 철거했다. 서원에 있었던 위폐 등은 땅에 묻어 버렸다. 유림에게는 치욕적인 이 일이 훗날 대원군 하야의 빌미가 된다.

넷째, 조세 제도를 개혁해 국가 재정을 확충하고자 했다. 우선, 조세 부과 대장에서 고의로 누락시킨 토지들을 찾아내 조세를 부과했다. 군정의 경우는 호포법戶布法을 통해 양반, 상민 할 것 없이 호당 2냥 혹은 군포 1필씩을 징수했다. 대기근의 시기를 지나면서 백성에게 가장 큰 피해를 준 환곡과 관련해서는 백성들이 면 단위로 자치 운영하는 사창제社倉制로 바꾸었다. 그러나 이는 관원들의 반발로 제대로 시행되지 못한 채 대원군 하야로 유명무실해졌다.


## 양요와 쇄국

———

'양요洋擾' 즉 서양 사람에 의해 발생한 난리라는 뜻이다. 고종 시대에 두 개의 큰 양요가 있었는데, 둘 다 대원군의 쇄국 정책에 따른 것이었다. 당시 영국, 프랑스, 네덜란드, 미국, 러시아 등이 지속적으로 조선의 문을 두드리며 통상을 요구했다. 그러나 조선 조정은 개항 대신 쇄국을 선택했는데 여기엔 청나라의 아편전쟁이 크게 작용했다. 대원군을 포함한 조선 조정은 '위정척사衛正斥邪'를 구호로 외치며 성리학 외에는 모든 것이 사학邪學인데, 특히 천주교는 양이의 온상이라며 탄압했다.

첫 번째 양요는 1866년(고종 3년) 9월, 프랑스 해군 함대의 공격으로 발생한 병인양요였다. 그해 정월, 프랑스 신부 9명을 포함한 수천 명의 천주교 신도를 처형한 일에 대한 보복이었다. 병인양요 때 외규장각 문화재 약탈 등이 있었다. 두 번째는 1871년(고종 8년) 5월에 있었던 신미양요로 1866년 7월, 미국의 상선 제너럴셔먼호가 통상을 요구하면서 횡포를 부리다가 백성들에 의해 불태워지는 사건이 있었는데, 그 사건을 문제 삼아 존 로저스 제독이 이끄는 해군이 침략했다.

대원군은 그 과정에서 위정척사의 정신을 드높이고자 전국 곳곳에 척화비斥和碑를 세웠다. 1871년(고종 8년) 4월 25일, 강화도에서 양요가 계속되는 가운데 조정에서 다음과 같은 말들이 오간 뒤 종로와 각 도의 도회지에 척화비가 세워졌다.

> "이 오랑캐들이 화친하려고 하는 것이 무슨 일인지는 알 수 없으나, 수천 년 동안 예의의 나라로 이름난 우리가 어찌 금수 같은 놈들과 화친할 수 있단 말인가? 설사 몇 해 동안 서로 버티더라도 단연 거절하고야 말 것이다. 만일 화친하자고 말하는 자가 있으면 나라를 팔아먹은 율(律)을 시행하라."

척화비의 비문 내용은 주로 다음과 같았다.

"오랑캐들이 침범하니 싸우지 않으면 화친하는 것이요, 화친을 주장하는 것은 나라를 팔아먹는 것이다(洋夷侵犯 非戰則和 主和賣國)."

## 대원군 하야와 외척의 재등장

흥선대원군의 쇄국 정책은 그리 오래가지 못했다. 대원군의 장기 집권이 고종과 왕비 민씨의 반발을 불러왔기 때문이다. 그는 여전히 위정척사를 토대로 고전적 봉건 질서 및 존왕주의 강화에 매달렸다. 고종과 왕비 민씨는 대원군 정권에 맞설 세력을 양성했는데, 그 주력 세력은 대원군이 그토록 배척하고자 했던 외척이었다. 민태호, 민겸호, 민승호 등 왕비 민씨의 외척을 주축으로 박규수, 오경석, 이유원, 김옥균, 김홍집, 서광범 등 소장파와 개화파가 대원군 정권에 맞섰다. 고종은 아버지의 섭정에 이어, 다시 외척의 집권을 바라보아야 했다.

고종과 왕비 민씨는 대원군을 압박하는 데 성공했지만 실제로 대원군의 하야를 불러온 것은 최익현 등 유림 세력이었다. 이들 유림 세력에게 대원군이 단행한 서원 철폐는 치욕적인 일이었다. 고종 10년 11월 최익현은 계유상소를 통해 고종에게 이렇게 고했다.

"이 성헌(成憲)을 변란시키는 몇 가지 문제는 실로 전하께서 어려서 아직 정사를 도맡아보지 않고 계시던 시기에 생긴 일이니, 모두 전하 자신이 초래시킨 것도 아닙니다. 다만 일을 책임진 관리들이 전하의 총명을 가리고 제멋대로 권세를 부린 결과, 나라의 기강이 모두 해이해졌고 오늘날의 폐해가 초래되었습니다. 삼가 전하께서는 지금부터 임금의 권한을 발휘하고 침식을 잊을 정도로 깊이 생각하고 부지런히 일할 것입니다."

최익현의 상소는 고종에게 천군만마였다. 최익현은 국왕의 친정을 요구하면서 대원군의 퇴각을 노골적으로 밝혔다. 1873년(고종 10년) 11월, 흥선대원군은 정권을 이양하고 물러났다. 조정은 왕비의 민씨 일족이 장악했고, 거기에 이유원 및 박규수 등 통상 개화 세력과 유림 세력이 공존하는 형국이었다.

이때 일본이 조선에 접근했다. 일본은 1868년 9월, 메이지明治로 개원하면서 본격적으로 근대화를 추진했다. 일본은 서양이 중국과 자신들을 개항시킨 방법 그대로 조선을 개항하려 했다. 한술 더 떠 그들은 팽창해 나가는 일본의 힘을 조선에 집중해 식민지화하려는 '정한론征韓論'을 주장하기 시작했다.

## 일본의 침범과 강화도 조약

1875년(고종 12년) 일본의 군함 운요호가 강화도 초지진에 접근했다. '흑함'이라고도 불리는 운요호는 영국제 근대식 군함이었다. 해안 탐사 등 거짓 이유를 대며 허락 없이 침입한 일본을 조선이 선제공격했다. 일본도 기다렸다는 듯이 함포 사격으로 반격했다. 일본군은 초지진을 파괴하고, 영종진에도 맹포격을 가했다. 승리한 일본은 준비된 각본대로 조선에 통상을 요구했다. 통상 개화 세력들은 고종에게 이를 받아들일 것을 간언했다. 양측은 1876년(고종 13년) 마침내 통상 조약을 맺었는데, 이를 강화도 조약이라고 한다.

## [강화도 조약]

1조.  조선은 자주국으로서 일본과 평등한 권리를 가진다.

2조.  양국은 수시로 사신을 파견해 교제 사무를 협의한다.

3조.  두 나라 사이에 오가는 공문은 일본 글을 쓰되 조선은 한문을 쓴다.

4조.  이미 오래전부터 조선에 일본 공관이 지어져 있으므로 이제는 새로
       만든 조약에 근거해 무역 사무를 처리한다.

5조.  20개월 이내에 조선은 부산 외에 항구 두 곳을 개항해 통상을 해야
       한다.

6조.  일본 배가 조선 연해에서 위험에 처했을 때 관민이 적극 도와야 한다.

7조.  조선은 연안 항해의 안전을 위해 일본인이 자유롭게 조선 해안을 측
       량할 수 있도록 허용한다.

8조.  일본 정부는 조선에서 지정한 항구에 일본 상인을 관리하는 관청을
       설치하고, 양국 관련한 문제가 발생하면 소재지의 지방관과 만나서
       토의하고 처리한다.

9조.  양국 국민은 자유롭게 무역하며 빚진 상인들이 있으면 양국이 잡아
       서 빚을 갚게 한다. 단, 양국 정부가 대신 갚아줄 수는 없다.

10조. 일본인이 조선에서 죄를 지어도 조선 정부가 재판할 수 없고, 일본이
       자국 법에 의해 재판하는 치외법권을 인정한다.

11조. 양국 상인들의 편의를 추구하기 위해 추후 강화에서 통상 장정을 체
       결한다.

12조. 이상의 11개 조항을 결정한 날부터 영구히 성실하게 준수해 우의를
       두텁게 다진다.

**일본의 군함 운요호**

박규수, 이유원 등의 주장에 따라 조선은 청의 간섭 없이 자주국으로서 일본과 통상을 맺었다. 차후 서양 열강과의 통상에서도 이런 원칙을 세웠다. 그러나 이런 개화 원칙은 그 후 많은 문제를 일으키는데 첫째, 흥선대원군 세력과 왕비 민씨 세력의 충돌을 가져오고, 둘째 동학농민운동 발생의 빌미가 된다. 셋째, 조선에 대한 지배권을 확립하려는 일본과 청나라가 충돌하면서 조선도 그 전쟁의 소용돌이에 휩싸인다.

어쩌다 여기까지 온 걸까?

조선왕조가 외세의 통상 요구가 갖는 역사적 의미에 대한 분석과 그 대응 방안을 제대로 마련하지 못한 것이 가장 큰 원인이었다. 흥선대원군이 위정척사에 입각한 쇄국 정책으로 일관하자, 이에 반발한 고종과 왕비 민씨 및 지방 유림이 대립하면서 외척 정치가 부활하고 개화 세력이 이와 불안한 공존을 이어가는 가운데, 조정은 충분한 준비를 할 겨를 없이 서구 열강 및 일본에 개항하고 만 것이다.

결과는 참혹했다. 1882년(고종 19년) 임오군란, 1884년(고종 21년) 갑신정변에 이어 1894년 동학농민운동과 청일전쟁 발발로 조선왕조는 새로운 시대로 강제 전환하게 된다.

# 고종 vs 대원군, 군란과 정변으로 엎치락뒤치락하다

## 수신사 파견과 '조선책략'

조선왕조는 1876년 일본과 강화도 조약을 맺은 뒤 급변하는 세계 정세를 살폈다. 조선왕조의 입장은 크게 세 가지였다. 첫째 외국과의 통상의 문을 넓히고, 둘째 직접 외국의 변화를 체험하면서 이를 토대로 근대 개혁을 이루며, 셋째 개화 정책을 추진할 기관을 설치하는 것이었다.

　여기서 조선에 새롭게 등장한 '개화開化'라는 말은 원래 '개물성무開物成務'와 '화민성속化民成俗'을 합친 표현이었다. 개물성무는《주역》계사전에 "역이란 사물을 열어주고 일을 이루어 천하의 모든 도를 포괄하는 것이다夫易 開物成務 冒天下之道."에 등장한 말이며, 화민성속은《대학》'학기편'에 "군자가 백성을 교화해 좋은 풍속을 이루려 한다면 배움을 통하지 않고서는 안 된다君子如欲化民成俗 其必有學乎."에 나타난 말이다.

　그런데 후쿠자와 유키치福澤諭吉의《문명개화론》이 수용되면서 조선에서 개화란 동양적인 개화 사상과 서구 문명 수용이 결합한 개념으로 바뀌었다. 나중에 《황성신문》에서 풀이한 개화는 '개물성무 화민성속'이 되는데, 이는 개화와 서구 문명 수용을 통한 부국강병 추구의 의미를 지니게 된다.

조정은 먼저, 강화도 조약의 규정에 따라 일본에 김기수를 정사로 한 '수신사' 76명을 파견했다. 과거 '통신사'라는 이름으로 일본에 파견되었던 사절단은 1811년(순조 11년) 김이교를 정사로 한 사절단이 마지막이었다. 통신사를 수신사로 바꾼 것은 선린과 신의를 다진다는 의미였다.

1차 수신사로 일본에 다녀온 김기수는 고종에게 일본은 부국을 꾀하고 있으며 전선, 화륜선, 농기계를 갖추는 데 힘쓰고 있다고 보고했다. 그러자 고종과 조정 대신들은 개항과 선진 문물 수용에 더욱 관심을 가지게 되었다. 김기수는 2개월간 일본 시찰을 하면서 메이지 일왕, 이토 히로부미伊藤博文, 이노우에 가오루井上馨 등을 만났으며 근대 시설을 방문했다. 이를 기록으로 남겼는데, 《일동기유日東記遊》와 《수신사일기修信使日記》가 그것이었다.

1880년(고종 17년) 2차 수신사로 김홍집 일행이 파견되었다. 김홍집은 연암 박지원의 손자인 박규수의 문하로 개화에 관심을 두고 있었다. 귀국하면서 그가 가지고 온 《사의조선책략私擬朝鮮策略》이 조선 사회에 큰 충격을 주었다. 이 책은 주일청국 참사관이었던 황쭌셴이 김홍집과의 회담을 정리한 것으로, 주요 내용은 청과 조선, 일본이 서양의 기술 문명과 제도를 배워야 하고 러시아의 남하를 막기 위해 삼국이 힘을 합쳐야 하며 미국과도 연합해야 한다는 것이었다. 1881년 이 내용이 알려지자 조선 사회가 발칵 뒤집혔다. 위정척사운동이 부활하고 영남 만인소(1만 명의 상소) 등 상소가 빗발쳤다. 대원군의 서자 이재선의 쿠데타 음모가 발각되는 일도 있었다.

김홍집이 고종에게 보고한 일본의 상황은 이와 같았다. 일단, 일본은 행정

개혁을 단행했는데, 지방 통치를 담당하던 번藩을 폐지하고 부府와 현縣으로 일원화해 중앙 정부가 통치하기 시작했다. 이외에도 일본에서 운영되고 있는 외국어 학교 현황, 화산과 지진의 발생, 사쓰마번(지금의 가고시마현 부근)의 조선 침략 의도, 육군 훈련 방식, 러시아에 대한 일본의 대응, 네덜란드가 부국강병한 이유, 유구국의 패망과 현 설치 등에 관한 내용을 보고하자 개화에 대한 고종의 관심은 더욱 커졌다.

그러나 조정 신료나 유림들은 김홍집의 보고에 분노하며 크게 반발했다. 병조정랑 유원식은 《조선책략》 중에 "예수와 천주의 학문은 우리 유교에 주희와 육구연이 있는 것과 같다."는 문장을 들어 김홍집을 규탄했다. 경상도 유생 이만손 등은 만인 상소를 통해 "주공과 공자, 정자와 주자의 가르침을 더욱 밝혀야 한다."고 목소리를 높였다. 위정척사파와 개화 세력의 예견된 충돌이었다.


## 군 개편과 해외 시찰단 파견

———

고종은 군대 근대화 작업에 착수했다. 1880년 12월 국내외 군국기무를 총괄할 기관으로 '통리기무아문統理機務衙門'을 설치했다. 1881년에는 군 제도를 개편해 기존 훈련도감, 용호, 금위, 어영, 총융의 5군영을 무위영, 장어영의 2군영으로 바꾸었다. 5군영에서 신체가 건장하고 날랜 군사 80명을 선발해 무위영에 소속시켜 이들을 별기군別技軍이라 했다. 일본인 교관을 둔 별기군에 대한 대우가 구식 군대보다 여러모로 훨씬 좋았는데, 이는 1882년 임오군란의 화근이 된다.

**보빙사**
뒷줄 왼쪽부터 현흥택, 통역관 미야오카 츠네지로, 유길준, 최경석, 고영철, 변수. 앞줄 왼쪽부터 퍼시벌 로웰, 홍영식, 민영익, 서광범, 중국인 통역 우리탕

　1881년 4월에는 조선시찰단(혹은 신사유람단)을 조직해 비밀리에 일본에 파견해 내무성과 외무성, 포병공창, 산업시설 및 박물관을 시찰하도록 했다. 같은 해에 영선사 김윤식을 69명의 학도와 함께 청나라에 파견해 무기 제조 기술을 배우도록 했다. 청나라 리훙장과 미국과의 수교를 논의했고, 영선사 조영하 등은 청나라 톈진 주재 전직 독일 영사 묄렌도르프와 회담을 열기도 했다. 영선사 파견 이후 신식 무기 제조를 위한 기기창이 서울에 설치되었다.

　조선 역사상 최초로 미국과 1882년 5월 22일, 조미수호통상조약을 체결했고, 이듬해 5월 조선 주재 초대 미국 공사 루시어스 푸트가 부임해 조약을 비준했다. 1883년에는 민영익, 홍영식, 서광범 등을 중심으로 '보빙사'라는 사절단이 조직돼 미국 등 서방 세계에 파견된다. 보빙사는 뉴욕에서 미국 대통령 체스터 A. 아서와 두 차례 회동도 가진다.

　1881년 조사시찰단의 일원으로 일본에 방문했다가 유학했던 유길준은 보빙사 수행원으로도 참가해 보스턴에 남아 조선 최초 미국 유학생이 된다. 갑신정변 발발과 그 실패를 듣고 학업을 중단한 뒤 유럽까지 여행한 그는 훗날 《서유견문西遊見聞》을 쓴다.

# 임오군란으로 쫓겨난 대원군

---

고종의 근대화 작업은 위정척사파와 대원군 세력의 견제에 발목이 잡혔다. 당시의 정치 구조를 보면, 고종을 중심으로 대원군 세력, 위정척사 신료들과 유림, 왕비와 민씨 척족 세력, 개화파 세력 등이 불안한 동거를 이어가고 있었다. 그런 불안한 균형을 깨는 의외의 사건이 있었으니, 바로 1882년(고종 19년) 6월의 임오군란이었다. 사건의 전개는 이랬다.

무위영과 장어영 소속 군병들의 급료가 13개월 치나 밀려 있었다. 그들은 가뜩이나 별기군과 차별 대우를 받고 있다는 피해의식이 강한 상태에서 1개월 치 급료를 간신히 받았는데, 그마저도 선혜청의 농간으로 쌀과 모래가 반반이었다. 무위영과 장어영 소속 군병들은 대원군에게 불만을 호소하고 선혜청 제조 민겸호 등을 죽여 분을 풀었다. 그 과정에서 일본인 교련관 등 일본인 13명이 죽고 일본 공사관이 불에 탔다. 곧이어 군병들은 창덕궁 돈화문으로 난입해 왕비 민씨를 찾았다. 왕비는 궁녀로 위장해 충주 장호원으로 피신해 화를 면했다.

재집권의 기회를 잡은 대원군은 5군영을 부활시키고 통리기무아문을 혁파하는 한편, 삼군부를 복구했다. 임오군란을 진압하기 위해 고종과 민씨 세력은 청나라와 일본에 개입을 요청했다. 청은 4,500명의 군사를 보냈고, 일본은 1,500명의 병력을 이끌고 제물포에 상륙했다. 청은 대원군을 납치해 톈진으로 보냈다. 33일간의 대원군의 재집권은 이렇게 끝나고 만다.

임오군란이 조선 사회에 미친 파장은 매우 컸다. 청나라의 내정 간섭이 강화되었고, 일본과는 불평등 조약인 제물포 조약을 맺으며 막대한 배상금까지 지불해야 했다. 청 및 일본군이 조선에 주둔했고, 왕비를 중심으로 한 민씨 세력의 독주는 더욱 강해졌다. 이는 갑신정변이라는 쿠데타의 빌미를 제공하기도 했다.

## 갑신정변, 개화파의 삼일 천하

민씨 세력은 대원군의 정치적 개입을 차단할 수단으로 임오군란 이전에는 개화파와 손을 잡았다. 그러나 대원군이 청나라 텐진으로 압송되자 그럴 필요성이 사라졌다. 이제 민씨 세력은 그들의 정치적 후원자인 청에 더욱 의지했다. 청을 이용해 일본의 개입도 견제했다.

한편, 급진개화파는 일본의 메이지 유신을 모델로 삼아 변법變法 개화를 추진하려 했다. 여기서 변법이란 군주제를 바탕으로, 서양의 정치 제도를 수용하는 것이었다. 변법 개화의 주도 세력은 20대 초반에서 30대 초반의 박영효, 김옥균, 서광범, 홍영식 등이었다. 이들은 1천여 명의 군사를 양성하고 43명으로 이뤄진 충의계忠義契를 조직했다.

급진개화파는 일본 정부 및 일본 군대의 후원을 기대하면서 1884년 갑신년 12월 4일 우정국 개국 축하연을 계기로 민씨 일파를 몰아내고 혁신적인 정부를 세우기 위한 갑신정변을 일으켰다. 쿠데타는 성공했고, 김옥균 등은 후속 조치를 서둘러 진행했다. 이들은 실권을 장악하고 14개 조에 달하는 혁신 정령을 발표했다.

[혁신 정령 14조]
1조. 청에 잡혀간 흥선대원군을 가까운 시일 안에 돌아오게 하고, 청에

바치던 조공을 폐지한다.

2조. 문벌을 폐지해 인민 평등권을 제정하고, 능력에 따라 관리를 임명한다.

3조. 지조법을 개혁하고 관리의 횡포와 부정을 막아 백성을 구제하고, 국가
　　　재정을 넉넉하게 한다.

4조. 내시부를 없애고 그 가운데서 우수한 인재를 뽑아 등용한다.

5조. 부정한 관리 중 그 죄가 심한 자는 엄벌에 처한다.

6조. 각 도의 상환미 제도를 영구히 없앤다.

7조. 규장각을 폐지한다.

8조. 조속히 순사 제도를 마련해 도둑을 방지한다.

9조. 혜상공국(전국의 보부상을 단속하던 관청)을 혁파한다.

10조. 유배하던 자와 옥고를 치르던 자 중 정상 참작해 일부 방면한다.

11조. 4영을 1영으로 통합하되, 빠른 시간 내에 장정을 선발해 근위대를 설
　　　치한다.

12조. 모든 재정은 호조에서 관할한다.

13조. 대신과 참찬은 합문 내의 의정부에 모여 정령을 논의, 의결하고 실행
　　　한다.

14조. 의정부와 육조 외에 모든 불필요한 관청을 없애고, 대신과 참찬이 합
　　　의해 처리한다.


　　그러나 정변 세력은 당시 한성에 주둔하던 청군대를 간과했다. 1,500명의
청군의 공격을 받은 김옥균, 박영효, 서광범, 서재필 등은 속수무책으로 당했
다. 그들의 쿠데타는 '삼일 천하'로 끝났고, 그들은 일본 공사 다케소에 신이치
로의 보호를 받으며 일본으로 망명했다.

갑신정변 세력은 메이지 유신과 서구의 근대 국가를 모델 삼아 쿠데타를 단행하면서도, 자기들이 일본에 이용당하고 있었다는 사실은 몰랐다. 그 후 조정은 일본의 개입에 항의하며 망명자 송환을 요구했지만, 일본은 오히려 조선에 7척의 군함과 2개 대대를 보내 무력시위를 하면서 사죄와 배상을 요구했다. 1884년 11월 24일 고종은 그 요구를 수락해 일본과 한성 조약을 맺었다. 앞서 그해 4월, 일본과 청나라는 이토 히로부미와 리훙장의 담판으로 조선에 주둔한 양국 군대를 철수하고 파병 시 사전에 알릴 것 등을 약속하는 톈진 조약을 맺었다.

## 시한폭탄을 안은 조선

갑신정변은 실패로 끝났지만, 김홍집 등 온건개화파를 중심으로 한 자주적 근대화 시도는 서서히 성과를 드러내고 있었다. 조선의 근대화 원칙을 한마디로 하면 '동도서기'였다. 즉, 유교 성리학에 기반한 동도東道를 지키면서 서양의 기술인 서기西器를 받아들이는 것이었다. 청과 일본이 추진한 근대화도 원칙은 조선과 비슷했다. 청은 중국의 전통 정신을 중체中體로, 서양 문물을 서용西用으로 받아들이는 '중체서용' 개혁을 추진했다. 일본은 일본의 전통 정신인 화혼和魂을 지키면서 서양 기술인 양재洋才를 받아들이려는 '화혼양재'를 근대화의 원칙으로 삼았다.

문제는 조선 내의 복잡한 상황이었다. 외교적으로는 조선을 둘러싼 청나라와 일본의 갈등이 여전했고, 정치적으로는 대원군이 정치적 부활을 꾀하는 가운데 고종이 불안한 집권을 이어가고 있었다. 경제적으로는 해외 통상을 통해 국내 곡물이 해외로 유출되면서 막대한 손해가 발생했고 그 피해가 고스란히 농민들에게 돌아가고 있었다. 게다가 위정척사파는 여전히 조선 조정의 개화 원칙에 수긍하지 않고 반발했다. 조선의 근대화 운동은 살얼음판이었고, 조선은 언제 터질지 모르는 시한폭탄을 안은 상태였다.

# 대원군, 동학농민운동으로 다시 정권을 잡다

## 부패한 세금 제도와 백성들의 생활고

《춘향전》은 조선 후기 관료의 타락상을 잘 그려내고 있다. 거지꼴로 나타난(실은 암행어사) 이몽룡은 변학도 사또가 차린 성대한 잔칫상에서 그에게 다음과 같은 시를 바쳤다.

> 금빛 잔에 담긴 맛좋은 술은 1천 백성의 피요〔金樽美酒 千人血〕
> 옥쟁반에 담긴 맛좋은 고기는 1만 백성의 기름이라〔玉盤佳肴 萬姓膏〕
> 촛농 떨어질 때 백성 눈물 떨어지고〔燭淚落時 民淚落〕
> 풍악 소리 높은 곳에 원성 소리 높구나〔歌聲高處 怨聲高〕

변 사또 같은 부패한 관료들이 온갖 명목으로 백성들에게 높은 세금을 뜯어냈다. 물론 정상적인 징수가 아니었다. 숙종 때부터 시행된 토지세의 비총

법, 군역의 군총제, 환곡의 환총제 같은 조세법을 악용한 수탈이었다. 어떻게 그런 게 가능했을까?

비총, 군총, 환총이란 일정 기준에 맞춰 총액을 정한다는 말로, 조세 총액을 지방에 일정량 할당해 거둬들이는 방식이었다. 할당량은 온갖 이름을 붙여 점점 늘었고 그 부담은 고스란히 농민들에게 돌아갔다. 전세의 경우, 규정된 토지세는 결당 20두였지만 '인정미'(백성들의 사정을 봐준다는 의미로 미곡 출납원이 받은 부가세), '선가미'(배로 미곡을 실어 옮길 때 드는 비용), '낙정미'(수송과 보관 중 손상되는 곡식을 예상해 받은 부가세), '민고미'(지방 관원들이 다양한 명분으로 거둬들인 부가세) 등이 추가되면서 결당 100두까지 이르렀다.

군역의 경우, 군포는 정丁당 1필이었으나, 어린아이를 군적에 올려 군포를 뜯어내는 '황구첨정', 이미 죽은 사람에게 군포를 거두는 '백골징포', 당사자가 군포를 납부하지 않을 경우 이웃에게 강제 납부하도록 하는 '인징', 군역 면제 대상인 고령자에게 징수하는 '강년채' 등도 자행되었다. 환곡의 경우, 환곡미를 내줄 때 썩거나 불량한 곡식을 주고, 회수할 때는 좋은 곡식을 받았다. 관리들의 장부 조작은 이루 말할 수 없는 수준이었다.

이에 농민들도 자구책을 마련했다. 군포계, 동포계, 민고계, 민고 등 공동으로 세금을 내는 방법으로 돌파구를 마련했지만, 문제는 해결되지 않았다. 조선 후기 농업 기술 발달과 농업 경영 방식의 변화로 농업 생산력은 늘어났으나 지배층에 의한 부조리는 부의 편중을 가중시켰다. 일부 지방관들이 개혁 방안을 제시했으나 세도 정권-지방관-아전-부농층 등으로 연결되는 부패의 고리는 좀처럼 끊어지지 않았다.

# 극한 범죄로 불안에 휩싸인 사회

'검계'와 '살주계'라는 말이 있다. 이는 조선 후기의 살벌한 사회를 단적으로 말해준다. 검계란 칼을 차고 다니는 모임, 살주계란 노비가 주인을 죽이는 모임으로 쉽게 말해 이들은 조선 시대 조직 폭력배였다. 이 깡패들의 주요 타깃은 양반 사대부였지만, 양반 평민 가리지 않고 살인, 폭행, 겁탈, 약탈을 일삼으며 백성들을 불안에 떨게 했다.

이외에도 횃불을 들고 무리를 지어 강도짓을 일삼던 '명화적', 바다나 강 연안에서 약탈하던 '수적', 떠돌이들의 범죄 조직 '유단' 등이 있었다. 정부와 탐관오리를 비방하는 방서와 괘서가 끊이질 않았고, 산에 올라가 지배 관리들을 크게 욕하는 산호도 유행했다. 세금 납부를 거부하는 항세 운동도 빈번히 일어났다.

정도령이 새로운 세계를 만든다는 예언서 《정감록鄭鑑錄》이 유행하는가 하면, 실제로 영조 때는 여기저기서 자칭 정도령이라는 자들이 나타나기도 했다. 요술책을 유행시켜 반란을 도모하려는 무리가 있었고, 미륵이 등장해 세상을 구할 것이라는 예언도 떠돌았다. 고창 선운사 도솔암 마애불의 돌출부에 비기가 들어 있는데 이 비기를 꺼내면 새로운 세상이 열린다는 소문에, 동학 조직에서 그것을 꺼내 갔다는 이야기도 전해진다.

1862년(철종 13년)에는 충청, 전라, 경상 등 삼남 지방의 농민들이 조세 제도(삼정)에 반발해 봉기를 일으켰다. 이를 임술농민봉기, 혹은 진주민란이라 한다. 이에 조정에서 선무사, 안핵사, 암행어사 등을 파견해 보았지만, 미봉책에 불과했을 뿐 개혁은 이뤄지지 않았다. 1862년(철종 13년) 5월, 철종은 삼정이정청을 설치해 삼정의 잘못을 바로잡고 세금을 가혹하게 거둬들이는 지방 수령들을 색출하게 했지만, 반발에 부딪혀 석 달 만에 이전 제도로 돌아갔다. 삼정 이정청은 그해 윤 8월에 철폐되었고 삼정 업무는 비변사로 넘어갔다.

## 동학 탄생, 최제우의 순교

세상을 구원해줄 불세출의 영웅은 극도로 불안한 사회가 만들어내는 것일까? 조선 후기 천주교 박해, 양요, 민란 등이 이어지는 가운데 경주 유생 최제우가 세상을 구할 구원자로 등장했다. 최제우는 천주교의 교리와 유불선을 합한 새로운 구원의 세계를 찾아냈는데, 그것이 바로 동학이었다.

동학의 핵심 교리는 이른바 '시천주' 13글자 侍天主造化定永世不忘萬事知와 '지기금' 8글자 至氣今至願爲大降를 소리 내어 외우면 화를 면하고 병이 없어지며 신명을 접한다는 것이었다. 마음 둘 데 없던 불안한 민심이 총 21글자만 익히면 만사형통한다는 쉬운 교리를 만나자, 동학은 삽시간에 민간신앙으로 퍼졌고 1863년

**《동경대전》 1907년판**
최제우가 쓴 동학 경전

교인이 3천 명, 접소가 14곳에 이르렀다. 이에 조정은 최제우를 혹세무민 사도난정邪道亂正하는 자라며 1864년 3월 10일 대구에서 효수형에 처했다. 효수형이란 처형한 뒤 저잣거리에 목을 매달아 놓는 최고 수위의 극한 징계였다. 동학은 사학으로 몰렸다.

최제우의 잔혹한 죽음은 오히려 동학의 확산을 불러일으켰다. 백성들은 최제우를 순교자로 보았고, 교조 신원 운동을 벌여 동학 공인을 요구했다. 그때 시작된 동학 공인 요청은 1907년(광무 11년) 7월에야 받아들여진다. 당시 고종의 윤허를 받아낸 청원 내용은 다음과 같았다.

지난 갑자년(1864) 동학의 우두머리로 사형을 당한 최제우와 무술년(1898)에 죽임당한 최시형은 사도(邪道)로 정도(正道)를 어지럽혔기에 사형을 당했으니 시의에 따른 것이었습니다. 그러나 그 후 뜻있는 선비들이 이따금 그의 학문과 연원을 탐구해 보니 사실은 서학에 대조해 동학이라 칭했고, 그 도를 앞다투어 숭상해 동쪽에서 서쪽으로 점차 퍼지기를 마치 우체소를 설치하고 명령을 전달하듯이 되어 지금 그 학문을 받들고 그 도를 지향하는 사람이 200만여 명이나 됩니다. 다행히 하늘의 도가 순환해서 교화의 문이 크게 열리게 되었으니, 환히 살펴보신 다음에 최제우, 최시형을 속히 죄인 대장에서 없애고 오랜 원한을 풀어줌으로써 여러 사람의 억울한 마음에 부합되게 해주기 바랍니다.

이후 동학교도들은 전라북도 삼례, 광화문 등 전국 곳곳에서 집회를 열어 교조의 억울함을 풀어주고, 교도에 대한 탄압을 멈출 것을 요구했으나 조정은 냉담했고, 오히려 우두머리를 체포하고 교도들을 강제 해산했다. 1893년 4월,

동학교도들은 충청북도 보은군 속리면에서 집회를 열었는데, 모인 군중이 2만 여 명이나 되었다. 특이한 건 그때 그들이 외친 구호가 '척왜양창의斥倭洋倡義'였다는 것이다. 즉 일본과 서양을 물리치고 대의를 세우라는 게 동학교도들의 구호였다.

## 1, 2차 동학농민운동과 청일전쟁

보은 집회 후 동학교도들은 2대 교주 최시형이 이끄는 충청도 중심의 북접과 전봉준을 따르는 전라도 중심의 남접으로 나뉜다. 1894년 2월 남접 동학교도들을 자극하는 사건이 일어났는데, 전라도 고부 군수 조병갑이 만석보의 물을 이용한 대가로 군민들에게 세금을 강제 징수하는 한편, 태인 군수를 지낸 부친의 비각을 세우려고 돈을 사적으로 거둬들인 것이다.

농민들과 전봉준은 이에 반발했고 그들의 요구가 끝내 받아들여지지 않자, 사발통문沙鉢通文을 돌려 농민군을 모았다. 고부읍을 점령해 조병갑에 대한 처벌과 외국 상인 침투 금지 등 13개 조의 요구 사항을 제시했다. 그런데 사건을 처리하기 위해 내려온 안핵사 이용태가 오히려 동학농민군을 탄압해 사건은 더욱 확대되었다. 전봉준 등은 '보국안민'의 기치를 들고, 왜양 세력과 부패 특권층 척결을 위해 창의문倡義文과 4대 강령을 발표하면서 봉기했다.

> [동학농민군의 4대 강령]
> 하나, 사람을 죽이지 말고 가축을 잡아먹지 말 것
> 둘, 충효를 다해 세상을 구하고 백성을 편안하게 할 것

셋, 왜놈을 몰아내고 나라의 정치를 바로잡을 것

넷, 군대를 몰아 한양으로 들어가 권세 있고 지체 높은 자 등을 멸할 것


동학농민군이 전주 감영까지 점령하자, 청이 군사 개입을 선언했고, 일본군도 거류민 보호를 구실로 출병하려 했다. 정부와 동학농민군은 외세 개입의 위험을 인식해 휴전 교섭을 벌여, 마침내 1894년 6월 11일 전주화약全州和約을 맺고 '폐정개혁안 12조'를 발표했다.


**[폐정개혁안 12조]**

1조.  정부는 동학교도와의 원한을 씻어내고 서정(庶政)에 협력한다.

2조.  탐관오리의 죄상을 낱낱이 조사해 엄중하게 처리한다.

3조.  횡포한 부호를 엄중히 처벌한다.

4조.  불량한 유림과 양반을 징벌한다.

5조.  노비 문서를 불태운다.

6조.  칠반천인(일곱 가지 천한 사람) 차별을 개선하고 백정이 쓰는 패랭이를 없앤다.

7조.  청상과부의 재가를 허가한다.

8조.  무명의 잡부금(잡다하게 물리는 돈)을 일체 폐지한다.

9조.  관리를 채용할 때는 지체와 문벌을 타파하고 인재를 등용한다.

10조. 왜와 통하는 자는 엄벌한다.

11조. 공사채는 물론이요, 기왕의 것을 모두 면제해준다.

12조. 토지는 균등하게 분작한다.

동학농민군은 전라도 53개 읍에 집강소執綱所를 설치해 개혁을 주도했다. 동학농민군의 항거에 불안해진 고종과 왕비 민씨는 청에 파병을 요청했다. 청이 이 요청에 응해 군인 3천 명을 파병하자, 일본도 7천 명의 군사를 파병했다.

청일전쟁에서 승리한 일본은 민씨 정권을 몰아내고 그 자리에 대원군을 앉혔다. 이를 지켜보던 동학농민군이 반외세 투쟁을 전개함으로써 제2차 동학농민 봉기가 시작되었다.

전라도 농민군 10만 명과 손병희를 중심으로 한 10만 명의 충청도 농민군은 논산에서 합류해 일본군에 대응하면서 북상했다. 그러나 1894년 11월 9일 농민군은 공주 우금치 전투에서 신식 무기로 무장한 일본군 및 관군 연합군에 패한다. 전봉준은 순창에서 체포되었고, 일본 공사의 재판을 받아 사형되었다. 동학농민운동도 종결되었다.

동학농민운동은 반봉건, 반외세를 내세운 근대사의 중요 사건이었으나 허무하게 끝나고 말았다. 그 원인은 무엇이었을까?

동학농민군이 중앙의 모든 정치 세력을 적으로 돌리고 지주 및 부호 양반

**전봉준 영정**
1895년 이전

을 공격한 것은 전략상 문제로 보인다. 그게 지방 사회 분열을 가져왔기 때문이다. 그들이 흥선대원군과 손을 잡고 그에게 의지하려 한 점도 한계였다. 대원군은 봉건 왕조의 대명사라 할 수 있는 인물로, 반봉건을 외치던 동학농민군과는 애초에 가는 길이 달랐기 때문이다.

# 왕비의 죽음, 대원군의 은퇴로
# 홀로 선 고종

## 일본 주도의 갑오경장

1894년 동학농민운동으로 촉발된 청일전쟁은 일본군의 승리로 끝났다. 일본은 제물포 조약에 따라 일본 공관 보호를 명분으로 곧바로 궁궐을 점령했다. 일본은 대원군을 내세워 명분상 개혁 정치를 주관하게 하고 민씨 세력을 몰아냈다. 고종은 대원군에게 섭정을 맡기고는 정치 일선에서 한 걸음 물러났다.

일본은 개화파와 손잡고 본격적으로 조선의 '경장更張'을 추진했다. '경장'이란 느슨해진 가야금 줄을 팽팽하게 당겨 본래의 음을 내도록 한다는 뜻이다. 정치적으로는 느슨해지고 부패한 정치, 사회, 경제 등의 제도를 새롭게 개혁한다는 의미였다. 이에 대원군이 독자적인 정치를 추구하려 하자 일본은 그를 강제로 은퇴시켰다.

친일 근대 개혁의 성격을 띤 갑오경장은 1894년 7월부터 1896년 2월까지 세 차례에 걸쳐 진행되었다. 그동안 내각은 네 차례 바뀌었고 영의정이 아닌 총재관을 중심으로 하는 내각이 구성되었다. 1894년 갑오개혁 때는 1, 2차 근대적 개혁이 추진되었다. 청나라 연호 사용을 중지하고 1392년을 기준으로 개국 기원開國紀元을 사용했는데, 7월 16일을 개국 기원절이라 정했다. 왕실과 정부의 분리, 과거 제도 폐지, 신분제 철폐, 조혼 금지, 과부 개가 허용 등이 단행되었다.

음력을 사용하지 않고 그레고리력인 태양력을 사용했다. 1895년(고종 32년) 9월 9일에는 조서를 내려 "정삭正朔을 고쳐 태양력太陽曆을 쓰되 개국開國 504년(1895년) 11월 17일을 505년(1896년) 1월 1일로 삼으라."고 했다. 이를 이어 자주독립국으로서의 위상을 상징하기 위해 '건양建陽'의 연호 사용을 결정했다.

따라서 《고종실록》을 보면 고종 32년(대한 개국 504년) 11월 16일이라 했다가 그다음 날인 11월 17일을 건양 원년 1월 1일로 표기한다. 일본도 태음태양력을 쓰다가 태양력을 사용하게 되자, 1872년 12월 3일을 1873년 1월 1일로 정한 바 있다

1895년(고종 32년) 7월 25일, 고종은 자신의 생일을 맞이해 각국 공사와 영사를 접견해 만찬을 열었다. 이날을 만수성절萬壽聖節이라 칭했는데, 이는 조선 왕조 역사상 처음으로 황제국에서 쓰는 '절일' 명칭이 사용된 사건이었다. 조선이 양력을 사용하면서 이후 고종의 만수성절은 양력 9월 8일로 고정되었다.


## 삼국 간섭과 왕비 시해 사건

청일전쟁에서 승리한 일본은 청나라와 시모노세키 조약에 서명했다. 이 조약에 따라 일본이 요동 반도를 차지하려고 하자 1895년 4월 러시아, 독일, 프랑

스 삼국이 일본을 압박하며 조선 문제에 개입한다. 이에 조선에 대한 일본의 영향력이 축소하자 갑오개혁의 후퇴를 우려한 박영효가 왕비를 폐위시켜 분위기를 반전시키려 했지만 실패한다. 박영효는 갑신정변 때 일본으로 망명했다가 돌아와 친일 내각에서 내부대신에 임명된 상태였다.

고종과 왕비는 1895년 8월 친러내각을 구성해 반일 정책을 추진하고자 했다. 그러나 이 계획은 수포로 돌아가는데 1895년 10월 8일 새벽에 벌어진 참사 때문이었다. 우범선, 이두황이 이끄는 훈련대와 조선 주둔 일본군 수비대, 한성신보사 사장, 낭인들이 야간 훈련을 핑계로 경복궁에 진입한 뒤 건청궁 곤녕합에서 왕비를 시해했다. 작전명 '여우사냥'인 을미사변乙未事變이었다.

왕비를 시해한 낭인들은 한성신보사 소속으로 위장했는데, 이는 당시 조선 주재 일본 공사 미우라 고로의 작품이었다. 이들이 사용한 히젠도 칼집에는 '일순전광자노호一瞬電光刺老狐'라는 문구가 적혀 있었다. "늙은 여우를 단칼에 찔렀다."라는 뜻이다. 을미사변에 대해 각국 공사들이 문제를 제기하자 일본은

**홍릉과 유릉**
각각 대한제국 1대, 2대 황제 부부의 능이다. 경기도 남양주시 금곡동 소재

**명성황후 시해를 다룬 기사**
프랑스 '르 주르날 일뤼스트레'(1895)

미우라 등 관련자 48명을 히로시마 감옥에 구속했으나 증거불충분으로 석방했다.

일본은 흥선대원군을 궁중으로 불러들여 을미사변이 궁궐 내 암투에 의한 사건인 것처럼 꾸몄다. 더불어 외척을 통한 정치 농단의 주범인 왕비 민씨를 서인으로 폐위하게 했다.

1897년(고종 34년, 건양 2년) 11월 고종은 왕비의 시호를 명성황후라 하고 11월 22일 황후의 국상을 치렀다. 명성황후는 청량리 밖 홍릉洪陵에 묻혔다. 1919년 고종 승하 후 홍릉이 남양주 금곡으로 옮겨져, 한국사 최초로 황제와 황후의 격에 맞춘 황제릉이 탄생한다.

## 3차 을미개혁과 단발령

일본은 조선 왕비 시해 후 김홍집과 유길준을 중심으로 한 4차 친일 내각을 수립하고는 3차 을미개혁을 추진했다. 이때는 1, 2차 때와는 확연히 달라진 내용이 제시되었다. 첫째, 청의 연호 사용을 중지하고 조선의 연호를 '건양建陽'으로 정해 이를 사용하도록 했다. 둘째, 천연두를 예방하는 종두법을 시행하도록 했다. 일본에 가서 종두법을 배워 돌아온 지석영이 종두장과 우두국을 열어 종두법을 보급했다.

셋째, 단발령이 내려졌다. 고종은 태양력 시행 이틀 전에 다음과 같은 조서를 내렸다.

> "짐이 머리를 깎아 신하와 백성들에게 우선하니 너희들 대중은 짐의 뜻을 잘 새겨서 만국과 대등하게 서는 대업을 이룩하게 하라."

그러자 학부學部 대신부터 반발했다. '학부'는 요즘의 교육부에 해당한다. 그들이 반발한 이유는 단군과 기자 이래 머리카락 아끼기를 큰일로 여겼는데 이를 어기면 백성의 마음이 흉흉해진다는 것이었다. 단발은 '신체발부身體髮膚 수지부모受之父母'라는 효 사상에도 어긋나는 것이었다. "내 머리는 자를 수 있을지언정 머리털은 자를 수 없다."라는 최익현의 상소가 유명하다. 그러나 김홍집 내각에서는 이를 강력히 추진했다.

넷째, 친위대와 소학교가 설치되었다. 학부 고시 4호에 따르면, 경성 안 장동壯洞, 정동貞洞, 묘동廟洞, 계동桂洞 네 곳에 소학교를 세웠는데 정동 이외의 세 곳은 학교 건물이 좁아서 장동 학교는 매동梅洞의 전 관상감에, 묘동 학교는 혜동惠洞의 전 혜민서에, 계동 학교는 재동齋洞에 옮겼다. 8세부터 15세까지 학생을 모집했고, 교과목으로는 오륜 행실,《소학》, 우리나라 역사와 지리, 국문, 산술, 외국 역사와 지리 등이 포함되었다.

## 친일 내각의 몰락

왕비 시해와 단발령은 유림을 포함한 백성들을 분노케 했다. 왕비 시해 사건의 주범을 처벌하고 일본은 사과하라는 상소가 전국에서 빗발쳤다. 의병들도 전국 곳곳에서 일어나 관군 및 일본군과 격전을 벌였다. 당시 의병으로는 박준영, 이소응, 유인석, 이강년 등이 있었으며, 이때의 의병을 을미의병이라 부른다.

한편, 을미사변 이후 신변이 위태로워진 고종을 지키려는 움직임이 있었다. 일본과 김홍집 내각이 경복궁과 조정을 장악하고 있어서 고종은 경복궁에 유폐되다시피 했다. 몇몇 친위대원들과 미국 및 러시아 공사가 고종을 경복궁에서 탈출시켜 미국 공사관으로 피신시키려는 계획을 짰다. 1895년 11월 28일 새벽, 이규홍 중대장 등이 이끄는 군대가 춘생문 담을 넘어 입궐을 시도했다. 그러나 친위대대장 이진호의 배신으로 이 계획은 실패로 돌아갔다.

고종의 피신 계획은 다시 논의되었다. 이범진, 이완용 등 친러파가 러시아 공사 베베르와 논의해 고종을 러시아 공사관으로 피신시키는 데 합의했다. 1896년 2월 11일 새벽, 고종과 황태자는 궁녀가 타는 가마를 타고 영추문을 통해 정동에 있던 러시아 공사관으로 피했다. 임금이 잠시 왕궁을 떠나 다른 곳으로 피난한다는 의미로 이를 '아관파천俄館播遷'이라 한다. 고종은 러시아 공사관에서 약 1년간 머무른다.

고종은 을미사변의 진상 파악에 착수하는 한편, 일본 측의 해명을 요구하고 친일 내각에 대한 숙청을 단행했다. 고종은 김홍집, 유길준, 정병하, 조희연, 장박을 역적으로 규정해 처형하도록 명했다. 새로운 내각을 구성하고 경운궁을 중건했다. 이때의 내각은 친미, 친러 성격이 강했다. 갑오경장, 을미개혁 때

**영은문(좌)과 독립문(우)**
서울 서대문구에 위치

추진된 정책은 상당 부분 무효화했다. 고종은 다음과 같은 조서를 내렸다.

> "을미년(1895) 8월 22일 조칙과 10월 10일 조칙은 모두 역적 무리들이 속여 위조한 것이니 다 취소하라."

단발령 폐지, 의정부 제도 복구, 음력 사용, 13도 환원이 시행되었다. 청나라로부터의 독립을 기념해, 영은문을 허물고 독립문을 착공한 것도 그 무렵이었다. 독립문은 1897년 완공되었다.

친일 내각이 몰락하고 흥선대원군이 정계를 은퇴하면서 고종이 비로소 정권을 잡았다. 고종은 국왕 중심의 개혁을 추진했는데, 그의 의도는 '대한제국大韓帝國' 선포로 나타났다.

# 고종황제, 광무개혁 추진과 독립협회와 갈등 속 딜레마

## 고종의 환궁과 대한제국

1897년(고종 34년, 건양 2년) 2월 20일, 고종이 경운궁으로 환궁하면서 경운궁 시대가 열렸다. 이때부터 고종의 통치 이념은 구본신참舊本新參과 민국건설民國建設 두 가지로 나타났다. 구본신참이란 조선의 전통을 바탕으로 서양의 문물과 제도를 절충해 개혁을 추진한다는 뜻이고, 민국건설이란 지배층 위주가 아닌 시민 위주의 국가를 건설한다는 뜻이었다. 고종은 조선이 자주독립의 국가이자 황제가 다스리는 나라임을 대외에 알리는 데 주력했다. 이는 친러 및 친미 정책에 기초한 것으로 일본을 견제하는 데 분명 효력이 있었다.

1897년 8월 16일 고종은 연호를 건양에서 광무光武로 바꾸는 역사적 결정을 내린다. 갑오개혁 때 친일 내각이 정한 건양을 고종은 인정하기가 어려웠다. 아울러 황제 칭호를 사용하고 국호도 바꾸었다. 1897년 2월 26일 고종은 자신을 봉천승운황제奉天承運皇帝라 칭했고, 1897년 10월 11일에는 국호를 '대한大韓'으로 정하고 그 이유를 다음과 같이 밝혔다.

> "우리나라는 삼한(三韓)의 땅인데, 국초에 천명을 받고 하나의 나라로 통합
> 되었다. 지금 국호를 '대한(大韓)'으로 정한다고 해서 안 될 것이 없다. 각국
> 문서를 보면 조선이라 하지 않고 한(韓)이라 했다. 이는 아마 미리 징표를
> 보이고 오늘이 있기를 기다린 것이니, 세상에 공표하지 않아도 세상이 모
> 두 다 '대한'이라는 칭호를 알고 있을 것이다."

이튿날인 10월 12일, 고종은 원구단에서 연호 및 국호 개정 등을 고하는
제사를 드리고 단에 올라 금으로 장식된 의자에 앉는 의식을 거행했다. 10월
13일, 정식으로 국호를 '대한'이라 하고 그해를 '광무 원년'으로 삼았다. 이로써
대한제국이 시작되었다. 대한제국에서는 10월 12일(음력 9월 17일)을 '계천기원
절繼天紀元節'이라는 국경일로 삼았다.

고종은 부국강병과 근대화에 대한 강한 의지가 있었다. 일본, 러시아, 미국,
영국 등 열강의 틈바구니 속에서 어떻게 그 의지를 실현해낼 것인지 세계는
우려의 시선으로 대한제국의 출발을 보고 있었다.

## 부국강병을 향한 광무개혁

고종은 우선, 대한제국의 궁궐인 경운궁을 체계적으로 정비했다. 정문은 인화
문仁化門, 동문은 대안문大安文, 정전은 태극전太極殿, 침전은 함녕전咸寧殿, 편전은
석어전昔御堂으로 명칭을 세웠다. 대안문은 1906년 대한문이 되었고, 태극전은

중화전으로 바뀐다. 명성황후의 시신을 모신 곳을 경소전景昭殿이라 했다가 국장 후 경효전으로 바꾸었고, 1912년에는 다시 덕홍전으로 바꾸고는 황제를 알현하는 방으로 활용한다.

대한제국 황실의 격식을 갖추고자 1899년(광무 3년) 12월 7일에는 태조와 자신의 4대 선조를 황제로 추존했다. 태조는 태조고황제로, 장종(사도세자)을 장조의황제로, 정종을 정조선황제로, 순조를 순조숙황제로, 양부 익종(효명세자)을 문조익황제로 추존했다.

1900년에는 을미사변 때 왕실을 보호하려다가 순국한 장수와 군사를 추모하는 사당인 장충단獎忠檀을 세웠다. 장충단의 특징은 개개인의 사당이 아닌 합동 기념 장소라는 것이다. 대한제국에 충성을 다한 이들에 대해서는 기존의 공신 책봉이 아닌 훈장 제정으로 바꾸었다. 지금의 무궁화 훈장 격인 대훈위 금척대수장, 2번째로 높은 대훈위 서성대수장, 3번째 훈격인 대훈위 이화대수장이 제정되었다.

문무관 중 '공'에 따라 8등급으로 구분되는 태극장, '훈'에 따라 1~8등으로 구분된 팔괘장도 제정되었다. 무공훈장인 자응장, 궁내 여성에게 수여하는 서봉장, 특별한 날을 기념하는 기념장도 제정되었다.

고종은 러시아 군제를 받아들여 원수부元帥府를 설치하고 원수부 내에는 육군 헌병대를 두었다. 황제 호위를 위해 시위대와 진위대를 증강하고, 고급 장교 육성을 위한 무관학교도 설립했다. 해상 장악력을 갖추기 위해 1903년 4월 15일 일본 미쓰이물산으로부터 군함을 수입하고 이름을 '양무호揚武號'라 지었다.

1903년 이범윤을 간도(지금의 북간도 혹은 연길도) 관리사로 파견해 그 지역 조선인을 관리했다. 블라디보스토크에 통상사무관을 파견하는 한편, 파리만

국박람회에도 참여했다. 1900년에 울릉도를 울릉군으로 승격하고 독도를 관할 구역에 포함시켰다.

## 애국가 탄생과 경제 개혁

1902년(광무 6년) 7월, 대한제국 애국가가 탄생했다. 작사는 민영환이, 작곡은 일본의 국가 '기미가요'를 작곡한 독일인 프란츠 에케르트가 맡았다. 고종은 당시 독일 대사의 소개로 프란츠 에케르트를 알게 되었는데, 그에게 대한제국에서 서양 음악을 지도해줄 것과 애국가 작곡을 부탁했다.

에케르트는 1901년 2월 19일 대한제국에 도착했다. 그는 말하자면, 국립 오케스트라단 단장을 맡은 셈이었다. 그는 이어 연주자들을 훈련시키고 왕궁과 파고다 공원에서 정기 연주회도 개최했다. 애국가 작곡은 1902년 7월 1일 완

대한제국 애국가 가사

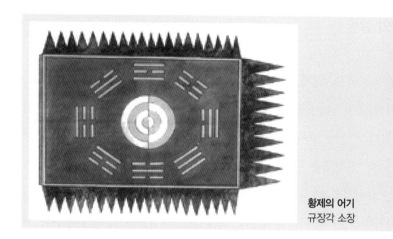

**황제의 어기**
규장각 소장

성했다. 그는 이 일로 태극 3등급 훈장을 받았다. 에케르트는 1916년 8월 8일 서울에서 사망했고 현재 합정동 양화진에 시신이 안치되었다. 대한제국 애국가는 1910년 8월 경술국치(한일병합조약)로 금지곡이 된 이후 더는 불리지 않는다. 1902년 8월에는 황실의 상징물로 황제의 어기御旗, 황태자의 예기睿旗, 친왕기親王旗 제정을 지시했다.

고종은 1899~1903년 사이 두 차례 미국인 측량사를 초빙해 토지 조사를 실시했다. 이를 토대로 지계地契를 발급했는데 지계란 요즘의 '땅문서'에 해당한다. 식산흥업殖産興業 정책으로 근대적 공장과 회사 설립을 장려했고, 민간 은행인 한성은행과 대한천일은행 설립을 지원했다. 궁내부 산하 평식원을 설치해 도량형 통일과 관리를 맡겼다. 양잠 전습소와 잠업시험장을 설치해 양잠업의 근대화를 꾀했다. 이 사업은 1899년 일본에서 양잠을 배우고 귀국한 김한목이 중심이 되었다.

## 독립협회와의 갈등

————

고종이 황제권 강화를 위해 개혁을 추진하는 사이, 전제황제권을 반대하는
또 다른 개혁의 움직임이 있었다. 대표적인 것이 입헌군주제를 지향한 독립협
회의 활동이었다. 입헌군주제는 군주가 헌법의 제한을 받는다는 점에서, 군주
의 절대적 권력이 인정되는 전제군주제, 즉 황제국과 이해를 달리한다.

독립협회는 갑신정변 때 미국으로 망명했다가 돌아온 서재필이 1896년 4월
7일 발간한 〈독립신문〉에서 시작되었다. 서재필을 중심으로 정동구락부의 일
부 멤버들이 모여 1896년 7월 2일 독립협회를 결성했다. 주요 멤버로는 서재
필 외에 이완용, 안경수, 윤치호, 이승만, 박정양 등이 있었다. 이후 〈독립신문〉
은 독립협회의 기관지 기능을 했다.

정동구락부는 서울 정동 일대 공사관 소속 공사, 선교사, 친미 조선의 고위
관료 등이 모이는 사교장으로 1894년 결성되었다. 일본인이 참가하지 않고 있
음을 확인해 조선 왕실은 이 모임을 후원했고 아관파천 때는 이 모임의 도움
을 받기도 했다. 정동구락부의 모임 장소는 현재 정동길에 있는 이화여고 자
리로, 왕실 궁내부에서 통역과 외국인 접대 업무 등을 맡았던 독일 여성(원래
는 프랑스 알자스 로렌 출신이지만, 보불 전쟁 때 그곳이 프로이센령이 되면서 독일 국적이
됨) 손탁에게 고종이 하사한 곳이었다. 손탁이 러시아 공사관에 피신한 고종에
게 커피를 진상하기도 한 그곳을 '손탁빈관'이라 불렀는데, 고종은 1902년 10
월 그곳을 2층 호텔로 개축해 '손탁호텔'로 개명하고 손탁에게 운영을 맡겼다.

원래 독립협회의 1차 목표는 민중 계몽과 자주독립 의식 고취였다. 각지의
백성들이 참가하는 만민공동회를 열어 백성들에게 자기 목소리를 내게 했다.
만민공동회는 마치 신문고 같은 것이었다. 그러나 대한제국 성립 이후 독립협

회는 사회 정치 단체 성향을 띠며 정치 개혁을 요구하고 정치에도 개입하기 시작했다. 독립협회는 대한제국의 자주적 외교와 개혁을 주장하는 가운데 반러시아 성향을 띠었다. 이들은 러시아의 군사고문관과 한로은행 폐지를 이끌어냈다. 독립협회의 일원인 박정양 내각이 탄생하는 데도 기여했다.

이에 위협을 느낀 고종과 친러 정권은 독립협회에 대항할 단체로 '황국협회'를 결성해 1898년 6월 30일 공식 인가했다. 황실의 든든한 후원을 받아 탄생한 황국협회는 수천 명의 보부상을 일시에 회원으로 가입시켰고, 독립협회와 만민공동회 활동을 감시하면서 반대 활동을 지속해 나갔다.

만민공동회가 사회적 관심을 끌자, 광무 정권은 1898년(광무 2년) 10월 28일부터 11월 2일까지 6일간 관민공동회를 열었다. 정부 대표로 의정부 참정 박정양 등이 참석했고 국정 개혁안으로 '헌의 6조'를 결의했다.

[헌의 6조]
1. 외국인에게 의지하지 말고 관민이 한마음으로 힘을 합해 전제 황권을 견고하게 할 것
2. 외국과의 이권에 관한 계약 및 조약은 각 대신과 중추원 의장이 합동 서명하고 시행할 것
3. 국가 재정은 탁지부에서 전관하고, 예산과 결산을 국민에게 공표할 것
4. 중대 범죄를 공판하되, 피고의 인권을 존중할 것
5. 칙임관을 임명할 때는 정부에 뜻을 물어서 중의에 따를 것
6. 정해진 규정을 실천할 것

고종은 의정부에 명해 헌의 6조를 국정에 반영하도록 하고 나아가 중추원

을 의회로 개편하고자 했다. 고종 역시 독립협회가 지향했던 입헌군주제를 수용할 생각이 있었다고 볼 수 있다.

그러나 고종은 독립협회를 온전히 믿지 못했다. 그들은 친일파에 뿌리를 두고 있었는 데다 황제의 권한을 침범해 내각 인사 문제에 개입했다. 밤새워 여는 만민공동회도 다분히 시위 성격을 띠면서 고종에게 위협이 될 만했다. 만민공동회에 모이는 군중이 많아지고 개최 횟수가 늘어났다. 장작을 피우면서까지 집회를 열어 '장작집회'라고도 불렀다.

1898년(고종 35년 광무 2년) 11월 4일 고종은 황제 조령을 통해 독립협회를 해체했다. 관민공동회에 참여했던 박정양 등 6명의 대신도 모두 면직되었고, 황국협회를 비롯한 모든 사회단체에 해산 명령이 떨어졌다. 독립협회 회원들과 시민들은 다시 만민공동회를 열어 이 조치에 항의했다. 황국협회도 황국협회 소속 보부상을 모아 재인가를 요청했다.

양대 협회가 해산 명령 이후에도 충돌을 빚자 고종은 11월 26일 직접 나서서 독립협회와 황국협회의 해산을 거듭 종용하고 독립협회에 대해 몇 가지 약속을 했다. 주요 내용은 중추원 관제의 실시, 독립협회 부설, 헌의 6조 실시, 공화정 체제로 전복을 꾀하고 있다는 익명서 사건 관련자 처벌, 보부상 혁파 등이었다. 그러나 이 약속은 이행되지 않았고 만민공동회 집회도 계속되었다. 결국 고종은 이를 반체제 운동으로 간주하고 무력으로 집회를 막았다.

고종과 독립협회의 공동의 목표였던 근대화의 길은 이렇게 실패로 끝나고 말았다. 고종은 입헌군주제 대신 황제 중심의 정치를 선택했다. 대한제국의 광무개혁은 세계가 놀랄 정도로 성공하는 듯했으나 그것은 외양에 불과했고, 대한제국 앞에는 또 다른 운명이 기다리고 있었다.

# 고종은 왜 경복궁이 아닌
# 경운궁을 택했나?

## 경운궁의 발자취

경운궁은 경복궁, 창덕궁, 창경궁, 경희궁과 함께 조선 5대 궁궐에 속한다. 경운궁의 석조전 동관과 서관, 고종이 커피를 마신 것으로 유명한 정관헌, 을사늑약 체결 장소인 중명전 등이 있다. 지금은 경운궁 대신 고종황제가 강제 퇴위 뒤 부르게 된 덕수궁이라는 명칭을 사용하고 있다.

경운궁은 원래 조선의 9대 왕 성종의 친형 월산대군의 저택이었다. 이후 임진왜란 때 의주로 피난했던 선조는 1593년 계사년 한양으로 돌아와 월산대군의 저택을 '시어소時御所', 즉 정릉동 행궁으로 삼았다. 1608년 2월 1일 선조가 정릉동 행궁에서 죽자, 이튿날 광해군이 최초로 그곳에서 즉위했다. 광해군은 1611년 10월 11일 궁의 이름을 경운궁이라 지었다. 광해군은 선조의 계비 인목왕후를 경운궁에 유폐한 뒤 궁호를 '서궁西宮'으로 낮춰 불렀다. 인조반정(1623년) 후 인조는 인목대비의 명을 받들어 광해군을 폐위하고 경운궁에서

덕수궁, '즉조당' 현판

즉위했다.

영조는 인조가 경운궁에서 왕으로 즉위한 것을 기념하기 위해 '계해즉조당癸亥即阼堂'이라는 어필御筆을 걸게 했다. 계해즉조당이란 '계해년에 인조가 즉위한 곳'이라는 뜻이다.

고종은 선조가 1593년 경운궁에 돌아와 나라를 수습했던 궁이자 영조가 선조와 인조의 일을 추억했던 곳이라 하며 1893년 300주년을 기념해 잔치를 베풀었다. 이때만 해도 고종이 경운궁에서 어떤 일을 겪을지는 아무도 몰랐다.

## 경운궁과 함께 재가 된 고종의 꿈

현재 옛날 러시아 공사관에서 이화여고를 지나 배재학당 역사박물관 쪽으로 내려오는 길에는 외국 대사관 등이 즐비하다. 당시 고종은 이런 경운궁 주변 환경에 주목했을 것이다. 경운궁은 경복궁보다 규모는 협소했지만 위태로운 왕실을 보호하고 와신상담할 수 있는 최적의 위치였다. 게다가 경복궁은 일본이 점거하다시피 했다.

을미사변 후 러시아 공사관에 피신했던 고종은 1897년 2월 20일 경운궁으로 환궁하고는 경운궁 개수 작업에 착수했다. 경운궁 정문으로 남쪽에 인화문, 동문으로 대안문 등을 냈고, 각국 공사관과 통하는 쪽으로 문을 만들었다. 즉조당 건물에 태극전이라는 편액을 달았는데, 1898년 양력 2월에 중화전으로 이름을 바꾼다. 1902년에는 중화전을 중층으로 개축한다.

1902년 양력 6월 23일 고종은 평양을 고려 시대처럼 서경이라 높이며 새로운 수도 경영을 구상했다. 이어 궁호를 '풍경豐慶'이라 정하고 정전을 '태극전', 편전을 '지덕至德', 정문을 '황건皇建', 동문을 '건원建元'이라 했다.

경운궁은 1904년 4월 14일 안타깝게도 대화재가 발생해 대부분 불에 탄다. 함녕전, 중화전, 즉조당, 석어당, 그리고 각 전각들이 모두 불에 탔다. 경운궁은 잿더미가 되었다. 궁궐 조성에 사용된 엄청난 비용도 문제였지만, 대한제국의 꿈도 무너지고 있었다. 일본을 견제하던 러시아는 러일전쟁 패전으로 물러났고, 1904년 2월 23일 대한제국은 일본의 강요로 한일의정서에 서명한다. 이듬해 1905년 11월 17일 일본에 의해 보호조약이 맺어지면서 대한제국의 외교권이 박탈되고 통감부가 설치된다.

고종은 경운궁 화재 이후 황실도서관인 수옥헌漱玉軒을 집무실로 쓰고 있었다. 후일 수옥헌은 중명전重明殿으로 이름이 바뀐다. 바로 거기서 을사늑약이 체결되었다. 고종은 황실 고문인 헐버트에게 이 늑약의 불법성을 세계에 알리도록 했다. 그러나 이를 알게 된 일본은 고종을 퇴위시키고 황태자를 황제 자리에 앉혔다. 그가 바로 대한제국 2대 황제 순종이다. 순종은 1907년 11월 13일 거처를 창덕궁으로 옮겼다. 고종은 태황제라 불렸고 고종이 머무는 경운궁은 궁호를 '덕수德壽'라 했다. 고종의 광무개혁과 명운을 같이한 경운궁 시대는 이렇게 저물었다.

# 7장

# 식민지배 극복과 해방: 일제 강점기와 독립운동

# 순종황제와
# 저무는 제국의 운명

## 경제 침략과 러일전쟁

일본은 1900년대를 전후로 조선을 경제적으로 공격하고 있었다. 대한제국은
제물포 조약에 따라 일본에 막대한 배상금을 지불해야 했다. 대한제국 건국
후속 작업에도 돈이 필요했다. 그러자 일본이 대한제국에 차관을 제공했다.
1882년 일본이 제공한 차관은 17만 원圓이었지만, 그 후 빚이 기하급수적으
로 늘어났다. 대한제국의 금융과 경제는 이미 일본에 예속된 상태였다.

대한제국은 국제 계약이나 통상 방식 등에서 문외한이나 다름없었기에,
일본에겐 손쉬운 먹잇감이었다. 일본은 경부철도 부설권, 광산 채굴권, 어업
권, 금융 시장 등 대한제국의 경제를 완벽하게 장악했다. 대한제국과 일본의
통상 관계를 보면, 수출액의 80~90%, 수입액의 60~70%를 일본이 차지하고
있었다. 그런데도 일본은 여전히 대한제국을 독점적으로 지배하지 못했다. 바
로 러시아 때문이었다.

일본은 대한제국에 경부철도 건설을 서두르며, 1904년 2월 4일 러시아와 전쟁에 돌입했다. 러시아군의 주둔지를 모두 파악하고 있던 일본군은 전면전을 펼쳤다. 압록강, 요동, 요양, 여순항 등에서 공략에 성공한 일본군은 만주군 일본 총사령부를 세웠다. 이어 1905년 5월 27일 대한해협에서 발틱 함대와의 해전에서 완벽한 승리를 거둔 뒤 전쟁에 마침표를 찍었다.

고종은 러일전쟁의 전조를 이미 파악하고 있었기에, 전쟁 직전 전시 국외 중립을 선언했다. 그러나 1904년 2월 8일 러일전쟁 발발과 동시에 일본이 서울을 점령하고 1904년 2월 23일 '한일의정서' 체결을 강요함으로써 중립 선언은 힘을 잃었다. 전문 6개 조로 구성된 한일의정서는 대한제국 황실과 독립, 영토 보전을 보증한다는 것이었으나, 실상은 전쟁에서 대한제국을 군사적으로 활용하려는 일본의 꼼수였다. 이로써 일본은 대한제국에 대한 정치적 간섭과 군사적 점령을 확인한 셈이 되었다.


## 대한제국 독점 지배권 확보

러일전쟁 이후 서구 열강들은 일본의 대한제국 지배권을 인정하는 대신, 각종 밀약과 동맹으로 그들의 이해를 충족했다. 1905년 7월에 미국과 일본이 맺은 가쓰라-태프트 밀약, 1905년 8월에 영국과 일본이 맺은 제2차 영일동맹이 그 것이었다. 가쓰라-태프트 밀약의 주요 내용은 다음과 같았다.

"첫째, 미국이 필리핀을 통치하고, 일본은 필리핀을 침략할 의도를 갖지 않는다. 둘째, 극동의 평화 유지를 위해 미국·영국·일본은 동맹 관계를 확보해야 한다. 셋째, 미국은 일본의 한반도에 대한 지배적 지위를 인정한다."

제2차 영일동맹에서 체결된 조약 중 제3조는 "영국은 일본이 한국에서 가지고 있는 이익을 옹호, 증진하기 위해 필요하다고 인정하는 지도, 통제 및 보호의 조치를 한국에서 행하는 권리를 승인한다."라고 하고 있다.

대한제국은 러일전쟁 중에 일본의 강요로 제1차 한일 협약을 맺었다. 이에 따라 재정 고문으로 메가타 다네타로, 외교 고문으로 스티븐스를 포함해 군사 고문, 경무 고문, 학정참여관 등이 대한제국에 오게 되었다. 이른바 고문정치가 시작되었고, 대한제국은 일본의 속국이 된 것이나 마찬가지였다.

1905년 9월 5일, 미국 포츠머스에서 러일전쟁의 승자는 일본임을 확인하는 조약이 체결되었다. 이때 러시아는 다음과 같이 약속했다.

- 대한제국에 대한 일본의 지도, 보호, 감리 조치를 승인한다.
- 중국의 동의를 조건으로 러시아의 관동주 조차지와 창춘-뤼순 간 철도를 일본에 양도한다.
- 북위 50도 이남의 사할린섬 남쪽의 주권과 동해, 오호츠크해 및 베링해 연안의 어업권을 일본에 양도한다.

대한제국은 외교권만큼은 아직 일본에 넘겨주지 않았지만, 그것이 큰 변수는 되지 못했다. 대한제국이 일본의 식민지가 되는 것은 기정사실이 돼 가고 있었다. 일본은 외교권마저 빼앗음으로써 식민지화에 대한 좀 더 확실한 명분을 마련하고자 했다. 대한제국을 '보호국'으로 규정하는 것이 그 방안이었다. 일본은 보호국의 장점을 선전하기 위해 송병준, 이용구 등 친일파를 내세위 일진회─進會를 결성했다. 그러나 일진회의 활동이 한계를 보이자, 일본은 이토 히로부미와 군대를 보내 고종을 협박함으로써 제2차 한일 협약에 강제 서명하게 한다. 1905년(고종 42년 광무 9년) 11월 17일 수옥헌(현재는 중명전)에서 체결된 이 협약을 을사늑약, 혹은 을사조약이라고 한다. 협약의 주요 내용은 다음과 같다.

> 일본국 정부와 한국 정부는 두 제국을 결합하는 이해공통주의를 공고히 하기 위해 한국이 실지로 부강해졌다고 인정할 때까지 이 목적으로 아래에 열거한 조관을 약정한다.

구체적인 내용을 보면, 대한제국의 외교권을 일본 외무성이 가져가고, 국제 조약 및 약속을 대한제국에서 자주적으로 결정할 수 없으며, 일본이 경성에 통감부를 설치해 통치하고 한국 황실의 안녕과 존엄을 유지하고 보증한다는 것이었다. 요컨대 일본은 대한제국의 외교권을 강탈하고 통감부를 통해 대한제국을 통치한다는 것이었다.

이토 히로부미가 제안하고 을사 5적(박제순, 이지용, 이근택, 이완용, 권중현)이 찬성함으로써 을사조약은 대한제국 정부의 승인을 받은 것이 되었다. 고종은 조약을 인정하지 않았고 조약의 불법성을 세계에 호소하려고 다방면으로 노력했지만, 영국 〈런던 타임스〉와 프랑스《국제공법》2월호에 소개되는 것으로 그쳤을 뿐 실효성은 없었다.

〈황성신문〉의 주필이었던 장지연이 1905년 11월 20일자 논설에서 을사조약의 부당성을 폭로했다. 글 제목은 '시일야방성대곡是日也放聲大哭' 내용은 이토 히로부미와 을사오적이 비밀리에 을사조약을 체결했고, 그것은 무효임을 호소하는 것이었다. 이를 시작으로 조약 폐기와 친일 내각 타도, 자주독립 회복을 위한 상소 투쟁이 전개되고 자결 순국과 의병 봉기가 시작되었다. 민종식, 최익현, 신돌석, 임병찬 등 전국적으로 의병 부대가 조직돼 전국 각지에서 치열한 전투를 벌였다.

고종은 1907년 네델란드 헤이그에서 열리는 제2차 만국평화회의에 밀사를 보내 국제사회에 이를 알리고자 했다. 그러나 일본의 방해로 열강들은 대한제국 밀사들의 회의 참석을 거절했다. 이때 이준은 헤이그에서 순국했다.

## 13도 창의군과 안중근, 항쟁

헤이그 밀사 파견 사건 이후 일본은 고종황제를 강제 폐위했다. 1907년 7월 19일 황태자를 즉위시키고 연호를 '융희隆熙'로 정했다. 고종을 태황제로 높이고는 고종에게 궁금령宮禁令을 내렸다.

통감부의 초대 통감은 이토 히로부미였다. 그는 순종의 정치 개입을 차단하고는 1907년 7월 24일 내각총리대신 이완용과 '정미 7조약(한일 신협약)'을 체결했다. 조약 내용은 모든 정사에 통감부의 사전 승인을 받고, 통감부 승인 하에 각부에 차관과 고문을 두는 것이었다. 뒤이어 군대 해산 조치가 내려지고 보안법, 신문법을 제정해 사회 언론 활동을 봉쇄했다.

군대 해산 조치가 내려지자, 서울의 시위대와 지방의 진위대가 의병과 연합 전선을 결성해 일본군과 싸웠다. 연합군은 통감부를 타도하는 서울 진공작전을 짰다. 1907년 12월, 경기도 양주에서 총대장 이인영을 중심으로 '13도 창의군'이 결성되었고 이듬해 정월 작전을 개시했다. 그러나 이인영이 부친상을

**13도 창의군 기념탑**
서울 망우리 소재

당해 귀가해 버림으로써 작전에 차질이 빚어졌고 일본군의 반격이 심해 연합군은 후퇴했다. 홍범도와 이범윤이 지휘하는 간도 및 연해주 의병부대 등 전국 곳곳에서 항쟁이 있었으나 국지적 공격에 그쳤다. 일본군의 의병 탄압은 더욱 포악해졌다. 그런데도 의병 항쟁은 중국 동북 및 연해주까지 이어졌다. 1908년에는 외교 고문 스티븐스가 샌프란시스코에서 살해되었다.

1909년 2대 통감으로 소네 아라스케가 부임해 이토 히로부미 뒤를 이었다. 이토는 일본 천황의 자문기관인 추밀원에서 의장을 맡았는데 만주에 영향력을 확대하려는 미국을 견제하고자 러시아 재무상과 회담을 추진했다. 러일협약에 따라 만주를 러시아와 일본이 양분하려 한 것이었다.

안중근은 신문을 통해 이토 히로부미가 만주 하얼빈을 방문한다는 사실을 접했다. 단지회斷指會를 통해 이토 히로부미와 이완용을 처단하기로 맹세한 그는 하얼빈으로 달려가 1909년 10월 26일 회담을 마치고 열차에서 내리는 이토 히로부미를 저격했다. 31세 한국의용병 참모중장이라고 자신의 신원을 밝힌 안중근은 이토 히로부미를 저격한 이유를 총 15개 조항으로 설명했다. 그 조항에는 강제 조약 체결을 통한 대한의 독립주권 침해, 명성황후 시해, 고종황제 강제 퇴위, 동양 평화의 교란자로서 수많은 인종 멸망을 유도한 죄 등이 포함되었다.


## 경술년의 치욕

의병항쟁, 구국 계몽 운동, 국채보상운동(일본 차관 1,300만 원 상환)에도 불구하고 대한제국의 주권은 회복되지 못했다. 일본은 1909년 7월 사법권을 박탈한 데 이어 1910년 6월에는 경찰권도 탈취했다. 3대 통감 데라우치 마사타케는 헌병 대장을 대동하고, 창덕궁 대조전 흥복헌으로 가서 회의 중인 순종황제에게 합병 조약 승인을 강요했다.

순종황제가 거부하자 데라우치는 1910년 8월 16일 내각총리대신 이완용에게 합병 조약안을 제시했고, 22일 조인을 받아냈다. 이로써 대한제국은 허무하게 문을 닫았다. 경술년의 이 치욕스러운 사건을 경술국치庚戌國恥라 한다. 《순종실록》의 마지막 기록은 "통치권을 일본 황제에게 양여한다."(순종 3년 대한 융희 4년 8월 29일)는 내용이다.

통감부는 총독부로 바뀌고 대한제국의 모든 권한은 일본이 차지하게 되었다. 국명은 '조선'으로 고쳐졌고, 초대 총독은 데라우치가 맡았다. 그는 소동을 차단하기 위해 헌병 경찰 제도를 시행했다.

# 조선총독부 1기, 식민지 수탈 구조 만들기

## 대한제국에서 다시 조선으로

1910년 경술국치 후 일제는 칙령 318호를 통해 국호를 '조선'으로 바꾸고 대한제국 정부를 '구한국' 정부라 표현했다. 이에 따라 대한제국기를 구한말이라고도 칭한다. 황제는 왕으로 격하시켜 '창덕궁 이왕李王'이라 불렀다. 태황제는 '덕수궁 태왕太王'이라 불렀다. 대한제국 황실은 황족의 예우로 대하되 조선 귀족령에 따라 작위를 공公, 후侯, 백伯, 자子, 남男 5등급으로 정했다. 작위 수여자는 일본 화족령華族令 작위 수여자와 동급으로 취급했다.

황족 및 친일 귀족에게 작위를 내리고 은사금을 하사했다. 이완용은 백작 칭호와 함께 15만 엔을 받았다. 일본에서 강제 유학 중이던, 순종황제의 이복동생 의민황태자를 일본의 황족 나시모토노미야 마사코와 결혼시켰다.

이어 한국통감부 대신 조선총독부를 설치했다. 일본은 타이완총독부 운영 경험을 바탕으로, 1910년 9월 30일 조선총독부 관제, 조선총독부 중추원 관제, 조선총독부 취조국 관제, 조선총독부 지방관 관제, 조선총독부 임시 토지 조사국 관제를 공포했다. 그해 12월 30일에는 황실령 제34호에 이왕직 관제李 王職官制를 정해 왕가와 관련한 사무를 다루었다.

## 조선총독부 관제와 무단통치

조선총독과 총독부는 천황 직속으로, 일본 내각의 지휘 감독을 받지 않고 행정권과 군통수권, 통치권과 입법 기능을 모두 가지고 있었다. 타이완총독부가 일본 내각 척무성 대신의 권한에 있었던 것과는 달랐다. 조선총독부 관제에 의하면, 총독은 조선의 육군과 해군을 통솔해 일체의 정무를 총괄했다. 일본은 한국에 2개 사단 병력을 배치하고 헌병 경찰 제도를 실시했다. 통감부 때 만들어진 보안법(1907년), 신문지법(1907년), 출판법(1909년) 등은 계속 유지해 105인 사건(1911년) 같은 항일 운동의 뿌리를 뽑으려 했다.

조선총독부 체제의 식민지 지배 정책은 치밀했다. 1910년대 총독부는 헌병 경찰을 두고 한국인의 저항을 억압했다. 헌병 경찰은 중앙의 경무총감부, 지방의 경무부 및 주재소 등으로 구성했고, 경무총감부장과 경무부장은 각각 헌병대 사령관과 각도 헌병 대장이 맡았다. 식민지 조선에 있었던 헌병 경찰은 1918년 말을 기준으로 보통 경찰관 6,287명과 헌병 경찰관 8,054명이었다.

이른바 헌병 경찰 통치였다. 따라서 1910년부터 1919년 3·1운동 이전까지를 대체로 무단정치武斷政治라 부르기도 한다. 무단정치라는 용어는 1957년 간행된 고등학교《우리나라 문화사》에서 처음 확인된다. 일제가 헌병 경찰을 동원해 치안 질서를 세운다는 명분으로 항일 운동을 강제 진압하려 한 무력 통치 방식을 일컬은 것이다.

## 토지 강탈, 세금 수탈

조선총독부와 헌병 경찰은 교육, 경제, 산업, 언론 등 전 분야에 관여했다. 명분은 조선의 질서 안정과 근대화였지만, 진짜 목적은 수탈과 대륙 진출을 위한 군사 기지 건설이었다.

총독부는 1910~1918년에 걸쳐 대한제국에서 중단되었던 토지 측량 사업과 지계 발급 사업을 재개했다. 신고주의를 전제로 토지를 측량해 지적地籍을 확정한다고 했지만, 신고자가 없는 토지, 국유지와 공유지를 총독부가 가로채려는 꼼수였다. 이 토지조사사업은 결국, 총독부와 동양척식주식회사의 합법을 가장한 토지 강탈로 끝났다. 소작 빈농이 급격히 늘어나더니 3%의 지주가 경작지 50% 이상을 소유하는 식민지 농업 구조가 되었다.

1910년 회사령을 공포해 민족 기업의 성장을 막았고, 1911년 조선교육령을 내려 민족 교육을 금지했다. 1911년, 1918년 삼림령과 임야조사사업을 통해 삼림 침탈을 가속화했다. 1911년 조선어업령을 내려 황실 및 개인 소유 어장을 일본인 소유로 재편했다.

1908년 일제는 이미 한일 양국 공동으로 '동양척식주식회사법'을 공포하고 한일 합작 주식회사로 동양척식주식회사를 세웠다. 이를 토대로 1926년까지 모두 17회에 걸쳐 1만 호에 가까운 일본 농민을 이민시켜 한국 농촌을 장악하게 했다. 이때 토지를 잃은 많은 한국 농민들이 만주와 북간도로 이민을 떠났다. 1945년까지 이민자가 150만 명에 달했다. 일제가 패망하기 전까지 동양척식주식회사는 서울을 본점으로 부산, 목포 등지에 9개의 지점이 있었다.

일제는 식민지 경영과 대륙 진출을 위해 금융 및 철도 사업을 특히 더 중시했다. 조선은행(1911년), 조선식산은행(1918년)을 설치해 금융을 장악하고 철도를 중심으로 교통 시설을 건설했다. 1919년대까지 호남선, 경원선, 함경선 등 2,200킬로미터에 달하는 철도망과 3천여 킬로미터에 달하는 도로망을 건설했다. 건설 비용은 당연히 조선의 세금으로 충당했다.

1910년 강제 합병 이후 약 10년간 대한제국은 일본의 원료 공급지이자 조세 수탈지로 전락해 있었다.

# 조선총독부 2기, 독립선언운동의 실패와 문화통치의 기만

## 민족자결주의와 독립선언

제1차 세계대전 종전 후 미국 윌슨 대통령은 1918년 1월 8일 14개 조의 평화 원칙을 발표했다. 선언문 말미에 조선 독립의 희망을 불어넣는 다음과 같은 내용이 있었다.

> "세력이 강하든 약하든 관계없이 모든 민족과 국가에 정의가 실현되어야 합니다. 그들 모두가 자유와 안전을 동등하게 보장받으며, 더불어 살아갈 권리를 가지고 있습니다."

이는 "각 민족의 운명은 그 민족이 스스로 결정하게 하자."라는 민족자결 주의를 의미했다. 그의 민족자결주의 선언을 믿은 많은 약소민족이 미 역사상 최초로 해외 방문길에 나선 윌슨 대통령에게 독립을 청원하는 서한을 가지고 나왔다. 신한청년단에서 파견된 김규식도 이때 한국 독립을 청하는 서한을 월슨에게 전달했다.

독립의 희망이 열릴 파리강화회의는 영국, 프랑스, 미국 주도로 1919년 1월 18일 개최되었다. 이 회의에서 독일 등 패전국에 대한 가혹한 응징이 확인되었지만, 승전국 측에 있던 일본의 식민지 독립은 논의에서 제외되었다. 대한독립을 국제적으로 확인받겠다는 기대는 물거품이 되었다.

그런데도 민족자결에 입각해 독립을 염원한 이들이 있었으니, 이들은 독립선언서를 작성해 선언하는 운동을 전개했다. 대표적으로 대한제국 황실 유학생 출신인 조소앙은 메이지대학교 법학부를 졸업한 뒤 주권과 민권을 부르짖으며 독립운동을 전개해 나갔다. 1918년 음력 11월, 만주·연해주에서 조소앙(본명 조용은)은 독립운동가 39명의 서명으로 대한독립선언서(무오독립선언서)를 작성했다. 이는 3·1 운동 당시 발표된 독립선언서와는 다른 것이다. 조소앙은 곧바로 일본 도쿄로 건너가 일본 유학생들에게 2·8독립선언서를 작성하도록 지도했다.

그런 가운데 1919년 1월 21일 오전 6시경 고종이 68세로 사망했다. 고종의 독살설이 퍼졌고, 고종의 장례일이 3월 3일로 예고되자 조선의 독립운동가들은 사전에 3·1 만세운동을 기획했다.

3월 1일 오후 2시 정각에 민족대표 33인은 태화관(서울 인사동 소재 음식점)에 모여 기미독립선언서를 낭독하고 만세삼창을 한 뒤 경찰에 자진 체포당했다. 이를 시작으로 만세운동은 전국적으로 3개월간 지속되었고, 일제의 통계에 의하면 7,509명 사망, 15,961명 상해, 46,948명이 구금되었다.

## 삼일운동과 문화정치

────────

당시 총독이었던 2대 총독 하세가와 요시미치는 독립 만세운동 등을 이유로 경질되었다. 1919년 9월 3대 총독으로 전 해군대장 사이토 마코토가 부임했다. 사이토 총독은 이른바 '문화정치'를 표방했다. 조선의 문화 발달과 민력<sub>民力</sub>에 충실하겠다는 슬로건과 함께 다음 세 가지 변화를 꾀했다.

첫째, 조선총독의 문관 임명을 제한했던 규정을 철폐했다. 타이완총독부에도 1919~1936년까지 문관 총독이 임명되었는데 같은 조처였다. 둘째, 헌병 경찰 제도를 보통 경찰 제도로 바꾸었다. 하지만 보통 경찰 수가 두 배로 늘고 헌병은 그대로 남아 있어서 말만 보통 경찰제였을 뿐이었다. 셋째로 언론, 집회, 출판의 자유를 제한적으로 인정했다. 이에 따라 1920년 3월 5일 〈조선일보〉, 1920년 4월 1일 〈동아일보〉가 발행되기 시작했고 일부이기는 하지만 민족 단체 설립이 허가되었다.

관리와 교원이 착용하던 제복과 착검을 없애고, 태형<sub>笞刑</sub>을 벌금형으로 바꾸었다. 1922년에는 조선사편찬위원회를 설치해 식민사관에 따라 '조선사' 정리에 착수했다. 조선사편찬위원회는 1925년 조선총독부 부설 조선사편수회로 개편되었다. 10개년 사업을 목표로 한 《조선사》 편찬 사업은 1938년 37권으로 마무리되었고 조선사편수회는 1945년 8·15 광복으로 해산되었다.


## 지독한 탄압

────────

1923년 9월 1일 일본 간토<sub>關東</sub> 지방에 대지진이 발생했다. 일본 정부는 "일본에 거주하는 조선인이 폭동을 일으키고 있으니 주의하라."라는 유언비어를 퍼뜨렸다. 이런 내용이 여러 신문에 보도되면서, 급기야 "조선인들이 폭도로 돌변해 우물에 독을 풀고 방화와 약탈을 하며 일본인들을 습격하고 있다."라는 헛소문이 퍼졌다. 안 그래도 지진으로 피해가 막심했던 일본인들은 조선인에게 강한 적개심을 표출했다.

일본 민간인들이 자경단自警團을 조직해 한국인들을 무차별 학살했다. 일본 정보는 자경단 설립을 지원했고, 1925년 치안유지법을 만들어 한국인 탄압과 검거의 근거로 삼았다.

1920~1934년까지 일본은 산미증식계획이라는 이름으로 한국의 토지 및 농업 개량 사업을 진행했다. 농민 생활 안정이라는 명분은 허울이었을 뿐 한국을 그들의 식량 생산 조달지로 만들고자 한 것이었다. 일본으로 넘어간 쌀이 급증했고, 한국인들은 식량 사정이 악화돼 만주로부터 잡곡 수입량을 늘릴 수밖에 없었다.

1929년 미국발 세계 경제 공황이 시작되자 일본도 심각한 타격을 받았다. 이에 일본은 아시아를 하나의 경제권으로 묶고 일본 중심의 독점적 지배권을 장악하고자 했다. 이른바 '대동아공영권大東亜共栄圈' 논리였다. '대동아'란 일본 관점에서 아시아 전체를 통합하는 말로, 일본은 대동아공영권이라는 말로 아시아 전체의 '공영'을 모색해야 한다는 논리를 폈다. 실제로는 일본의 동아시아 침략과 식민지화를 정당화하는 논리였다. 그 실현을 위한 방법은 무력패권주의에 기초한 군국주의 팽창 노선이었다.

## 일본의 고전적 자작극과 중일전쟁

1931년 7월 2일 만주 지린성 창춘현 만보산 삼성보에서 한국인과 중국인 사이에서 수로 개발을 둘러싸고 충돌이 발생했다. 사건의 전말은 이랬다.

일본의 사주를 받은 중국인이 한국인 농민 이승훈에게 계약서를 쓰고 토지를 빌려주었다. 이승훈은 농민 180여 명을 이주시켜 개척 사업을 시작했다. 관개수로공사를 하는데 중국인 농민들이 반대 운동을 하고 강제로 공사를 중지시켰다. 그러자 일본 경관이 중국 농민들을 무력으로 억압해 공사를 강행하게 했다. 수로 준공이 완료되자 중국 농민이 봉기해 그 수로를 매몰했다. 그러면서 한국인과 중국인 사이에 충돌이 발생했고 일본은 이 틈을 타 경찰관을 파견해 중국인 농민에게 무차별 발포했다.

이 같은 만보산 사건은 중국인과 한국인을 분열시켜 반일 공동전선을 형성하지 못하게 하려는 일본의 자작극이었다. 만보산 사건으로 촉발된 한중 갈등은 그해 9월 만주사변으로 더욱 심화된다. 두 사건 모두 만주를 넘어 중국 대륙을 집어삼키려는 일본의 치밀한 음모에 의한 것이었다.

만주사변은 러일전쟁 결과 일본이 관동주를 점령하면서 시작된 사건이다. 일본은 관동주를 거점으로 아예 만주를 일본 땅으로 만들 생각이었다. 마침 만보산 사건으로 한중 갈등이 심해진 것에 탄력을 받은 일본은 또다시 '류타오후 철도 폭파 사건'을 일으킨다. 관동주를 점령하고 있던 일본 관동군은 1931년 9월 18일 류타오후에 위치한 남만주 철도를 폭발하고는 이를 장쉐량이 지휘하는 중국 동북군의 소행이라고 발표하고 바로 만주를 침략했다. 그후 일본은 1932년 1월까지 만주를 완전히 점령하고 그해 3월 괴뢰정권으로서 만주국을 세웠다.

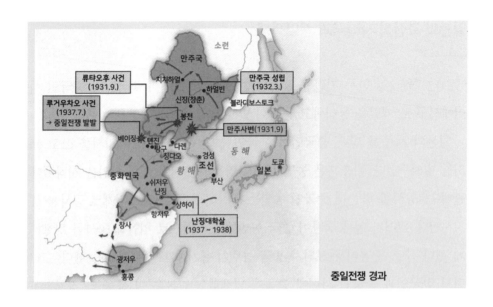

중일전쟁 경과

　이후 일본은 만주를 넘어 중국으로 계속 서진했다. 1937년 7월 7일 또다시 일본의 자작극이 벌어졌다. 바로 루거우차오 사건이다. 베이징 남서쪽 근교인 루거우차오에서 총성이 나고 일본군 한 명이 행방불명되었다. 그 군인은 용변을 보고 돌아왔으나, 일본군은 이를 중국군의 공격으로 규정하고 즉각 루거우차오를 공격해 점령하고는 베이징과 톈진을 총공격했다. 이 사건은 그해 12월 13일 일본군이 중국인 30만 명을 학살한 난징대학살로 이어졌다. 이후 중일전쟁은 1945년 제2차 세계대전에서 일본이 항복할 때까지 계속된다.

# 조선총독부 3기, 민족혼 말살 정책과 전시 동원

## 민족혼 말살 정책

일본은 1911년 조선교육령을 제정해 민족 교육 금지, 일본어 보급, 충성스럽고 선량한 국민 만들기 등 한국인 우민화 정책을 시행했다. 학교 교육 현장에서는 교원이 제복을 입고 칼을 찼다. 고등교육은 지양하고 보통학교와 실업학교 설립에 주력했고, 교육 커리큘럼은 일본 문화 동화에 초점을 맞추었다.

조선의 역사 왜곡 작업도 돌입했다. 19세기 말부터 일본에서 형성되던 일선동조론(일본과 조선은 같은 뿌리에서 나왔고 일본이 형이라는 사상)을 강화하는 한편, 조선이 만주의 역사에 종속되었다는 만선사관滿鮮史觀을 세우기도 했다. 식민사관에 의해 한민족의 유적 도판을 모은 《조선고적도보》(1935년)와 조선의 역사서 《조선사》(1938년)를 편찬하기도 했다.

창경궁을 창경원으로 바꾸는(1911년) 한편, 종묘로 이어지는 산맥을 절단해 도로를 냈다. 경희궁을 헐어 경성중학교를 세웠다(1915년). 남산인 목멱산에는 조선신사(1925년 조선신궁으로 개명)를 세워(1918년) 사대문 안에서 모두 볼 수 있게 했고 참배를 강요했다. 조선신궁 위쪽에 있던 국사당을 인왕산으로 옮겼다(1925년). 국사당은 도성을 수호하는 목멱산의 산신 목멱대왕을 모신 사당이었다. 경복궁 대부분을 헐고 흥례문 구역에 조선총독부 청사를 지었다(1926년). 사도세자 사당인 경모궁 자리에는 경성제국대학 의학부를 설치했다(1927년).

1930년대 말부터 민족 말살 정책이 더욱 강화돼 황국신민화 정책으로 바뀐다. 이 정책의 핵심은 한국을 포함한 일본의 모든 식민지는 일본 천황에게 충성해야 한다는 것이었다. 조선신궁에 이어 1939년에는 부여에도 부여신궁을 지어 관폐대사官弊大社로 인가했다. 이어 전국 주요 도시에 77개소의 신사를 설치하고 면 단위에도 1천 62곳에 달하는 소규모 신사를 세웠다.

각급 학교에 호안덴奉安殿이라는 전각을 설치해 천황 사진 앞에 경례하고 교육칙어를 봉독하게 했고, 각 가정에는 '가미다나神棚'라는 신단神壇을 두고 아침마다 참배하도록 했다. 이에 한국에서는 기독교계를 중심으로 신사참배 거부 운동이 일어났다.

1938년부터 황국신민서사皇國臣民誓詞를 일본어로 외우게 했으며 천황의 궁성을 향해 절하도록 강제했다. 1938년 제3차 조선교육령을 통해 보통학교를 심상소학교로 바꾸고 조선어를 선택 과목화했으나 실질적으로는 조선어 교육 및 한국사 교육을 금지했다. 1941년에는 심상소학교를 국민학교로 바꾸었다. 국민학교란 황국신민학교라는 의미다. 1943년 4차 조선교육령에서는 조선어와 한국사 교육을 완전히 폐지했다. '조선인 학도지원병제도'를 만들어 고등학생 이하를 전쟁에 동원했다. 말이 지원이지 강제로 징집하는 경우가 많았다.

[황국신민서사]

**일반인**

1. 우리는 황국신민이다. 충성으로써 군국(君國)에 보답한다.

2. 우리 황국신민은 서로 친애 협력하고 굳게 단결한다.

3. 우리 황국신민은 인고 단련, 힘을 길러 황도를 선양한다.


**아동**

1. 우리는 대일본제국의 신민입니다.

2. 우리는 마음을 합해 천황 폐하에게 충의를 다합니다.

3. 우리는 인고 단련해 훌륭하고 강한 국민이 되겠습니다.


## 창씨개명, 기발한 저항

1939년 11월 미나미 조선총독은 '조선민사령'을 개정해 창씨개명創氏改名을 강요했다. 일본인과 같은 씨를 가질 수 있도록 길을 열어주려는 것이라고 했지만, 이를 믿은 사람은 없었고 창씨개명을 하지 않으면 외국인 취급을 해서 엄청난 불이익을 주었기 때문에 어쩔 수 없이 따랐을 뿐이었다.

일본식 이름으로 바꾸지 않은 사람은 '후테이센징不逞鮮人'(뻔뻔스러운 조선인)이라 부르며 탄압했다. 가령 후테이센징은 자녀의 학교 입학을 불허했고, 청년들은 징용 대상자가 되었으며, 식량 배급에도 불이익을 주었다. 결국 1940년 8월까지 한국인의 80%가량이 어쩔 수 없이 일본식으로 이름을 바꾸었지만, 민족혼만큼은 잃지 않으려고 온갖 수단으로 저항했다.

먼저, 조롱과 풍자를 담은 기발한 이름으로 창씨해서 울분을 표현했다. 몇 가지 흥미로운 이름을 소개하면 다음과 같다.

이누코 구마소犬子熊孫, 개자식이 된 단군 자손이라는 뜻. 이누쿠소 구라에犬糞食衛, 개똥이나 먹으라는 뜻. 구로다 규이치玄田牛一, 일본 욕인 칙쇼畜生를 써서 짐승 같은 놈이라는 뜻. 덴노 헤이카田農丙下, 천황 폐하의 발음과 같다. 덴노 조쿠 미나고로시로天皇族皆殺郎, 천황족을 모두 죽이려는 남자라는 뜻. 쇼와 보타로昭和亡太郎, 히로히토 일왕을 죽일 남자라는 뜻. 미나미 타로南太郎, 조선총독 미나미 지로南次郎의 형이라는 뜻.

원래 성의 본관을 일본 이름의 성으로 바꾸기도 했다. 예컨대, 금산 김씨는 가네야마金山, 박씨는 호바라朴原, 또는 호다朴田, 평산 신씨는 히라야마平山, 청주 한씨는 기요하라清原 등이었다.

창씨를 거부하고 죽음으로 저항한 사람도 있었다. 전라남도 곡성의 유건영은 "짐승이 돼 살기보다 차라리 깨끗한 죽음을 택하노라."라고 하면서 총독과 중추원에 항의서를 보낸 뒤 자결했다. 한편, 춘원 이광수는 가야마 미츠로香山光郎라는 이름으로 흔쾌히 바꿨고, 중추원 고문 한상룡과 화신백화점을 열었던 박흥식 등 고위 친일파는 창씨개명을 하지 않아도 되었다.


## 전시 통제와 총동원

일본은 1938년 국가총동원법을 제정해 중일전쟁 및 태평양전쟁에 제국 신민을 총동원하는 법적 근거를 마련했다. 한국인을 대상으로 합법적인 물적, 인적 수탈을 자행했고, 군량 확보를 위해 산미증식계획을 재개하고 식량 배급제를 시행했다. 미곡 공출제 및 가축 증식 계획으로 수탈을 이어나갔고, 전쟁 물자를 위해 금속 제품 등을 강제로 바치게 했다.

한국인들의 생활을 통제하는 작업도 있었다. 1938년 총독부는 친일 단체인 '국민정신 총동원 조선연맹'을 조직하게 했고, 1941년 국민근로보국령을 만들면서 근로보국대를 조직해 비행장 건설 등에 동원했다. 1943년, 학도지원병제와 더불어 징병 제도를 실시해 청년들을 전쟁에 강제 동원했다. 1944년, 여자 정신대 근무령을 제정해 정신대挺身隊라는 이름으로 여성들을 강제 동원해군수 공장에서 혹사시켰다.

1932년 무렵부터 일본은 "군인들의 강간 행위를 방지하고, 성병 감염을 방지하며, 군사 기밀의 누설을 막는다."라는 구실을 들어 군 위안소를 두고 한국인 여성을 성 노예로 동원하고 그들을 예기, 작부, 매음부, 접객부, 종업부 등으로 불렀다.

이 시기 암울한 시대상을 잘 보여주는 '화물차 가는 소리'라는 민요가 있다. 함경도 민요 '신고산 타령'을 개사한 곡으로 가사는 다음과 같다.

신고산이 우루루 화물차 가는 소리에

지원병 보낸 어머니 가슴만 쥐어뜯고요

어랑어랑 어허야

양곡 배급 적어서 콩깻묵만 먹고 사누나

신고산이 우루루 화물차 가는 소리에

정신대 보낸 어머니 딸이 가엾어 울고요

어랑어랑 어허야

풀만 썹는 어미소 배가 고파서 우누나

신고산이 우루루 화물차 가는 소리에

금붙이 쇠붙이 밥그릇마저 모조리 긁어 갔고요

어랑어랑 어허야

이름 석자 잃고서 족보만 들고 우누나.


전시 체제에 들어서서 조선총독부는 한국의 신문사를 철저히 통제하고 언론을 탄압했다. 1940년 8월 10일에 전시 물자 부족 등을 이유로 〈동아일보〉와 〈조선일보〉를 폐간하고 조선총독부의 기관지라 할 〈매일신보〉만 남겼다. 〈매일신보〉는 1940년부터 해방 때까지 유일한 한국어 일간지로서 중일전쟁, 태평양전쟁 등 침략 전쟁과 민족 말살 정책 등을 일본의 입장에서 소개했다.

# 대한민국 임시정부 수립과
# 독립운동

## 대한민국 임시정부 수립

1905년 을사늑약 및 1910년 경술국치로 대한제국은 실질적으로 종언을 고한 상태였다. 이처럼 나라는 사라졌으나, 민족은 결코 사라지지 않았다. 국내외에서 일제에 대항하는 우리 민족의 독립운동이 활발하게 일어났다. 독립운동은 곧 민족운동이었다.

1910년대 만주 간도에 국외 독립운동 기지가 마련되었다. 1911년 신민회가 남만주 류허현에 신흥강습소를 세워 항일을 위해 청년들을 지도했다. 신흥강습소는 1919년 독립군 양성 기관인 신흥무관학교로 바뀐다.

앞서도 보았지만, 대한독립선언서도 만주에서 활동하던 조소앙이 작성해 발표한 것이다. 이상설, 이동휘 등은 1914년 블라디보스토크에 최초의 임시정부라 할 수 있는 '대한광복군 정부'를 세워 독립전쟁을 준비했다. 그러나 바로 제1차 세계대전이 발발하면서 대한광복군 정부는 그해 9월 러시아에 의해 강

**파리강화회의에 참석한 김규식과 한국대표단**
(앞줄 왼쪽 끝이 여운홍, 오른쪽 끝이 김규식, 뒷줄 왼쪽에서 두 번째가 이관용, 세 번째가 조소앙, 맨 끝이 황계환), 국사편찬위원회 소장

제 해산되고, 1919년 대한국민의회 정부 수립에서 중심적 역할을 한다. 1918년 중국 상하이에서는 여운형, 선우혁 등 6인이 신한청년단(신한청년당이라고도 함)을 결성했다. 1919년 김규식이 신한청년단 소속으로 파리강화회의에 한국 대표로 파견될 때는 당원이 30~50명 정도로 늘었다. 미국에서도 박용만, 이승만, 안창호 등이 중심이 되어 외교 활동에 역점을 둔 민족운동을 전개했다.

1919년 3·1운동 직후 해외 각지에 임시정부가 수립되었다. 블라디보스토크에 대한국민의회, 서울에 조선민국 임시정부 및 한성정부, 상하이에 대한민국 임시정부, 의주 등지에 신한민국정부 등이 있었다. 그해 9월 11일 이 모든 임시정부가 상하이에 있는 대한민국 임시정부로 통합되었다. 대한민국 임시정부는 삼권 분립에 기초한 민주공화국으로 대통령 중심제와 내각 책임제를 절충한 형태로 운영되었다. 대통령에 이승만, 국무총리에 이동휘가 선임되었다.

임시정부 기관지로 상하이 시절에는 〈독립신문〉이 선택되었고, 항주로 이동한 후에는 〈임시정부공보〉를 발행했다. 대한민국 임시헌장이 채택된 1919년

4월 11일을 임시정부 수립일로 정해 공식 기념했다. 독립운동의 방향성에서 임시정부는 평화적 운동과 외교 중심 노선을 택했다. 그런 점에서 사회주의 계열과 노선 갈등을 빚으며 임시정부는 결국 분열된다.


## 독립군의 무장 투쟁

국내 독립운동은 일제의 지배 체제를 인정하면서 실력을 양성하자는 실력 양성 운동과 타협을 거부하고 적극적으로 항거해야 한다는 사회주의 운동으로 양분되는 양상이었다. 실력 양성 운동에서는 민족성 개조를 위한 국민 계몽과 문맹 퇴치, 민립 대학 설립, 물산장려운동 등을 추진해 성과를 보았다. 하지만 그것은 어디까지나 일제와 조선총독부의 지배 체제하에서 용인된 것에 불과해 언제든 무너질 수 있는 위태로운 것이었다.

사회주의 운동은 1917년 러시아 혁명에 자극을 받아 형성된 것으로, 1925년에는 조선공산당과 고려공산청년회가 조직돼 노동자 농민운동을 일으켰다. 1927년 사회주의, 민족주의 세력들이 결집해 좌우 합작 통합적 독립운동을 일으키려 했던 신간회의 운동도 있었다.

국내 항일 민족운동 가운데 분수령이 된 것은 1926년 순종의 장례식을 계기로 일어난 6·10 만세운동과 일본 학생의 조선 여학생 희롱 사건을 계기로 일어난 1929년 광주 학생 항일운동이었다.

만주와 연해주 일대에서는 독립군 부대에 의한 무장 투쟁이 활발하게 전개되고 있었다. 1920년 6월 봉오동전투, 1920년 10월 청산리전투가 대표적이었다. 두 전투에서 참패한 일본 측은 독립군을 소탕하기 위해 1920년 10월 2일

또다시 자작극을 벌인다. 중국 마적 장하오를 매수해 일본 총영사관을 습격하도록 하고 이를 독립군의 소행으로 뒤집어씌운 것이다.

일본군은 곧 2만 명의 병력을 만주로 이동시키고 독립군 소탕과 만주에 사는 한인 학살에 나섰다. 독립군은 이미 연해주로 이동한 뒤라 피해가 크지 않았으나 무고한 재만 한인들이 무차별 학살을 당했다. 결국 독립군 부대는 헤이룽장성 동남부에 위치한 미산으로 이동해 후일을 도모해야 했다.

김구를 중심으로 하는 한인애국단은 항일테러 투쟁을 주도해 큰 파문을 던졌다. 1932년 이봉창은 도쿄에서 히로히토 천황을 공격했다. 그해 4월 29일, 윤봉길은 이른바 천장절 겸 전승축하기념식이 개최되던 상하이 홍구공원에서 상하이에 파견된 군사령관 시라가와 대장 등을 수류탄으로 살상했다.

1935년 7월, 민족 독립운동의 단일 정당 결성을 목표로 민족혁명당이 재창당되었다. 그 전신은 1926년 창당된 조선민족혁명당으로 의열단, 신한독립당, 조선혁명당 등이 연합해 민족혁명당으로 새롭게 탄생했다. 일본의 중국 침략이 가속화되자 민족혁명당은 중국의 국민당과 연합전선을 형성했다. 조선민족혁명당에서 탈당한 최창익은 1941년 화북조선청년연합회를 결성했다. 사회주의계인 김두봉은 조선의용대를 다수 흡수해 조선독립동맹과 조선의용군을 결성해 중국 공산당의 팔로군과 함께 항일 전선에 뛰어들었다.

1940년에 이르러서는 한국국민당, 한국독립당, 조선혁명당 등이 한국독립당으로 합당했다. 한국독립당은 임시정부의 기초 정당으로 정부를 이끌었다. 중국 충칭에 정착한 대한민국 임시정부는 김구와 지청천을 중심으로, 1940년 9월 17일 '한국광복군'을 창립했다. 조소앙은 일본의 패망에 대비하면서 삼균주의三均主義를 기초로 대한민국 건국 강령을 준비했다. 여기서 '삼균'이란 개인과 개인, 민족과 민족, 국가와 국가 간에 균등을 추구한다는 의미로 개인과 개인은 정치, 경제, 교육의 균등, 국가와 국가는 사해일가四海一家, 세계일원世界一元, 민족과 민족은 모든 민족의 민족자결을 의미했다.


## 우리 문화를 지키려는 운동

———

1930년대부터 1940년대까지 일제는 민족 말살 정책을 펴고 무자비한 탄압을 가했다. 이에 대응해 민족문화 수호 운동이 일어났다.

일제의 식민사관에 의한 한국사 왜곡을 바로잡고 한국사를 체계적으로 연구하고자 한 민족사학民族史學이 나타났다. 박은식은《한국통사韓國痛史》를 통해 '혼'이 담긴 민족사를 강조했고, 신채호는 한국 고대사 연구를 토대로 낭가사상郎家思想을 중시하면서 폭력 혁명을 통한 독립을 주장했다. 정인보는 〈동아일보〉에 '5천 년간 조선의 얼'을 연재하면서 역사의 본질로서의 얼을 주목했다.

정인보는 1836년에 죽은 정약용을 기리고자 서거 100주년 기념 사업을 주도하기도 했다. 정약용에 대한 연구를 심화시켜 조선학 운동으로 연계했는데, 그 대표적 성과가 1934~1938년간 '신조선사新朝鮮社'에서 간행한《여유당전서與猶堂全書》였다. 문일평은 세종대왕을 연구해 '조선심' 또는 '조선 사상'을 강조했으며, 최남선은 백두산 중심의 우리 문화를 살펴 '불함문화론不咸文化論'을 주장했다. 실증주의 사학도 이때 나타났다. 이병도 등은 일제 어용 학회인 청구학회靑丘學會에 대응해 1934년 진단학회震檀學會를 조직했다. 이상백, 손진태, 신석호, 김상기 등은 진단학회에서 한국사의 실증과 그 체계에 일정한 역할을 했으나, 식민사관의 허구성 및 독립 쟁취를 위한 역사 인식이 부재했다는 비판을 받고 있다.

한편, 백남운은 경제학자로서 후쿠다 도쿠조가 식민사관에 입각해 주장한 '한국 사회의 정체성 이론'을 정면으로 비판하고 반박했다. 그는 유물론적 사관에 입각해《조선사회경제사》와《조선봉건사회경제사》를 펴냈다.

문헌 고증 및 민족주의 사학을 종합한 신민족주의 사학도 등장했다. 민속학자 손진태의《조선민족사개론》《조선민족설화의 연구》《국사대요》는 그 성과물에 해당한다. 안재홍은 신민족주의와 신민주주의를 제창함과 동시에 극좌와 극우를 배격했으며, 고대사 관련 논문을 모아 해방 후에《조선상고사감》을 출판했다.

간송 전형필은 우리 예술 문화를 지키는 데 큰 힘을 쏟았다. 그는 민족대표 33인의 한 사람이기도 했던 서화 수집가 오세창과 더불어 고서화에 관심을 두고 그 수집과 보존을 위해 노력했다. 이를 기초로 1938년 우리나라 최초의 사립박물관인 보화각을 세웠다. 국어 연구와 보급에 대한 관심도 고조되었다. 최현배 등은 1921년 조선어연구회를 조직하고 1926년 음력 9월 29일을 한글 기념일인 '가갸날'로 정했다. 1927년 2월에는《한글》이라는 기관지도 발행했다. 가갸날은 1928년부터는 한글날로 고쳐 불렀다. 1931년에는 조선어연구회를 확대, 개편해 조선어학회를 발족했다. 조선어학회는 한글 맞춤법 통일안과 표준어를 제정했고,《우리말 큰사전》편찬 기획에 나서기도 했다. 민족 말살 정책과 일본어 보급을 최우선으로 했던 일본은 조선어학회의 노력을 민족주의 단체에 의한 독립운동으로 간주해 1942년 조선어학회를 강제 해산시켰다.

# 해방과 자주 민주 국가 건설을 향한 걸음들

## 2차 대전 속 독립운동

1929~1933년 세계 대공황으로 세계 자본주의 체제는 위기를 맞이했다. 일본은 그 위기를 극복하고자 독일 및 이탈리아와 동맹을 맺어 침략 전쟁을 벌였다. 요시다 쇼인의 정한론과 대동아공영론은 일본의 팽창주의의 이론적 단초를 마련해주었다. 일본은 1931년 만주 침략 이래 중일전쟁을 벌여 대륙 진출에 성공했지만, 미국 및 영국과는 등을 돌리게 되었다.

1941년 6월 독일이 선전포고 없이 소련을 공격하기 시작하면서 제2차 세계 대전이 시작되었다. 그해 12월, 일본도 진주만과 필리핀, 말레이반도 등에 공격을 개시했다. 일본의 진주만 공격은 진주만에 주둔한 미태평양 함대를 무력화하고 동남아시아를 점령해 전쟁 물자를 확보하려는 목적이었다. 일본 총리 도조 히데키는 유럽을 대신할 일제의 역할을 강조하는 한편, 전쟁 물자 확보를 위해 대동아공영권 건설을 추진했으며, 독일은 게르만 중심의 인종론에 따라 세계 질서를 세우려 했다.

일본의 태평양전쟁을 주도한 세력은 천황 직속 최고 통수기관이자 육군 및 해군 최고 통수기관인 대본영이었다. 일본은 태평양전쟁을 하면서 욱일승천기가 세계 곳곳에 나부끼는 환상을 품었을 것이다. 하지만 그들의 의도와는 달리 전쟁은 미국, 영국 등 연합국 측의 승리로 이어졌다.

1943년 미·영·중의 루스벨트 대통령, 처칠 총리, 장제스 총통이 카이로에서 회담을 열었다. 이때 한국에 대해 다음과 같은 특별 조항이 정해졌다.

"현재 한국민이 노예 상태에 놓여 있음을 유의해 앞으로 한국을 자유 독립 국가로 할 결의를 가진다."

이로써 한국의 독립이 국제적으로 보장되었다. 1945년 4월 미·영과 소련군이 독일로 진격하자 히틀러는 자살을 택했다. 미국은 1944년 11월 이후 일본에 대규모 공습을 지속했다. 일본이 계속 저항하자, 결국 1945년 8월 6일과 9일 각각 히로시마와 나가사키에 원자폭탄이 투하되고 소련군의 일본 본토 진입이 예고되자 일본 천황은 대본영 주전파의 고집을 물리치고 8월 15일 무조건 항복을 결정했다. 그해 9월 2일 동경만 미주리호에서 일본 천황은 항복 문서에 서명했다.

## 2차 대전 중 해방과 건국을 위한 노력

———

대한민국 임시정부와 조선독립동맹도 제2차 세계대전을 목도하면서 일제의 패망을 위한 전쟁에 적극적으로 참여했다. 광복군은 지청천을 총사령관으로 국내 정진군을 편성해 국내 진입을 계획하는 한편, 다음과 같이 대일선전포고문을 발표했다.

> "우리는 3천만 한국 인민과 정부를 대표해 중·영·미·소·캐나다, 기타 제국의 대일 선전이 일본을 참패하게 하고 동아를 재건하는 가장 유효한 수단이 됨을 축하해 특히 다음과 같이 성명을 낸다."
> - 한국의 전 인민은 현재 이미 반침략 전선에 참가했으니 한 개의 전투 단위로서 추축국(樞軸國)에 선전한다.
> - 1910년의 합방 조약과 일체의 불평등 조약의 무효를 거듭 선포하며 아울러 반(反) 침략 국가인 한국에서의 합리적 기득권을 존중한다.
> - 한국, 중국 및 서태평양으로부터 왜구를 완전히 구축하기 위해 최후 승리를 거둘 때까지 혈전한다.
>
> — 대한민국 임시정부 주석 김구, 외무부장 조소앙

특수 훈련과 비행대 편성까지 준비를 마쳤지만 일본의 무조건 항복으로 정진군의 국내 진입은 무산되었다.

박헌영 등은 1939년 서울에서 비밀결사 단체 '경성콤그룹'을 조직했다. 조선공산당을 재건하기 위한 이 조직은 2년 후 해체되었다. 1944년 8월에는 좌우 연합전선의 결과물이라 할 '건국동맹'이 결성돼 일본의 패망 후 건국 준비에 대비했다. 여운형이 이를 주도했고 안재홍 등 민족주의 인사들이 참여했다.

일제의 패망은 한국 사회 전체를 환호성으로 들뜨게 했다. 건국준비위원회 등이 결성돼 자주 민주 국가 건설 준비를 진행했다. 조선건국준비위원회는

1946년 9월 6일 서둘러 조선인민공화국을 선포했다.


## 미소 군정의 또 다른 속박
————

존 하지 중장을 비롯한 미군이 1946년 9월 8일 인천항을 거쳐 서울로 들어왔다. 미군은 9월 9일 중앙청에서 조선총독 아베 노부유키에게 항복 문서 서명을 받아냈다. 그러고는 즉각 미국의 군정을 선포했다. 북한에는 소련군이 진주했다. 연합국의 양대 축이었던 미국과 소련은 이념을 기준으로 세계 질서를 양분했고, 해방된 한국 사회는 여기서 벗어나지 못했다.

미국과 소련은 이미 38도선을 경계로 하는 한반도 분할 점령에 합의하고 있었다. 군정은 그 시작이었다. 1945년 말 모스크바에서는 미국, 영국, 소련의 외무장관이 삼국 외상 회의를 열어 이른바 '신탁통치안'을 결정했다.

한국은 일본의 식민 지배에서는 해방됐으나, 미소 군정에 의한 신탁통치를 받게 되어 완전한 해방을 맞이했다고 보긴 힘들었다. 한국의 정치 세력은 좌우 할 것 없이 모두 신탁통치를 반대했다. 특히 김구를 비롯한 임시정부 계열은 신탁통치에 강하게 반대했는데, 이승만과 한민당 등이 나중에 입장을 바꾼다. 한반도에는 결국 미소 군정에 의한 과도정부가 수립되었다. 이후 한국전쟁이 발발하고 남북이 분단되는 비극적인 역사가 이어진다.

# 일제의 식민지배,
# 그 역사적 과제는?

## 험난했던 대한민국의 근현대사

대한민국은 19세기 말에서 20세기 전반까지 험난한 역사를 지나 현재에 이르렀다. 세계 근현대사에서 한국처럼 고난을 겪은 나라를 찾기는 힘들 것이다. 대체 그 근본적인 원인은 무엇이었을까?

근대화 시기에 조선 학자들이 지키고자 했던 성리학과 그들의 위정척사 운동을 그 원인으로 꼽을 수 있다. 위정척사 운동이란 이항로와 최익현 등을 중심으로, 오직 성리학만이 정학正學이고 서양 및 일본의 학문과 문물은 사학邪學이므로 나라 문을 잠그고 외국 문물을 차단해야 나라를 지킬 수 있다는 운동이었다.

그러나 서세동점이라는 제국주의 시대를 부정하기는 어려웠다. 고종은 뒤늦게 서양 문물을 수용하고 개화를 위한 개혁을 추진했다. 대한제국을 선포하고 광무개혁도 단행했다. 비록 일본 제국주의의 식민지 건설 야욕을 막지는 못했으나, 한국은 근대화에서 조금 뒤처졌을 뿐 민족이 단합하고 분발하면 식민지를 극복할 수 있다는 자긍심이 있었다. 그런 자긍심은 독립운동과 민족해방운동, 자강운동, 국채보상운동, 민족개조론, 독립준비론, 국학운동, 민족문화수호 운동, 민족 실력 양성 운동 등으로 이어졌다.

　1919년 3·1운동, 1929년 11월 3일 광주학생운동을 포함해 도처에서 사회주의 노동운동이 발생했다. 국내외에서 무장항일투쟁이 전개되었고, 국제 사회의 외교적 협조를 끌어내려는 이승만 등의 노력도 있었다. 대한민국 임시정부를 세우는 성과도 있었다. 그러나 이 같은 한국의 대내외적 노력은 8·15해방 이후 국제 사회에서 충분한 인정을 받지 못하고 미국·소련 등 강대국의 이해에 묻히고 말았다.

## 한일 양국의 미래

일본은 자국의 패권을 위해 한국과 주변 국가를 마구잡이로 수탈했고 제2차 세계대전 속에서 태평양전쟁을 일으켰다. 비록 연합국의 총공세로 항복을 선언하기는 했지만, 잘못에 대한 통절한 반성이나 식민지 국가에 대한 일본의 사과는 전혀 없었다. 1945년 8월 15일 히로히토 천황의 담화문에서 그들의 진심을 엿볼 수 있다.

> "미국과 영국 양국에 선전한 것은 제국의 자존과 동아시아의 안정을 바란 것에 불과하고 타국의 주권을 배척하고 영토를 범한 것은 물론 짐의 뜻이 아니었다."

잔학한 연합국의 공격에서 일본 신민을 보호하기 위해 항복한다는 이야기였다. 일본은 당시의 일에 대해 지금까지도 명백한 사과를 하지 않았다.

　현재 한국과 일본은 중요한 이웃 나라로서 상호 협력 기반을 다지면서 선의의 경쟁을 이어가고 있으나, 일제 강점기의 역사는 여전히 한국의 아픈 상처다. 그 역사에 대해 일본의 제대로 된 사과가 없었기 때문이다.

　양국 관계가 정상화되려면 일본의 진솔한 반성과 사과가 필요하다. 그러나 현재 대한민국 사회는 그런 일본을 포용할 국가적 위상과 국제적 지위를 가지고 있는 것도 사실이다. 일본의 식민지 지배 역사를 극복할 힘은 과거가 아닌 현재의 대한민국에 있다는 이야기다.

# 참고문헌

**원전**

《경국대전》《경세유표》《고려도경》《고려묘지명집성》《고려사》《고려사절요》《고순종실록》
《구당서》《국조오례의》《금사》《대전회통》《동국이상국집》《만기요람》《면암집》《목민심서》
《목은집》《반계수록》《사기》《산림경제》《삼국사기》《삼국유사》《삼국지》《삼봉집》《상서대
전》《성호사설》《송사》《승정원일기》《신당서》《신증동국여지승람》《요사》《원사》《제왕운기》
《조선왕조실록》《한서》《홍재전서》《후한서》《흠흠신서》


**단행본**

강만길 외,《일제와 서구의 식민통치 비교》, 선인, 2004.

강만길,《고쳐 쓴 한국근대사》, 창작과비평사, 2006.

강문종 외,《조선잡사》, 민음사, 2020.

강봉룡,《뿌리 깊은 한국사 샘이 깊은 한국사 이야기 ②통일신라·발해》, 가람기획, 2016.

고구려연구회편,《광개토호태왕비연구》, 학연문화사, 1996.

권순형·김미정·김선주,《'몸'으로 본 한국여성사》, 경인문화사, 2011

김갑동,《고려 전기 정치사》, 일지사, 2005.

김갑동,《고려시대사 개론》, 혜안, 2013.

김기흥,《고구려 건국사》, 창작과비평사, 2002.

김도형 외,《일제하 한국사회의 전통과 근대의식》, 혜안, 2009.

김돈,《뿌리 깊은 한국사 샘이 깊은 한국사 이야기 ④조선전기》, 가람기획, 2014.

김범,《사화와 반정의 시대》, 역사비평사, 2007.

김선주,《신라의 고분 문화와 여성》, 국학자료원, 2010.

김선주 저, 김범 옮김,《조선의 변방과 반란, 1812년 홍경래의 난》, 푸른역사, 2020.

김순자,《한국중세 한중관계사》, 혜안, 2007.

김용선 편,《궁예의 나라 태봉》, 일조각, 2008.

김인호·임용한·한정수,《미래를 여는 역사 2 고려시대》, 웅진씽크빅, 2011.

김준석,《조선후기 정치사상사 연구》, 지식산업사, 2003.

김태영,《실학의 국가개혁론》, 서울대학교출판부, 1998.

김태웅,《뿌리 깊은 한국사 샘이 깊은 한국사 이야기 ⑥근대》, 가람기획, 2016.

나카스라 아키라, 성해준 옮김,《근대일본의 조선인식》, 청어람미디어, 2005.

노명호,《고려국가와 집단의식》, 서울대학교출판문화원, 2009.

도현철,《고려말 사대부의 정치사상 연구》, 일조각, 1999.

류승렬,《뿌리 깊은 한국사 샘이 깊은 한국사 이야기 ⑦현대》, 가람기획, 2016.

문안식,《백제의 흥망과 전망》, 혜안, 2006.

미야지마 히로시 외, 최덕수 외 옮김,《일본, 한국병합을 말하다》, 열린책들, 2011.

민덕기,《전근대 동아시아 세계의 한일관계》, 경인문화사, 2007.

민족문제연구소,《한국 근현대사와 친일파 문제》, 아세아문화사, 2000.

박용운,《고려의 고구려계승에 대한 종합적 검토》, 일지사, 2006.

박종기,《살아 움직이는 고려 역사 5백년》, 푸른역사, 2008.

박종기,《고려사의 재발견》, 휴머니스트, 2015.

박찬승,《한국근대정치사상사연구》, 역사비평사, 1992.

박평식·이재윤·최성환,《뿌리 깊은 한국사 샘이 깊은 한국사 이야기 ⑤조선 후기》, 가람기획, 2015.

백유선 외,《청소년을 위한 한국사》, 두리미디어, 2007.

변태섭,《한국사통론》, 삼영사, 2007.

서영희,《대한제국 정치사 연구》, 서울대학교출판부, 2003.

서의식,《뿌리 깊은 한국사 샘이 깊은 한국사 이야기 ①고조선·삼국》, 가람기획, 2016.

송기호,《발해정치사연구》, 일조각, 1995.

송기호,《발해를 다시 본다》, 주류성, 1999.

송건호 외,《해방전후사의 인식》, 한길사, 1987.

송호정,《한국고대사 속의 고조선사》, 푸른역사, 2003.

신동준,《개화파 열전 : 김옥균에서 김가진까지》, 푸른역사, 2009.

신병주,《66세의 영조, 15세 신부를 맞이하다》, 효형출판, 2001.

신안식,《고려 무인정권과 지방사회》, 경인문화사, 2002.

신용하,《한국근대지성사연구》, 서울대학교출판부, 2005.

오영교,《조선 건국과 경국대전 체제의 형성》, 혜안, 2004.

운노 후쿠주, 정재정 옮김,《한국 병합사 연구》, 논형, 2008.

유봉학,《정조대왕의 꿈 : 개혁과 갈등의 시대》, 신구문화사, 2001.

윤정란,《조선왕비 오백년사》, 이가출판사, 2008.

역사비평 편집위원회 엮음,《논쟁으로 읽는 한국사 1·2》, 역사비평사, 2009.

이근호,《청소년을 위한 한국사 사전》, 청아출판사, 2001.

이덕일,《교양 한국사》, 휴머니스트, 2005.

_____ ,《당쟁으로 보는 조선역사》, 석필, 2004.

이범직,《이상과 열정, 조선역사》, 쿠북, 2007.

이병권,《조선왕조사》, 평단문화사, 2008.

이병희,《뿌리 깊은 한국사 샘이 깊은 한국사 이야기 ③고려》, 가람기획, 2014.

이수광,《조선을 뒤흔든 16인의 왕후들》, 다산초당, 2008.

이우태·이장우·이상배·한철호·정창현,《대학생을 위한 한국사》, 경인문화사, 2015.

이정철,《대동법》, 역사비평사, 2010.

이태진 편,《일본의 대한제국 강점》, 까치, 1995.

임기환,《고구려 정치사 연구》, 한나래, 2004.

임용한,《전쟁과 역사》, 혜안, 2008.

장상환·김의동 외,《제국주의와 한국사회》, 한울, 1991.

장지연,《고려·조선 국도풍수론과 정치이념》, 신구문화사, 2015.

전국역사교사모임,《살아있는 한국사 교과서》, 휴머니스트, 2007.

정두희 외,《임진왜란, 동아시아 삼국전쟁》, 휴머니스트, 2007.

정두희,《조광조》, 아카넷, 2000.

정옥자 외,《조선시대 문화사》(상·하), 일지사, 2007.

정옥자,《조선후기 역사의 이해》, 일지사, 2003.

조범환,《우리 역사의 여왕들》, 책세상, 2001.

주진오 외,《한국 여성사 깊이 읽기》, 푸른역사, 2013.

지두환,《조선전기 정치사》, 역사문화, 2003.

최덕수 외,《조약으로 본 한국 근대사》, 열린책들, 2010.

최완기,《역사의 갈림길에서 고뇌하는 조선 사람들》, 이화여자대학교출판부, 2004.

한국고대사연구회편,《新羅末 高麗初의 政治·社會變動》, 신서원, 1994.

한국교원대학교 역사교육과교수진,《아틀라스 한국사》, 사계절, 2004.

한국사연구회,《새로운 한국사 길잡이》, 지식산업사, 2008.

한국사편집위원회,《한국사》, 한길사, 1994.

한국중세사학회 편,《(21세기에 다시보는) 고려시대의 역사》, 혜안, 2018.

한국학의 세계화사업단·연세대학교 국학연구원,《일제 식민지 시기 새로 읽기》, 혜안, 2007.

한규철,《발해의 대외관계사 연구−남북국의 형성》, 신서원, 1994.

한명기,《광해군》, 역사비평사, 2000.

_____,《임진왜란과 한중관계》, 역사비평사, 1999.

한영우,《다시 찾는 우리 역사》, 경세원, 2014(제2 전면개정판).

_____,《명성황후, 제국을 일으키다》, 효형출판, 2006.

한정수,《한국 중세 유교정치사상과 농업》, 혜안, 2007.

함동주,《천황제 근대국가의 탄생》, 창비, 2009.

허흥식,《고려과거제도사연구》, 일조각, 1981.

홍순민,《홍순민의 한양읽기 궁궐 상·하》, ㈜눌와, 2017.

홍승기 편,《고려무인정권연구》, 서강대학교출판부, 1995.

홍영의,《고려말 정치사 연구》, 혜안, 2005.

황선희,《한국근대사의 재조명》, 국학자료원, 2003.


**연구 논문**

김갑동,〈고려의 건국 및 후삼국통일의 민족사적 의미〉,《한국사연구》143, 한국사연구회,
　　2008.

김경록,〈공민왕대 국제정세와 대외관계의 전개양상〉,《역사와 현실》64, 한국역사연구회,
　　2007.

김기흥,〈삼국시대의 왕〉,《역사비평》54, 역사문제연구소, 2001.

김돈,〈세조대 단종복위운동과 왕위계승문제〉,《역사교육》98, 역사교육연구회, 2006.

＿＿,〈조선 중기의 반정과 왕권의 위상〉,《전농사론》7, 서울시립대학교 국사학과, 2001.

김선주,〈신라 선덕여왕과 영묘사〉,《한국고대사연구》71, 한국고대사학회, 2013.

＿＿＿,〈신라 하대 선덕여왕 재인식과 추숭〉,《한국고대사연구》86, 한국고대사학회, 2017.

＿＿＿,〈신라 진성여왕의 재현과 섹슈얼리티〉,《여성과 역사》29, 한국여성사학회, 2018.

김소영,〈고려 태조대 대거란정책의 전개와 그 성격〉,《백산학보》58, 백산학회, 2001.

김수태,〈백제의 천도〉,《한국고대사연구》36, 한국고대사학회, 2004.

김영하,〈삼국의 삼국통일을 보는 시각〉,《한국고대사론》, 한길사, 1988.

김용흠,〈병자호란기의 주화 척화 논쟁〉,《동방학지》135, 연세대학교 국학연구원, 2006.

김정배,〈고조선의 변천〉,《한국사》4, 국사편찬위원회, 1997.

김정인,〈민족해방투쟁을 가늠하는 두 잣대 : 독립운동사와 민족해방운동사〉,《역사와 현실》

62, 한국역사연구회, 2006.

남인국, 〈귀족사회의 전개와 동요〉,《한국사》12, 국사편찬위원회, 1993.

노태돈, 〈고조선 중심지의 변천에 대한 연구〉,《한국사론》23, 서울대학교 국사학과, 1990.

_____, 〈연개소문과 김춘추〉,《한국사 시민강좌》5, 일조각, 1989.

류주희, 〈태종의 집권과정과 정치세력의 추이〉,《중앙사학》20, 한국중앙사학회, 2004.

민현구, 〈조선 세종대 초엽의 양왕체제와 국정운영〉,《역사민속학》22, 한국역사민속학회, 2006.

박주, 〈조선후기 신유박해와 여성〉,《조선사연구》11, 조선사연구회, 2002.

박찬승, 〈한국의 근대 국가건설운동과 공화제〉,《역사학보》200, 역사학회, 2008.

박찬홍, 〈신라에는 왜 여왕이 있었을까?〉,《내일을 여는 역사》2, 2000.

박한남, 〈고려의 대금외교정책 연구〉, 성균관대학교 박사학위논문, 1993.

변주승, 〈신유박해의 정치적 배경〉,《한국사상사학》16, 한국사상사학회, 2001.

신형식, 〈삼국통일의 역사적 성격〉,《한국사연구》61·62, 한국사연구회, 1988.

신호철, 〈후삼국시대 호족과 국왕〉,《진단학보》89, 진단학회, 2000.

양정석, 〈신라 중고기 황룡사의 조영과 그 의미〉, 고려대학교 박사학위논문, 2001.

오수창, 〈오해 속 병자호란, 시대적 한계 앞의 인조〉,《내일을 여는 역사》26, 서해문집, 2006.

유영익, 〈동학농민운동의 기본 성격〉,《한국사 시민강좌》40, 일조각, 2007.

_____, 〈흥선대원군〉,《한국사 시민강좌》13, 일조각, 1993.

이기동, 〈수·당의 제국주의와 신라외교의 묘체 : 고구려는 왜 멸망했는가?〉,《신라문화》24, 동국대학교 신라문화연구소, 2004.

이복규, 〈동명왕신화의 역사성〉,《설화와 역사》, 집문당, 2000.

이익주, 〈고려말 신흥유신의 성장과 조선건국〉,《역사와 현실》29, 한국역사연구회, 1998.

_____, 〈고려·원관계의 구조와 고려후기 정치체제〉, 서울대학교 박사학위논문, 1996.

장규식, 〈일제 식민지기 연구의 현황과 추이〉,《역사학보》199, 역사학회, 2008.

전상국, 〈러일전쟁 전후 일본의 대륙정책과 테라우치〉,《사회와 역사》71, 한국사회사학회,

2006.

조경철, 〈신라의 여왕과 여성성불론〉,《역사와 현실》71, 한국역사연구회, 2009.

조법종, 〈위만조선의 대한(對漢) 전쟁과 항한제후국(降漢諸侯國)의 성격〉,《선사와 고대》14, 한국고
　　대학회, 2000.

＿＿＿＿, 〈위만조선의 붕괴시점과 왕검성〉,《한국사연구》110, 한국사연구회, 2000.

최승희, 〈세조대 왕위의 취약성과 왕권강화책〉,《조선시대사학보》1, 조선시대사학회, 1997.

하일식, 〈선덕·진성여왕의 지도력과 시대 조건〉,《내일을 여는 역사》58, 2015.

한명기, 〈명청교체기 동북아 질서와 조선 지배층의 대응〉,《역사와 현실》37, 한국역사연구회,
　　2000.

한정수, 〈고려시대 군주관의 이원적 이해와 정치적 상징〉,《국사관논총》106, 국사편찬위원회,
　　2005.

＿＿＿＿, 〈高麗 太祖代 八關會 설행과 그 의미〉,《대동문화연구》86, 성균관대학교 대동문화연
　　구원, 2014.

＿＿＿＿, 〈고려 태조 왕건(王建)과 풍수도참(風水圖讖)의 활용〉,《한국사상사학》63, 한국사상사학
　　회, 2019.

＿＿＿＿, 〈고려 우왕대 재이·병란과 천도론의 정치적 의미〉,《서울과 역사》106, 서울역사편찬
　　원, 2020.

＿＿＿＿, 〈고려시대 자기인식의 형성과 문명의식(文明意識)의 변화〉,《東洋學》79, 단국대학교 동
　　양학연구원, 2020.

한철호, 〈한국 : 우리에게 러일전쟁이란 무엇인가〉,《역사비평》69, 역사문제연구소, 2004.

허동현, 〈통감부 시기(1906-1910)를 어떻게 볼 것인가〉,《한국독립운동사연구》27, 한국독립
　　운동사연구소, 2006.

허선혜, 〈평양에 대한 북한의 인식과 태도-민족문화유산에 나타난 평양 소재 문화재 기사를
　　중심으로〉,《서울도시연구》17-4, 서울연구원, 2016.

홍영의, 〈신돈 : 요승인가 개혁정치가인가〉,《역사비평》31, 역사문제연구소, 1995.